なぜ
人と組織は
変われないのか

Immunity to Change

How to Overcome It and Unlock the Potential in Yourself and Your Organization

ハーバード流
自己変革の理論と実践

ロバート・キーガン
Robert Kegan
リサ・ラスコウ・レイヒー
Lisa Laskow Lahey
池村千秋訳
Chiaki Ikemura

英治出版

なぜ人と組織は変われないのか

ハーバード流　自己変革の理論と実践

Immunity to Change

How to Overcome It and Unlock the Potential in Yourself and Your Organization

by

Robert Kegan and Lisa Laskow Lahey

Published by arrangement with Harvard Business Review Press, Massachusetts
through Tuttle-Mori Agency, Inc., Tokyo

キーガン家のバーナードとサラリーに、
レイヒー家のビル、ザック、マックスに
本書を捧げる。

なぜ人と組織は変われないのか◈目次

序章　個人や組織は本当に変われるのか？

リーダーの立場にある人なら誰でも、変革と改善がいかに大切か身にしみて感じているだろう。自分自身やほかの人たちを変えることの難しさも痛感しているにちがいない。ところが、どうしてそれが難しいのか、そして、どうすればそれを実現できるのかという点は、ほとんどの人がよくわかっていない。変革が実現しない理由としてよく指摘される要因は、すべてのケースで的はずれとは言わないまでも、おおむね説得力に欠ける。変わることが重要だと思えないから？　インセンティブが弱いから？　どこをどう変えればいいかがわからないから？　あなた自身や、職場や私生活で接する人たちが変わることを妨げている最大の障害は、本当にこれらの要因なのか？

最近の研究によると、食生活を改めたり、もっと運動したり、喫煙をやめたりしなければ心臓病で死にますよと専門医から警告されたとき、実際にそのように自分を変えることができる人は、七人に一人にすぎないという。たった七人に一人だ！　しかし、生活習慣を変えない六人だって、長く生きたいと望んでいる。長く生きて、もっと多く夕陽をながめ、孫の成長を見守りたいはずだ。

そう、この人たちは自己変革の重要性を理解していないわけではない。自分を変える背中を押すインセンティブもきわめて強い。どこをどう変えればいいかは、医師から明確に指示されている。それなのに、自分を変えられない人が七人のうち六人、すなわち約八五％もいるのだ。

このように、人は自分の命にかかわる問題でさえ、自分自身が心から望んでいる変革を実行できない。それなのに、人々が失うものと得るものがそこまで大きくないときに、リーダーが変革を推し進めることなど可能なのか？　たとえリーダーとメンバーが変革の重要性を強く信じているとしても、それは難しいだろう。

なにが変革をはばみ、なにが変革を可能にするのかを知るために、新しいアプローチが必要なことは明らかだ。

心臓病で死ぬ危険があっても生活習慣を改めない人たちがそうだったように、リーダーと組織のメンバーが変革を成し遂げることを妨げている要因は、基本的に意志の欠如ではない。本当の問題は、自分が本心からやりたいと望んでいることと実際に実行できることの間にある大きな溝だ。この溝を埋めることは、今日の最も重要な学習上の課題である。

人が変われない3つの要因

この本で論じていく現象の根底には、三つのきわめて大きな問題がある。第一は、いま述べたように、変革の必要性は理解されているのに、なにが変革を妨げているのかが十分に理解されていないという問題だ。本書で紹介する理論と手法を確立するまでに、私たちは長年にわたり大勢のリーダーたちと接してきた。その経験を通じて気づいたのだが、どうせ人は大して変われないと考えるリーダーが多い。ひょっとすると、あなたも同じ考えかもしれない。この点が第二の問題につながっていく。

変化が速く、競争が激しい世界で試練とチャンスが拡大するなか、あらゆる分野の企業や組織が莫大な資金と時間をつぎ込んでメンバーの能力向上に努めている。人材育成プログラムや自己改善プラン、リーダーシップ研修、業務評価、幹部向けコーチングなどをおこなうのは、リーダーがメンバーの変革の可能性を基本的に信じているからだと思う人も多いだろう。そうでもなければ、そういう活動に大きな投資をするはずがないように思える。

しかし、リーダーたちと親しくなり信頼関係が生まれると、たいていは酒の席で別の本音を聞かされる。「現実には、人間はそうそう大きくは変われませんよ。しょせん、アルバートはアルバートなんです。三〇歳か三五歳くらいになれば、人間はもう完成してしまう。それ以降は微修正くらいしかできないでしょう。私たちにできるのは、せいぜい社員の長所を最大限に引き出すことと、できるだけ欠点の少ない人物を採用することだけです。人間が変わることなんて不可能なのに、部下を変えようとしてリーダーが自分をすり減らし、さらには部下を苦しめることに意味があるのでしょうか？」

興味深い現象だ。リーダーたちは、人材開発に大きな投資をすることで、人間の自己変革の可能性を信じる楽観論を対外的に示している半面、内心では、人間は本質的に変われないという根深い悲観論をいだいているのだ。

悲観的になるのは無理もない。なにしろ、国や業界を問わず、次のようなストーリーをいたるところで耳にする。

わが社では、誰もが年度末の業務評価をきわめて真剣に受け止めています。漫画の『ディルバート』の世界であれば、面談室で社員がうんざりした顔で椅子に腰掛け、意味不明の心理学用語の羅列と叱咤激励の言葉が終わるのをひたすら待つ、というところでしょう。でも、わが社の社員は、言い渡される評価内容にまじめに耳を傾けます。会社は、社員の評価をおこない、その内容を本人に伝えるために莫大な時間と資金を費やしています。一方、社員の側は、個人面談が原因でかなり神経をすり減らします。面接中に泣き出す人もいるくらいです。社員はこの場で、指摘された点を改めるために真摯な誓いを立て、詳細な計画を作成する。こうして上司も部下も、実のある会話ができたと感じ、満足して面談室をあとにするのです。その成果? 一年後、再び上司と部下が面談室で向かい合い、個人面談をおこないます。そのとき、状況は一年前とほとんど変わっていません。個人評価を通じて自己変革を促すという手法に、そもそも問題があることは明らかです。

そのとおり、問題があることは明らかだ。だからこそ、私たちはこの本を書いた。個人や組織が本当に変われるのかという問いに対して、きわめて明快な回答を本書で示したい。

本書で目指す変革は、単なる細部の微修正にとどまるものではない。また、変革を成し遂げられたかどうかは、本人の自己評価だけでは判断しない。自己欺瞞に陥らないために、最も厳しい目でその人を観察している人たち、つまり職場や私生活でいつもその人と接している人たちの評価（原則として匿名の評価）を基準にする。顧客や同僚や家族が以下のようなコメントをすれば、その人に重要な変化が起きはじめていると判断する。

「ほかのコンサルタントとは、ニコラスに対するような関係を築けないでしょう」（顧客の発言）
「マーチンが大きく変わったと、チームの誰もが感じています。一緒に働くのが楽しくなりました。チームの生産性も向上しています。思ってもいなかった結果です」（同僚の発言）
「本当に何年ぶりかに、ママと本音で話せました」（家族の発言）

あるいは、次のような経験により、ある人が変わったと判断できる場合もある。私たちは数年前から、ある地区の教育委員会の変革を手伝っている。そこは私たちの町から遠いので、私たちが足を運ばなくても日々の活動ができるように、現地にコーチを確保している。最近、有望なコーチ候補に思えた女性がいたので――経験豊富な教育専門家だった――私たちの会合に招いた。間近で見学して、どういう活動をしているのか感触をつかんでほしいと思ったのだ。

活動に熱中しながらも、ときどき見学の女性に目をやると、いつも驚いたような顔をしていた。そして二時間ほどたったとき、その女性は突然席を立ち、断りもなしに部屋を出て行った――ショックを受けたような表情を浮かべて。それっきり、彼女は戻ってこなかった。どうやら気に入ってもらえなかったらしいと、私たちは思った。

数日後、あるメンバーが本人と連絡を取った。女性がショックを受けたことは事実だった。「私はこれまでのキャリアを通してずっと、教育関係のリーダーたちと接してきました。でも、あんなに率直な、責任感のある話し合いを見たのははじめてでした。あれほど、実のある変革に結びつきやすい言葉が交わされるのは、聞いたことがなかったのです」。中座したのは、次の予定が入っていたからだった。その後、女性はコーチングチームに加わりたいと連絡してきた。

「学習する組織」を実践する

本書では、組織学習に関心をもつリーダーに向けて、新しいアイデアと手法を紹介していく。ピーター・センゲが『学習する組織』[★1]で、リーダーたちが「学習する組織」について考えるきっかけをつくって、約二〇年。ドナルド・ショーンが『省察的実践とは何か』[★2]で、自分の行動を意識的に内省することの重要性をあらためて指摘して、四半世紀あまりがたつ。いまや、世界のあらゆる国のあらゆる分野のリーダーたちが、「学習する組織」を築いて自分の行動を内省したいと強く願うようになった。

しかし、変革の課題に立ち向かおうと思えば、個人レベルと組織レベルの学習を次の次元に進化させなくてはならない。それができないうちは、学習と内省にどんなに熱を入れても、自分たちが望むような変革、あるいは他者から望まれるような変革は実現しないからだ。あらゆる学習と内省がこれまでのやり方でおこなわれるかぎり、どうしてもそうなってしまう。ここから、本書の根底にある第三の問題が浮かび上がってくる。

「学習する組織」に関する理論的基盤と実務的方法論はきわめて充実しており、二〇世紀末以来、進化し続けてきた。しかしそこにはつねに、抜け落ちている側面が一つあった。私たちのように教育の分野でキャリアを積んできた人間は、どうしてもそこに目がいく。既存の理論と方法論に欠けているもの、それは、大人の学習に関する深い理解だ。

センゲとショーンが『学習する組織』と『省察的実践とは何か』を書いた当時、脳科学の世界では、「思春期以降、人間の知性に質的変化は起きない」というのが常識だった。しかし、私たちのようないわゆるソフトサイエンス分野の研究者が研究を重ねたところ、実際はだいぶ違うらしいと

★1 *The Fifth Discipline: The Art and Practice of the Learning Organization* (Doubleday, 1990)［『学習する組織　システム思考で未来を創造する』（枝廣淳子、小田理一郎、中小路佳代子訳、英治出版、2011年）］.

★2 *The Reflective Practitioner: How Professionals Think in Action* (Basic Books, 1984)［『省察的実践とは何か―プロフェッショナルの行為と思考』（柳沢昌一、三輪建二訳、鳳書房、2007年）］.

わかってきた。いまでは、人間の知性の発達は思春期で終わるとは限らないと、ハードサイエンスとソフトサイエンスの両方の研究者が考えるようになっている。人間の潜在能力に関する常識が根本から変わったのだ。しかし、この新しい理解は、組織学習の理論と実践に十分に反映されてこなかった。

組織学習の理論から大人の発達という側面が抜け落ちていることの弊害は、近年ますます大きくなっている。人々が、現在できる以上のことや、まったく準備ができていないこと、そしてまだ習得していない能力が必要とされることをするよう求められるケースが増えているからだ。「リーダーシップ開発」の世界では、「リーダーシップ」の側面を過度に重んじる一方で、「開発（成長）」の側面を軽んじすぎている。リーダーシップを振るうために必要な資質を明らかにし、リーダーにその資質を身につけさせることを目的とする書籍が続々と出版されているが、リーダーの能力の最も強力な源泉には目が向けられていない。その能力の源泉とは、人間は何歳になっても世界を認識する方法を変えられるという可能性だ。この可能性は、リーダー自身にも組織のメンバーにもそなわっている。

人間の成長とはどういうもので、どのような要因がそれを後押ししたり阻害したりするのか？——この点をもっと深く理解しないかぎり、「リーダーシップ開発」という触れ込みでおこなわれる活動は、「リーダーシップ学習」もしくは「リーダーシップ・トレーニング」にしかならないだろう。その種の活動で得られる知識と技能は、言ってみれば、コンピュータに取り込む新しい文書やプログラムのようなものだ。そういう知識と技能にも、それなりに価値はある。新しい文書やプログラムが加われば、そのコンピュータでできることの幅が広がるからだ。しかし、新しい文書やプログラムをどこまで活用できるかは、コンピュータのＯＳ（オペレーティングシステム）で決まる。

本当の能力開発（成長）を成し遂げるためには、単に知識や行動パターンのレパートリーを増やすだけでなく、OSそのものを進化させなくてはならない。

あなたがグループを率いるリーダーだとすれば、なんらかの目標を推し進めようとしていることだろう。しかし同時に、あなた自身もなんらかの裏の目標に突き動かされている可能性がある。その裏の目標は、あなたの意識の産物ではあるが、それを自分でコントロールすることはできない。問題は、ほとんどの場合、あなたが卓越した成果を生み出す能力が、そのような裏の目標の影響によって弱められたり、ときには完全に打ち消されたりすることだ。「開発（成長）」の側面に十分な関心を払わなければ、せっかくリーダーシップ開発に励んでも、自分が推し進めようとする目標を実現する能力しかはぐくまれず、あなたを支配している裏の目標の影響に対処する能力は磨けない。変革を成し遂げる能力を高められないのだ。

本書では理論と実例を通じて、本当の意味での能力開発（成長）を実現する方法を示したい。知性を新しい次元に高めることを通じて、自分が発揮できる能力を目覚ましく向上させること――言い換えれば、すでにもっている才能を使い回すのではなく、自分の才能をアップデートすることが目的である。

本書の構成

本書は、三部構成となっている。第1部では、人間が変わるとはどういうことかを理解するための新しい視点を紹介する。第2部では、私たちが提案するアプローチが個人にとって、職場のチームにとって、さらには組織全体にとってどのように役立つかを示す。そして第3部では、本書のアプローチを実践するための道案内をしたい。

第1部ではまず、大人の知性の発達に関してこの三〇年間で明らかになった新しい事実、そしてその発見が職業生活に対してもつ意味を簡単に解説する。第1章では、本書で提案するアイデアと手法の理論的・実証的土台を整える。第2章では、「どうして人は本当に望んでいる変革を実現できないのか」という点について、これまで知られてこなかったメカニズム――〝変革をはばむ免疫機能〟と呼んでいる――を紹介したい。第3章では、本書の考え方を職場で実践し、成果をあげたビジネス界と政府機関の二人のリーダーの実例を取り上げる。

第2部では、〝変革をはばむ免疫機能〟に対処すれば、個人と組織がどのような変化を遂げられるかを詳しく説明する。取り上げる事例は、当事者の業種や分野も、実現しようとする目標もさまざまだ。第4章では、グループが集団レベルの〝変革をはばむ免疫機能〟に対処したケース、第5章と第6章では、二人の個人がそれぞれの個人レベルの〝変革をはばむ免疫機能〟に対処したケースを紹介する。そして第7章では、最も野心的な取り組みに光を当てたい。それは、職場のグループ全体の成果を高めるためにメンバーの一人ひとりが個人レベルの〝変革をはばむ免疫機能〟に対処するケースだ。

第3部では、読者が本書のアプローチを実践する背中を押す。読者が個人レベルと集団レベルで〝変革をはばむ免疫機能〟に対処するための手引きをしたい。第8章では、このアプローチを実践するために必要な三つの要素を指摘する。第9章と第10章では、免疫機能を診断するためのプロセスを段階ごとに説明し、そのうえで読者が個人レベルの免疫機能を乗り越えるよう導く。第11章では、チームや組織のレベルで免疫機能を克服するプロセスと、そのために役立つ方法論を紹介する。そして終章では、チームのメンバーとチーム全体が能力を高められる土壌をつくるために、リーダーがそなえるべき七つの資質を論じたい。

この本を手に取ったということは、あなたは少なくとも頭の中のどこかで、自分とチームのメンバーが職場で能力を目覚ましく高めることの重要性に気づいているはずだ。それが可能だと信じ、それを成し遂げるためにどうすればいいのかを知りたいと思っているにちがいない。この本がこうしたすべての点に関してよき案内図となり、あなたの本能と知性、感情、行動というあらゆる側面で役に立ち、あなたが望む結果を手にする助けになることを願っている。

第1部　〝変われない〟本当の理由

第1章 人の知性に関する新事実

月並みなリーダーと傑出したリーダーは、どこが違うのか？　それは、自分自身の、自分が率いるチームのメンバーの、そしてチーム全体の能力を高められるかどうかだ。今日の世界ではこれまでにも増して、組織の成功が、組織を構成するメンバーの能力に大きく左右されるようになっている。そういう時代に、人間の能力が変わらないと決めつけ、優秀な人材を採用することしか考えないリーダーは、自分自身と自分の組織を非常に不利な状況に追い込む。

対照的に、「どうすれば、人々が成長するための最良の土壌をつくり出せるのか？」と自問するリーダーは、成功に最も近づける。人が新しいチャンスを活用したり、新しい試練に対処したりするためには、未来の新しい可能性に合わせて成長することが不可欠だ。このタイプのリーダーはその点を理解していて、そのような成長を後押しするのがどういう要素で、それを妨げるのがどういう要素かを心得ている。

変革と改善を目指すのは、複雑さを増す世界にもっとうまく「対処」するため、言い換えれば、技能や行動パターンのレパートリーを増やすためだと誤解されがちだ。しかしこれでは、その人の本質は変わらない。新しい技能や方法がいくらか身につくだけで、本当の意味で成長したとは言えない。ものごとに「対処」する能力を高めることにも価値はあるが、それだけでは今日の世界で必要とされる変革を遂げたことにならない。

実は、世界が複雑になっているように思える原因は、世界の側だけにあるわけではない。自分自身の側にも原因がある。問題の本質は、世界が要求する行動と個人や組織の能力との間にギャップが生まれていることだ。世界が「複雑になりすぎている」と思うとき、人は世界の複雑性に直面しているだけでなく、世界の複雑性と現時点での自分の能力の複雑性（つまり能力のレベル）の不釣り合いにも直面している。論理的に考えて、この不釣り合いを解消する方法は二つに一つだ。一つは、世界の複雑さを緩和すること。もう一つは、自分の能力のレベルを高めることである。しかし、世界の複雑さを緩和することはそもそも不可能だ。その一方で、大人が自分の知性を高めることも不可能だと、長年考えられてきた。

私たちは三〇年にわたり、大人の知性の発達について研究してきた。あなたが自分自身とまわりの人たちをもっとよく理解するうえで、私たちの研究成果が役に立つのではないかと思っている。その科学的発見は、人間の能力の未開拓地に光を当てるものだ。この未開拓地に最も関心を払うリーダーこそが、最も大きな成功を収められる。

「大人になると脳の成長は止まる」の嘘

本書で提唱する理論と手法は、人間の知性に関する古い常識が誤りだと確認するところから始まる。私たちが研究に着手した当時、人間の知性の発達は肉体的発達と同じように考えられていた。つまり、成長は二〇歳代でほぼ止まると思われていたのである。もし三〇年前に、年齢を横軸、知性のレベルを縦軸に取って、人間の知性の発達プロセスをグラフ化しろと専門家に言えば、おそらく**図1-1**のようなグラフができあがったはずだ。二〇歳代までは右肩上がりの直線、それ以降は水平の直線。当時の専門家は、こういう図を自信満々に描いただろう。

私たちが自分たちの研究結果を発表しはじめたのは、一九八〇年代。なかには、幼児期早期から後期と幼児期後期から思春期に知性が飛躍的に伸びる時期と同じくらい、大人になってからも知性が大幅に向上する人もいるらしいと、私たちは発表した。すると、権威ある学会のパネルディスカッションで同席した脳科学者たちは、侮蔑を込めたほほ笑みを浮かべたものだった。

「長期の聞き取り調査によってそのような推論を導けるとお考えなのでしょうが」と、脳科学者たちは言った。「ハードサイエンスの世界では、推論で結論を導くことは許されません。私たちは現実を見ています。その立場から言わせてもらえば、思春期後期以降、脳の知性に大きな変化はいっさい起きません。お気の毒ですが」。若い人より年長者のほうが賢く、有能な場合が多いことは、「ハード

図1-1

年齢と知性の関係——30年前の常識

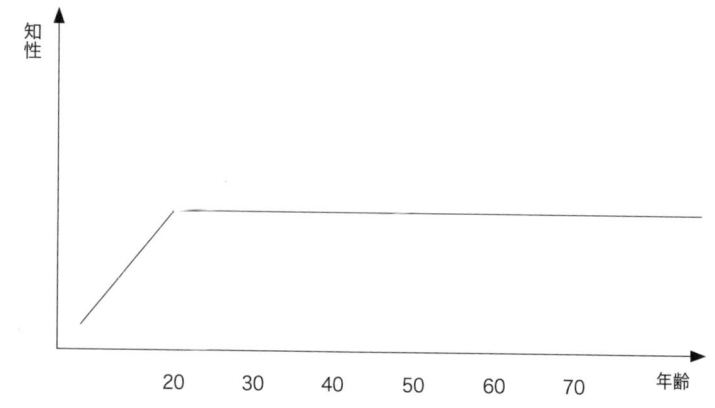

サイエンス」の科学者たちも認めていた。しかし、それは経験の賜物だとみなしていた。つまり、知性を質的に向上させたり、アップグレードさせたりするのではなく、同じ知性からそれまでより多くの成果を引き出す方法を学習した結果だと考えていたのだ。

三〇年後、どうなったか？　一九八〇年代当時はすべてが「推論」にすぎなかったのだとわかってきた。その点は、「現実を見ている」と豪語していた脳科学者たちも例外でなかった。脳研究に新しい手法が活用されるようになった結果、脳科学者たちの考え方は大きく変わった。いまや脳科学の世界でも「脳の可塑性《かそせい》」という考え方が認められており、人間の脳には生涯を通じて適応を続ける驚異的な能力がそなわっていると考えられている。

では、現在の科学的理解に基づいて、人々の年齢ごとの知性レベルの分布をグラフにすると、どうなるだろう？　私たちやほかの研究者が三〇年にわたって実施してきた長期の調査（何百人もの人々に数年の間隔を置いて面接調査を繰り返し、その録音記録を文字に起こし徹底的に分析した）をもとにすると、**図1–2**のようなグラフが描ける。

このグラフから読み取れることが二つある。

●ある程度の規模の母集団について年齢と知性の関係をグラフにすると、緩やかな右肩上がりの曲線を描ける。すなわち全体

図1-2

年齢と知性の関係――新しい常識

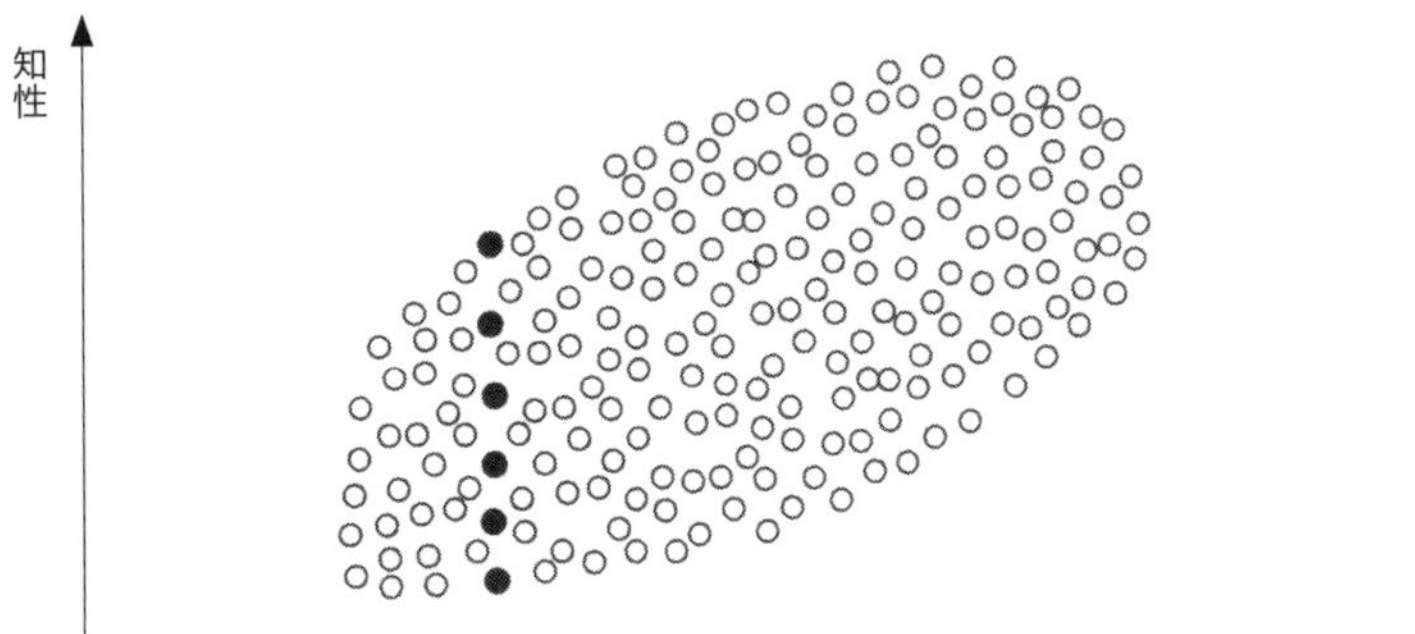

的な傾向としては、人間の知性は、大人になってからも年齢を重ねるにつれて向上していく。そのプロセスは高齢になるまで続く。人間の知性の発達は、二〇歳代で終わるものではけっしてない。

●同じ年齢層のなかでも、知性のレベルには人によって大きな開きがある。たとえば、三〇歳代の人が六人（図の黒丸）いるとすれば、その六人の知性のレベルが全員違っても不思議でない。四〇歳代の人より高い知性の持ち主がいる可能性もある。

人間の知性の発達プロセスについて、現在わかっていることを簡単なグラフにして描くと、**図1-3**のようになるだろう。

このグラフからは、次のようなことがわかる。

●曲線がほぼ横ばいになっている「台地」状の箇所がいくつかあることから明らかなように、人間の知性はいくつかの段階をへて高まっていく。それぞれの段階ごとに、世界認識の仕方が明らかに違う。

●知性の発達プロセスは、つねに均一のペースで進むわけでは

図1-3

知性の発達プロセス

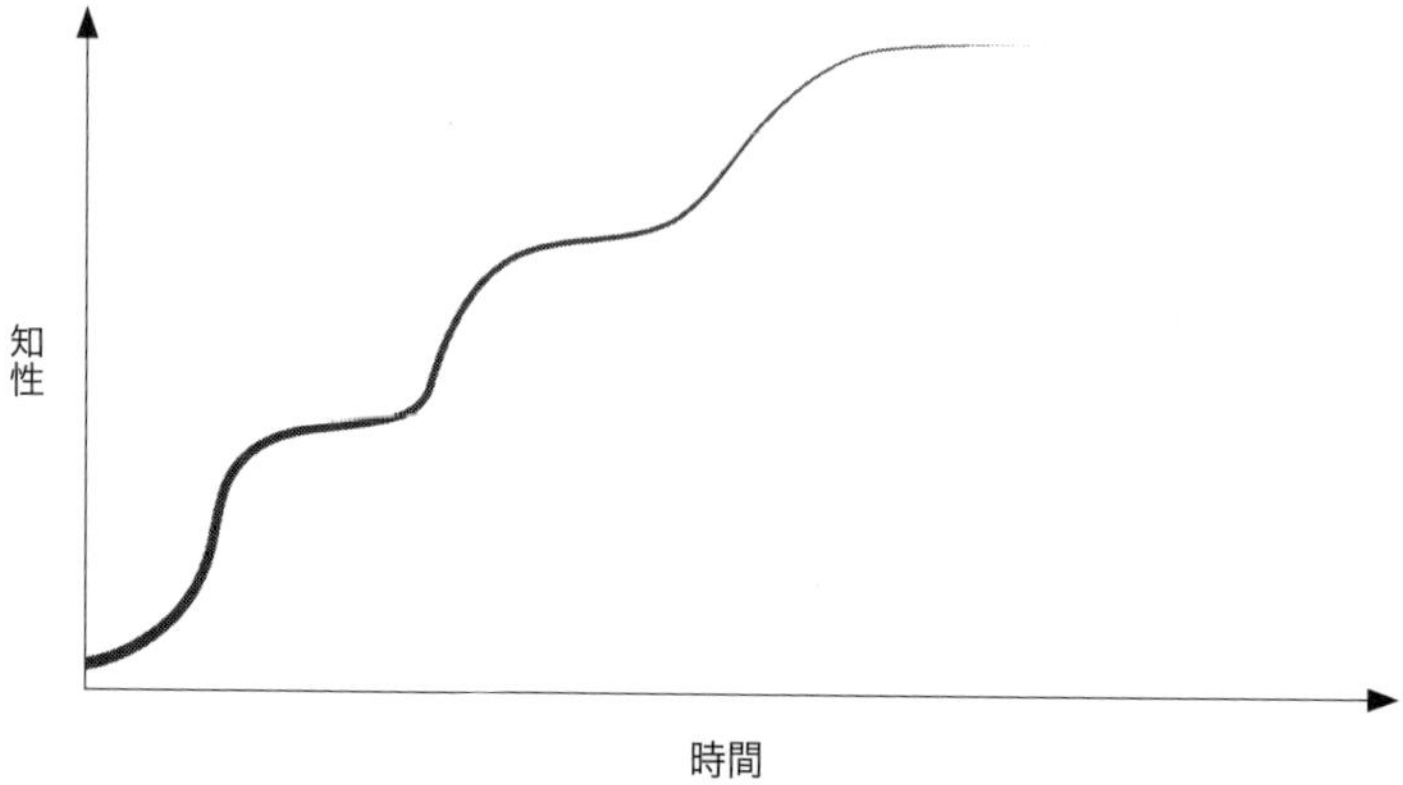

ない。発達が急速に進む変革期と、発達がほぼ止まる安定期が交互に訪れる。変革期をへて新しい「台地」に達すると、ある程度の期間そこにとどまる場合が多い（それぞれのレベルの大枠の中で能力が精緻化したり拡張したりするケースはもちろんある）。

●次の段階への変容を遂げるまでに要する期間（つまり、「台地」の上にいる時間）は、段階が進むにつれて長くなる。

●曲線が次第に細くなっていくことからわかるように、高いレベルの「台地」に進むほど、その段階までたどり着く人の数が減る。

このそれぞれの段階には、どのような特徴があるのか？　低い段階では実践できなかったり理解できなかったりしたことが、高い段階に達するとできるようになるのか？　知性のさまざまな段階について、いまでは非常に多くのことがわかっている。ここで言う知性とは、一般に言うところの「頭がいい」という概念とは別物だ。ＩＱ（知能指数）とは関係ない。それは、世界を抽象的に理解できるようになることともイコールでない。難解な数式が満載の物理学の講義を理解できる人が「最も知性が高い」わけではないのだ。

大人の知性には3つの段階がある

知性のそれぞれの段階についてはあとで詳しく論じるが、ここではさしあたり、質的に異なる三つのレベルの違いを簡単に見ておこう。**図1－4**のように大人の知性の発達プロセスをグラフ化すると、三つの「台地」が出現する。**図1－5**は、それぞれの「台地」の特徴をまとめたものだ。

大人の知性の三つの段階――環境順応型知性（ソーシャライズド・マインド）、自己主導型知性（セルフオーサリング・マインド）、自己変容型知性（セルフトランスフォーミング・マインド）――は、世界の理解の仕方と、世界で行動する際の基本姿勢がまるで違う。この三段階の知性の違いは、職場での具体的な場面を想定し、同じ現象がどのように受けとめられるかを考えればわかりやすい。そこで、以下では情報の伝達を例に見ていこう。

人が誰にどのような情報を発信し、自分に届いた情報をどのように受け取り対応するかは、システムがどのように機能するかを大きく左右する要素だ。このテーマに関して、組織文化や組織行動、組織変革の専門家は、システムが個人の行動に及ぼす影響についてはよく理解しているが、一人ひとりの知性のレベルがどのような影響をもつかは驚くほど理解していない。しかし個人の行動は、その人がどのレベルの知性に基づいて組織文化や変革プロジェクトを

図1-4

大人の知性の３つの段階

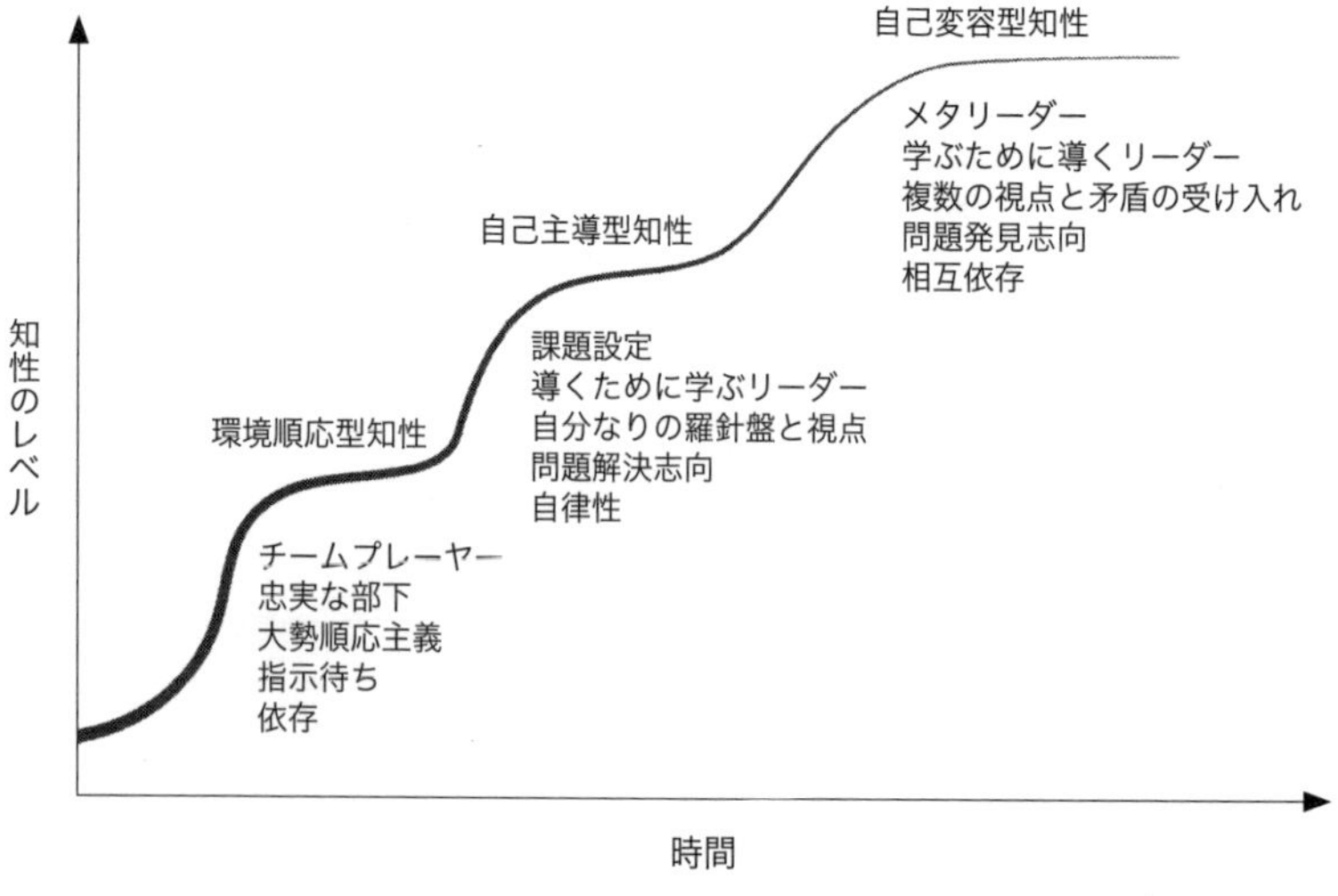

図1-5

知性の３段階の特徴

環境順応型知性

- 周囲からどのように見られ、どういう役割を期待されるかによって、自己が形成される。
- 帰属意識をいだく対象に従い、その対象に忠実に行動することを通じて、一つの自我を形成する。
- 順応する対象は、おもにほかの人間、もしくは考え方や価値観の流派、あるいはその両方である。

自己主導型知性

- 周囲の環境を客観的に見ることにより、内的な判断基準（自分自身の価値基準）を確立し、それに基づいて、まわりの期待について判断し、選択をおこなえる。
- 自分自身の価値観やイデオロギー、行動規範に従い、自律的に行動し、自分の立場を鮮明にし、自分になにができるかを決め、自分の価値観に基づいて自我の範囲を設定し、それを管理する。こうしたことを通じて、一つの自我を形成する。

自己変容型知性

- 自分自身のイデオロギーと価値基準を客観的に見て、その限界を検討できる。あらゆるシステムや秩序が断片的、ないし不完全なものなのだと理解している。これ以前の段階の知性の持ち主に比べて、矛盾や反対を受け入れることができ、一つのシステムをすべての場面に適用せずに複数のシステムを保持しようとする。
- 一つの価値観だけいだくことを人間としての完全性とはき違えず、対立する考え方の一方にくみするのではなく両者を統合することを通じて、一つの自我を形成する。

見るかに強い影響を受ける。

環境順応型知性

環境順応型知性の持ち主は、職場でどのように情報を発信・受信するのか。あなたの知性がこのレベルだとすれば、発信する情報は、ほかの人たちがどのような情報を欲しているかというあなた自身の認識に強く影響を受ける。集団思考（グループシンク）はその典型だ。集団思考は、集団的意思決定の場でメンバーが重要な情報を口にしないときに生まれる。人々がそのような態度を取るのは、たとえば「その計画が成功する確率はほぼゼロだとわかっているけれど、リーダーが私たちの支持を欲しているらしい」と思うからだ。

集団思考に関する初期の研究の一部は、アジアを舞台にしていた。それらの研究では、意思決定の場で自分の意見を言わなかった人たちが、リーダーの「メンツ」をつぶしたくなかったのだと説明した。リーダーに恥をかかせないためには、会社が失敗への道を突き進んでも仕方ない、というわけだ。こうした初期の研究が明らかにした現象は、アジア文化の特徴であるかのように言われていた。特定の文化を前提にしているという点では、スタンレー・ミルグラムの有名な「権威への服従実験」も同じだ。この実験は元々、ドイツ文化のどのような要素が原因で、残虐的傾向のない普通のドイツ人が国家に命じられるままに多くのユダヤ人とポーランド人を抹殺したのかを解明することを目的としていた[1]。ナチスの言いなりに行動した普通のドイツ人――いわゆる「善良なドイツ人」――の精神構造を知ろうとしたのだ。しかし、実験の結果を見てミルグラムは驚いた。「善良なドイツ人」と同様の行動パターンを取る人は、アメリカにもいたるところにいたのである。また、メンツをことさらに重んじるのはアジア文化の特徴と思われてきたが、アーヴィング・ジャニスとポール・ハートの研究により、日本や台湾だけでなく、アメリカやカナダでも強力な集団思考が見られることが明らかになった。[2] この種の思考は、文化ではなく、その人の知性のレベルが原因で生まれるものなのだ。

環境順応型知性の特質は、情報をどのように受け取り対応するかにも影響を及ぼす。このレベルの知性の持ち主にとっては、重要人物の意向に反しないことと、好ましい環境に自分を合わせることが、一貫した自我を保つうえで大きな意味をもつ。そのため、情報にとても敏感で、情報の影響を受けやすい。受け取る情報はたいてい、言葉で表現されるメッセージだけにとどまらない。ときには、相手のメッセージの裏の意味をくみ取ろうと神経質になるあまり、メッセージの送り手が意図した以上に強い影響を受ける場合もある。その結果、リーダーはしばしば、どうして部下が「あの言葉をこんなふうに解釈するのか?」と驚き、戸惑うことになる。情報の受け手のアンテナが歪んでいれば、実際に届く情報は送り手の意図と似ても似つかないものになりかねない。

自己主導型知性

では、自己主導型知性はどう違うのか? あなたの知性がこのレベルだとすれば、発信する情報は、自分の課題や使命を追求するうえで、ほかの人たちにどういう情報を知らせたいと思うかによって決まる面が大きい。このレベルにある人たちは、明確に意識しているかどうかはともかく、つねになんらかのゴール、目標、基本姿勢、戦略、分析を胸にいだいていて、これらの要素がコミュニケーションの前提になる。目標や計画の質はまちまちだろうし、目標に向けてほかの人を引き込むことの得手、不得手はあるだろうが、情報を発信するときに自分が車の運転席に座ろうとするのか、それとも車に乗せて運んでもらおうとするのかは、知性のレベルによって決まる。環境順応型知性の持ち主は後者、自己主導型知性の持ち主は前者を選ぶ。

では、情報の受け取り方の面ではどうか？　自己主導型知性が環境順応型知性と違うのは、どのような情報を受け入れるかを選別するフィルターをつくり出すという点だ。最優先されるのは、自分が求めている情報。その次に優先順位が高いのは、自分の計画、基本姿勢、思考様式との関わりが明白な情報だ。自分が求めておらず、自分の計画とはっきりした関連も見えない情報は、フィルターをすり抜けることがきわめて難しい。

見てのとおり、以上のような思考・行動パターンの持ち主は、とくに重要な課題を選りわけ、それに集中的に取り組むうえで、理想的な資質をそなえている。このタイプの人は、さまざまな課題や題材が次から次へと目の前にあらわれるなかで、限りある時間を最も有効に活用できる。その意味で、自己主導型知性が環境順応型知性より優れていることは間違いない。しかし、こうした資質が悲惨な事態を生む場合もある。自分の計画や基本姿勢になんらかの欠陥があったり、フィルターが重要な情報を排除してしまったり、世界の変化にともなって、以前は機能していた思考様式が時代遅れになったりしたとき、目も当てられない結果を招きかねない。

自己変容型知性

自己変容型知性の持ち主も、情報を受信するためのフィルターをもっている。しかし、自己主導型知性の持ち主と違うのは、フィルターと自分が一体化していないことだ。フィルターを通してものごとを見るだけでなく、フィルターと距離を置いて、フィルターそのものを客観的に見ることができる。どうして、そのような行動を取るのか？　自己変容型知性の持ち主は、ある特定の基本姿勢や分析、目標を大切にすると同時に、それに警戒心もいだくからだ。どんなに強力な方針や計画も完璧ではないことを知っている。時間が経過して世界が変化すれば、いま有効なやり方が明日は効力を失う可能性があると理解しているのだ。

自己変容型知性の持ち主は、ほかの人とコミュニケーションを取るとき、自分の目標や計画を前進させることだけを考えない。それを修正したり改善したりする余地をもっている。自己主導型知性の持ち主と同様に、情報を得るための問いを発する場合もあるだろう。しかしそういうときも、自分の計画の枠内で問いを発するのではなく（言い換えれば、自分の掲げる目標を推進するうえで有用な情報だけを求めるのではなく）、計画そのものの妥当性を判断するための情報も欲しがる。計画を強化し、磨きをかけ、修正するきっかけになるような情報を得ようとするのだ。そうやって、計画に多くの要素を反映させていく。情報を発信するのは、自分の思い描く目的地に向けて車を走らせるためではない。道路地図を描き直したり、目的地を修正したりすることが目的だ。

情報の受信の面でも同じことが言える。自己変容型知性の持ち主は、自己主導型知性の持ち主と同じくフィルターをうまく活用しているが、フィルターの奴隷にはならない。自分のもっている地図が正しいと判断すれば、自己主導型知性の人たちと同じように、その地図に基づいて目的地に向けてまっしぐらに車を走らせる。しかし、それより重んじているのは、現在の計画や思考様式の限界を教えてくれる情報を得ることだ。玉石混交の情報のなかから石を弾き出すうえでフィルターは重宝しているが、ときにフィルターが有益な「黄金の石」まで弾き出してしまうことも忘れていない。既存の計画をすべてひっくり返し、いっそう高いレベルの計画を築くうえでは、自分が求めていなかった情報、変則的な現象、一見すると重要でなさそうなデータが欠かせない場合もある。

自己変容型知性の持ち主には、その種の情報が入ってきやすくなる。人は自己変容型知性の持ち主にそういう情報を発信したくなるものだ。なぜか。このタイプの人たちは、受信した情報に関心を示すだけでなく、どうすればほかの人に情報を発信させられるかを心得ているからだ。このレベルの知性の持ち主は、周囲の人たちに、「重要だと思うけれど、目下の業務や計画とは関係なさそうな情報」を伝えるべきか迷わせない。そういう情報を歓迎する意思をはっきり示している。

成功する人の知性とは

情報の流れという、組織生活できわめて重要な要素に着目することで、知性の段階ごとの違いが見えてきたのではないだろうか。また、知性を高めることの意義も理解できただろう。それぞれの知性の段階は、その前の段階より明らかに優れている。前段階の知的機能に加えて、新たな機能をそなえるようになるからだ。しかし、ここまでの議論で浮き彫りになったことは、それだけではない。知性が違えば実際に取る行動が違い、その結果、組織における行動と仕事の能力にも大きな違いが生まれる可能性がある。要するに、知性のレベルが高い人物は、レベルが低い人物より仕事ができるのだ。

単なる推測ではない。この点は、数々の研究によって裏づけられている。詳しくは後述するが、ここでは、研究によりどういうことがわかっているかを手短に紹介しておこう。

キース・アイゲルは、業績好調の大企業でCEOを務める二一人を対象に調査をおこなった。二一社はすべて業界のトップ企業で、年間の売上総利益の平均は五〇億ドルを上回る。[3] アイゲルは、私たちが研究仲間と共同で開発した「主体客体インタビュー」の手法を用いて、九〇分の聞き取り調査をおこない、CEOたちの知性を測定した（これは、二〇年にわたり、世界中のあらゆる分野で使われてきた方法である。この手法を用いれば、一つの段階内での知性の向上と、次の段階への移行を明確に区別でき、しかも評価担当者による評価のばらつきをきわめて小さくおさえられる。詳しくは、次の囲み記事を参照）。それに加えて、別の評価指標を用いて、以下の側面でCEOたちの能力評価もおこなった。

- 既存の仕組みを疑う能力
- 共通のビジョンを呼び覚ます能力
- 意見対立に対処する能力
- 問題を解決する能力
- 権限を委譲する能力
- 人々に自信をもたせる能力
- 良好な人間関係を築く能力

知性のレベルをどのように測定するか

私たちが用いている知性評価の方法は、「主体客体インタビュー」という九〇分の面接調査である。ある人の知性のレベルは、自分が「所有して」いる思考や感情（＝その人が客観視できる「客体」としての性格をもつ思考や感情）と、自分が「所有されて」いる思考や感情（＝その人を動かす「主体」としての性格をもつ思考や感情）がどのように線引きされているかによって決まる。このような意味で、「主体客体」という呼称を用いている。主体と客体の境界線は、知性の段階によって異なる。知性のレベルが高まると、視界に入る要素（客体）が増え、視界に入らない要素（主体）が減っていく。この点に着目して考案された「主体客体インタビュー」を活用することにより、ある人の知性をきわめて精密に評価し、ある知性のレベルと次のレベルの違いを明確に識別できる。しかも、評価担当者による評価のばらつきはきわめて小さい。

面接の冒頭で、対象者に一〇枚の小さなカードを手渡す。そこには、それぞれ以下の言葉を記してある。

怒り
不安／緊張
成功
強い態度／確信
悲しみ
苦悩
感動
喪失／別れ
変化
重要

最初の一五分間、私たちは調査対象者に問いを投げかける――「ここ最近、強い怒り（不安／緊張、成功……）を感じたのはどういうときでしたか？ 思い出して、カードに書き込んでください」。このあと、一定の手順に従って問いかけを続けることで面接は続く。対象者が「なに」（なにに自分が怒りを感じたのか）を語り、それを受けて私たちが「どうして」（どうして怒りを感じたのか。言い換えれば、なにが問題だったのか）を尋ねる。このようにして回答を引き出す手法は、その人が現在いだいている思考様式を描き出すうえできわめて効果的だと、過去の研究によりわかっている。熟練の面接担当者になると、問いかけを重ねることで、その人がなにを認識できて、なにを認識できないのか（なにが死角なのか）を決定づける基本原則を明らかにできる。

面接での対話は録音されて、文章に起こされたうえで、所定の方式に従って解析される。この調査は、これまで世界中であらゆる年齢層と社会層の何千人もの人を対象に実施されてきた。調査対象者のほとんどは、非常に興味深い経験だったと述べている。

出　典：L. Lahey, E. Souvaine, R. Kegan, et al., *A Guide to the Subject-Object Interview: Its Administration and Analysis*(Cambridge, MA: The Subject-Object Research Group, Harvard University Graduate School of Education, 1988).

比較のために、アイゲルはそれぞれの会社内でそのＣＥＯによって任命された将来有望なミドルマネジャーを一人ずつ面接し、同様の調査をおこなった。**図1－6**は、その結果をまとめたものである。横軸に知性のレベル、縦軸に仕事の能力のレベルを取り、二一人のCEOと二一人のミドルマネジャーの分布を示した。

このグラフを見てすぐにわかるのは、四二人の分布が全体として緩やかな右肩上がりになっていることだ。つまり、多面的に能力評価をおこなうと、知性のレベルと仕事の能力の間におおよその相関関係が見て取れる。CEOもミドルマネジャーも、知性が高い次元に到達するのにともない、仕事の能力の面でも成長していたのである。もっと少人数のリーダーを対象に特定の仕事上の能力について調べたいくつもの綿密な調査でも、同様の結果が得られている。[4] 要するに、知性のレベルの違いによって、複雑な世界への対応能力が違ってくる可能性があるのだ。

リーダーと部下に求められる役割の変化

ここまで論じてきた現象をもっと大きな文脈の中に位置づけるためには、変化のスピードが速まり、グローバル化が進展している今日の世界で、リーダーと部下にどういうことが新たに求められるようになったかを考えるといい。

まず、部下に求められるものはどう変わったのか？　昔は、よきチームプレーヤーとして行動し、与えられた役割をこなし、組織に忠実で、上司の指示や暗黙の意向に誠実に従っていれば、たいていそれで十分だった。つまり、部下に要求される資質を満たすためには、環境順応型知性こそが最適だったのだ。

いまはどうか？　ナサニエル・ブランデンは次のように述べている。

この二、三〇年ほど、アメリカと世界の経済は目を見張る変化を遂げ、アメリカは工業社会から情報社会へと移行した。それにともない、労働の中身も肉体労働中心から知的労働中心に変わった。いま、グローバル化が進行し、めまぐるしいスピードで変化が起き、科学と技術の進歩が大幅に加速して、過去になかったほど競争が激化している。その結果、勤労者にはこれまで以上の高度な教育と訓練が求められるようになった。このことは、ビジネスの世界を知っている人は誰でもわかっている。あまり理解されていないのは、思考様式の面でも新しい資質が求められていることだ。とりわけ、イノベーション、自主的管理、自己責任、自己主導の能力がいっそう必要とされている。これらの資質は、企業のトップだけでなく、上級幹部に始まり、現場の第一線の管理職、さらには新入社員にいたるまで、あらゆる職階の人たちに求められている……今日の組織では、すべてのメンバーがこれまで以上に高度な知識と

図1-6

知性のレベルと仕事の能力の関係（キース・アイゲルの研究）

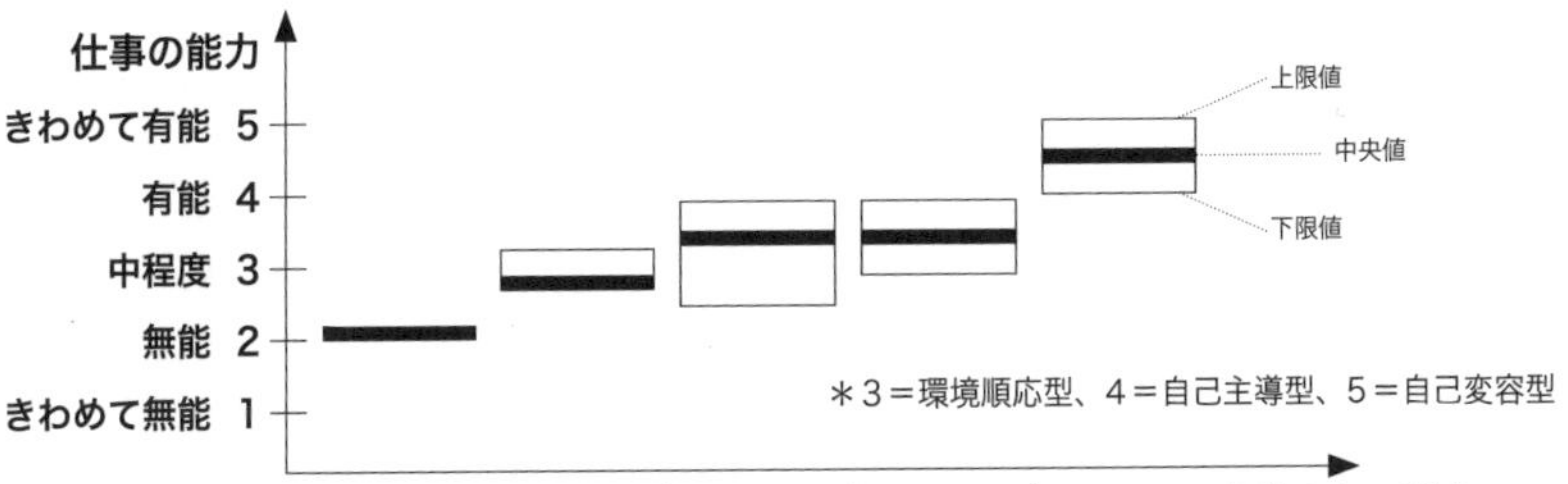

知性のレベル*	2-3	3	3-4	4	4-5	
CEO	0	0	0	17	4	計21人
ミドルマネジャー	1	2	7	10	1	計21人

環境順応型　自己主導型　自己変容型

出典： K. Eigel, “Leader Effectiveness”(PhD diss., University of Georgia, 1998).

技能に加えて、高度な独立性、自立性、自信、自発性をもつことが要求されているのだ。[5]

このような指摘をしているのは、ブランデンだけではない。こうした主張は、知性のレベルに関してなにを意味するのか？　ブランデンは実質的にこう言っている——以前、働き手は環境順応型知性でこと足りたが、今日では自己主導型知性のレベルに達している人物が必要とされている、と。**働き手には、これまでより高い次元の知性を身につけ、それに基づいて自分自身とまわりの世界を理解することが求められるようになった。**

では、上司やリーダーを取り巻く状況はどう変わったのか？　組織理論研究者のクリス・アージリスによれば、マネジメントとリーダーシップに関する古い常識は通用しなくなりつつある。昔のリーダーは、価値ある目標と合理的な規範を打ち出し、その目標と規範に合わせた体制を築き、「組織のあげる成果が一定の枠からはみ出さない」ように注意を払うと同時に、強い姿勢で持論を主張し、反対意見をはねのけていれば務まったかもしれない。[6]しかし、そういうマネジメントの手腕だけでは不十分になりはじめた。変化の速度が増すにつれて、組織を運営するだけでなく、組織とその規範、使命、文化を組み換えられるリーダーが必要になっている。たとえば、安価な汎用品を生産していた企業が変貌を遂げ、個々の顧客のニーズに応じた製品を生産したり、企業向けのサービスを提供するビジネスに転換したりしようと思えば、その会社で働く個人やチームに求められる能力は大きく変わる。

アージリスとドナルド・ショーンは三〇年あまり前に、組織がこのような転換をおこなうときに直面する課題について論じている。

社員は、マーケティング、マネジメント、広告に関して、それまでと違う手法を身につけ、新製品投入のサイクルを速め、もっと素早く行動パターンを変えていくことが求められる。また、自分たちのビジネスに関する基本認識も改めなくてはならない。しかし、このような変革をおこなおうとすれば、企業にとって重要な別の規範とぶつかり合う。それは、企業活動のマネジメントにおいて、予測がつきそうなものを重んじる発想だ……既存の規範を保ったままで変革に乗り出せば、二つの規範が衝突することになる。[7]

アージリスのような論者は実質的に、新しい知性の必要性を主張している。そういう高度な知性の持ち主は、組織をどう運営するべきかということに対し確固たる信念をいだき、それを貫くだけではない。自分のイデオロギーや思考枠組みの外に出て、その限界や欠陥を認識し、もっと完成度の高い考え方を確立できる。そして、その新しい考え方にも限界が見つかるかもしれないという留保も忘れない。つまり、アージリスは今日のリーダーに対し、自己変容型知性を身につけ、ものごとを学習することを求めているのだ。

ここまでの話をまとめると、今日の世界では、それまで環境順応型知性で（言い換えれば「よき兵隊」であることで）十分だった働き手たちに自己主導型知性への移行が、自己主導型知性で（「自信に満ちたキャプテン」であることで）十分だったリーダーたちに自己変容型知性への移行が求められるようになっている。要するに、働く人すべてが知性のレベルを次の次元に向上させる必要がある。

では、人々に要求される知性のレベルと、人々が実際に達しているレベルの間には、どのくらい大きな落差があるのか？　要求されるレベルに達することなど、そもそも無理な話なのだろうか？　それとも、世界の複雑性が高まるにつれて、世界が高い知性の持ち主を生み出す力も高まり、そういう人物が増えているのだろうか?

本書で言う知性を測る方法として、精密で信頼性があり、広く用いられているものが二つある(明らかに、IQテストではそれを測れない。IQテストの結果と知性の相関関係はきわめて薄い。たとえばIQが125以上ある人のなかには、知性が自己変容型に達している人もいれば、自己主導型や環境順応型にとどまっている人もいる)。その二つの方法とは、ワシントン大学文章完成テスト(WUSCT)と、先に紹介した主体客体インタビューである[8]。この二つの方法のいずれかを用いた調査結果(それぞれの研究の被験者数は数百人に達する)をメタ分析した大がかりな研究が二件実施されている。**図1-7**は、この二つの研究の結果をまとめたものである。

この図を見てわかることが二つある。

- 二つの研究は、まったく別個の被験者を対象にした調査をメタ分析したものだが、結論は一致している。被験者の過半数(六割近く)は、自己主導型知性の段階に達していない。しかも、いずれの研究も被験者をみると、大卒中流層の専門職の割合が大きいので、社会のすべての層を調べれば、この段階に達していない人の割合はもっと大きいと予想される。
- また、自己主導型知性の段階より上に到達している人の割合は、きわめて小さい。

要するに、人々に要求される知性のレベルと実際に達しているレベルの間には、きわめて大きな落差がある。ほとんどの働き手は自己主導型知性の段階に達しておらず、ほとんどのリーダーは自己主導型より高いレベルの知性をもっていない。

こうしたマクロレベルの研究と同様の結果は、前出のキース・アイゲルのミクロレベルの研究でも見て取れる。図1－6にあるように、アイゲルの研究によれば、「将来有望」なミドルマネジャーのおよそ半分しか自己主導型知性の段階に達しておらず（そして、このレベルに達しているマネジャーは、そうでないマネジャーより仕事の能力が高い）、それぞれの業界のトップに立つ二一の企業のCEOのなかで自己主導型より高いレベルの知性をもっている人はわずか四人にとどまった（そのレベルに達しているCEOは、そうでないCEOより仕事の能力が高い）のである。

学習方法を見直す

リーダーシップ論の研究者であるロナルド・ハイフェッツは、人が直面する課題を二つに分類している。本書でここまで述べてきた内容をおさらいするうえで有益なので、その分類を紹介しよう。ハイフェッツが言う二種類の課題と

図1-7

成人の知性のレベルの分布（2つの大規模な研究に基づく）

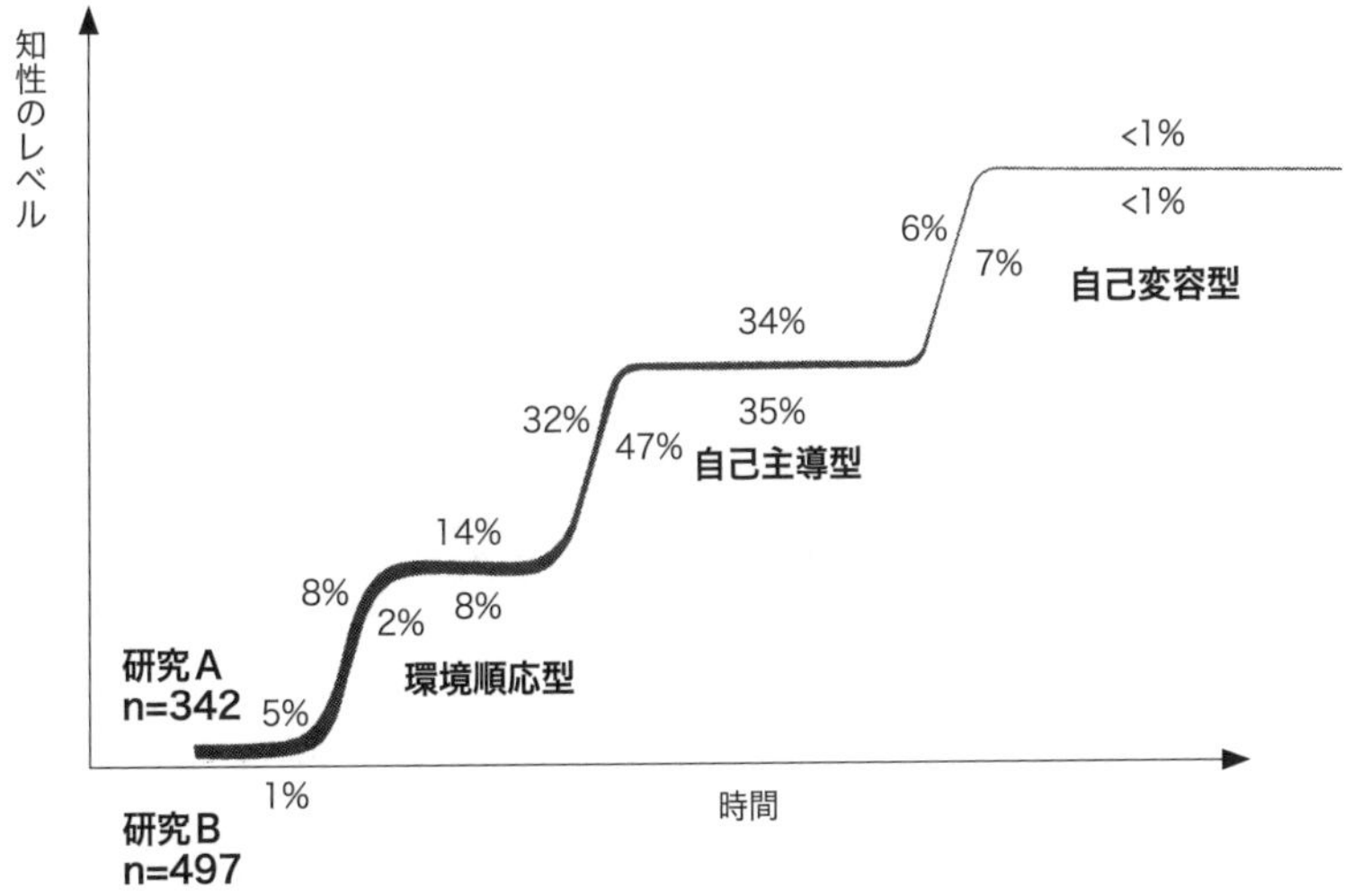

出典： Study A: R. Kegan, *In Over Our Heads* (Cambridge, MA: Harvard University Press, 1994).
Study B: W. Torbert, *Managing the Corporate Dream* (Homewood, IL: Dow-Jones, 1987).

は、「技術的な課題」と「適応を要する課題」である。[9] 技術的な課題は、かならずしも簡単とは限らないし、重要でないとも限らない。盲腸の手術を成功させたり、不具合で前輪が出ない旅客機を無事に着陸させたりするのは、おおむね技術的な課題だが、手術台の上の患者や飛行機の機内で脅える乗客にとってはきわめて重要な任務だ。

それでもハイフェッツに言わせれば、これらは技術的な課題にすぎない。高度な任務ではあるが、それをやり遂げるためにどのような技術を習得するべきかが明確だからだ。研修医や新米パイロットを一人前にするためにどのような手順を踏ませればいいかは十分にわかっているし、その方法論はこれまでも実践されてきた。長期の訓練の過程で研修医や新米パイロットの知性の次元が向上する場合もあるだろうが、それは技術の訓練で目指していることではない。研修医を十分な技能をそなえた外科医に成長させるうえでは、大人の知性の発達の可能性や知性の向上を気にかける必要はないのだ。

しかし、あなたが今日と明日の世界で直面する課題の多くは、既存の思考様式のままで新しい技術をいくらか身につけるだけでは対応できない。そうした課題をハイフェッツは「適応を要する課題」と呼ぶ。この種の課題に対応するためには、知性のレベルを高めることによって、思考様式を変容させなくてはならない。

ハイフェッツに言わせれば、リーダーが犯す最も大きな過ちは、適応を要する課題を解決したいときに技術的手段を用いてしまうことだ。適応を要する課題に立ち向かっているのに、その課題が技術的な課題だと「誤診」し、目指している変化を起こせないケースがしばしばある。適応を要する課題を解決したければ、適応型の（つまり技術的でない）方法を見いださなくてはならない。

このように、適応を要する課題と技術的な課題を区別して考えると、「問題」にばかり目を向けるのではなく、「人間」の側の要因にも着目する必要があるのだとあらためて気づかされる。すでに述べたように、世界が「複雑になりすぎている」と感じるのは、世界の複雑性と自分の能力の複雑性（つまり能力のレベル）の間にギャップが生まれているからだ。要するに、自分の処理能力を超えた課題に直面しているのである。

そうなると、おのずと次の疑問がわき上がってくる——知性をはぐくみ、その発達を加速させるために、なんらかの手を打つことは可能なのか？　私たちはこれまで三〇年以上、世界中の「実験室」を舞台に、この問いの答えを探してきた。次の第2章では、その実験室に読者のみなさんを案内し、私たちが見いだした結果を紹介しよう。

第2章 問題をあぶり出す免疫マップ

適応を要する課題に、技術的なアプローチではなく適応型のアプローチで対処するには、どうすればいいのか？　言い換えれば、知性の発達を意識的に後押しするには、なにが必要なのか？　本章以降では、さまざまな角度からこの問いに答えていく。

私たちの研究によれば、適応を要する課題に対処するために必要なのは、第一に、適応型のアプローチで問題を明確に定義すること、そして第二に、適応型のアプローチで問題の解決策を見いだすことだ。第一の点は、いま直面している問題を解決するうえで、自分の現段階の知性がどのような点で不十分なのかを正しく把握することを意味する。そして、第二の点は、必要に応じて自分を変えることにほかならない。

本章では、この第一の点について論じる。目の前の課題に対処するうえでの自分の知性の限界を知ろうと思えば、理屈で考えるだけでは十分でない。頭脳とハート、つまり考えることと感じることの両方が必要だ。適応型のアプローチで問題を定義するためには、新しい角度からものごとを見て、それまでより明晰な分析をおこなうと同時に、対処すべき課題の底流をなす情緒的要素も浮き彫りにしなくてはならない。

以下では、そのように自分の課題を認識する方法を具体的に説明したい（第9章では、あなたが直面している課題に関して、その方法論を実践する機会を用意してある）。そのあとは、適応型のアプローチによる問題解決に話を移し、知性を高めることを通じて、どのように自分と組織に変化を起こせばいいのかを見ていく。

まず、読者のみなさんを私たちの「実験室」にご案内したい。私たちが実験を通じて見いだした現象、すなわち〝変革をはばむ免疫機能〟について知ってもらう必要があるからだ。「実験室」と言っても、大学の中にあるわけではないし、白衣を着て実験をおこなうわけでもない。私たちの実験室は、実世界の中にある。世界のさまざまな国の企業や政府機関や教育機関の仕事の現場こそ、私たちの実験室なのだ。私たちは勇気あるリーダーたちに招かれ、数多くの組織の幹部チームとともに何カ月にもわたる学習の旅をした。

本章では、〝変革をはばむ免疫機能〟とはどういうものか、さまざまな角度からお見せしたい。私たちの試みがうまくいけば、あなたは、変革のプロセスに関してこれまで気づいていなかった力学を知るだろう。その力学が一人ひとりにどのように作用しているかは、いわば思考の地図を作成することによって明らかにする。その地図を私たちは「免疫マップ」と呼んでいる。見えないものを見えるようにするX線写真のようなものと考えてほしい。この地図を描くことにより、現状がどうなっているかだけでなく、どうしてそのようになっていて、どういう点を変えれば有意義な変化を起こせるのかも見えてくる。まずは、免疫マップの実例をいくつか見てもらおう。最初は、ピーターの例だ。

X線のように本当の原因を映し出す

ピーター・ドノバンは、アメリカ東部に本社を置く大手金融サービス会社の共同創業者兼CEO。私たちがはじめて会ったときは、五〇歳代だった。エネルギッシュで、まわりの人をつねに楽しませる愉快な男だ。好奇心旺盛で、人間が好きで、仕事を愛している。こうしたすべての要素が会社の成功を力強く後押ししていた。当初はある企業グループ内に設立された「その他大勢」の小さな子会社の一つにすぎなかったが、ピーターはそれをグループの至宝とでも呼ぶべき存在に成長させた。新しく発足した会社の初代リーダーという立場もあって、会社のさまざまな面に彼の個性が色濃く投影されていた。

人間は誰でも欠点がある。数々の優れた才能をもつピーターも完璧というわけではない。私たちと出会ったころ、本人も自分の欠点を思い知らされていた。そのしばらく前、ピーターの会社はアメリカ国内の異なる地域にある二つの同業他社を買収し、会社の規模を飛躍的に拡大させていた。異なる企業文化を溶け合わせ、新たに加わった幹部たちに新しい役割を担わせ、自分自身もある程度は仕事の仕方を変えなくてはならない。ピーターに突きつけられた最大の課題は、もっと分権型のリーダーになることだった。すべてを自分でやろうとするのではなく、部下に権限を委譲し、幹部チームの頭脳を活用する必要があった。

自分の欠点を自覚し、周囲の声に真摯に耳を傾けていたピーターは、自己変革の目標をいくつか決めた。その目標をぜったいに達成するぞ、と意気込んでいた。会社を次の次元に成長させるには、それがどうしても必要だと思っていたのだ。ピーターが立てた目標は、次のようなものだった。

● 新しい考え方をもっと受け入れられるようになる。
● ものごとに――とくに、役割や責任の変化に――もっと柔軟に対応できるようになる。
● もっと積極的に権限委譲をおこない、新しい権限系統を支援する。

これらの点に関して、現状はどうなっているのか？　X線写真を撮るようにして、現実を正確に描き出す必要がある。いまどういう行動を取っているせいで（あるいは、どういう行動を取っていないせいで）、目標に反する状況が生まれているのか？　そのような行動を正直にリストアップするように、私たちは促した。ピーターが最初に作成したリストは、次のとおりだった。

● 新しい考え方に素っ気ない態度を取りがちだ。問答無用に却下したり、相手の発言を封じたりすることが多い。
● 相手の意見を引き出すような問いを投げかけない。本気で他人の考えを知ろうとすることがあまりない。
● 相手が私にうかがいを立てざるをえなくなるような話し方をしてしまう。
● 相手が望んでいるかどうかもわからないのに、すぐに自分の意見を述べてしまう。

図2－1は、以上の二つの要素について、ピーターのX線検査の内容をまとめた免疫マップである。

このマップの第2枠に記した阻害行動を改めることによって問題を解決しようというのは、十分に理解できる発想だし、実際によく見受ける行動パターンだ。しかし、それは技術的なアプローチによって問題を解決しようとする行動の典型と言わざるをえない。第1枠の改善目標が技術的な課題ではなく、適応を要する課題だとすれば、第2枠の阻害行動を変えることで問題を解決しようとするのは、適応を要する課題に技術的な方法で臨むことにしかならない。

意外に思えるかもしれないが、X線写真を詳しく分析していく過程で、私たちは第2枠の阻害行動を非常に大切に扱う。それを厄介者だと思っておらず、貴重な情報源と考えているからだ。この情報を掘り下げることにより、実際になにが起きているのかをいっそう的確に描き出せるようになる。別の角度から言えば、第2枠に記される行動は、それ自体が問題の「病巣」なのではなく、別の問題が表面にあらわれた「症状」だ。そこで、阻害行動を改めようとするのではなく、それらの行動を手がかりに、本当に必要とされているのはどういう変革なのかを明らかにすることに主眼を置く。

心理学者のウィリアム・ペリーによれば、他人の自己変革を支援するとき、その人物について知っておくべき重要な情報が二つある。一つは、相手が本当はなにを望んでいるのか。もう一つは、相手がどういう行動を取っているせいで、その目標が実現できていないのか。この二つの点は、免疫マップの第1枠と第2枠の内容に対応する。しかし、本書のX線検査の優れた点は、この二つに加えて、もう一つの要素にも光を当てられることにある。それは、目標の達成が妨げられるとわかっているのに、どうして第2枠の阻害行動を取り続けるのか、という点である。この問いに答えるためには、第1枠の改善目標と衝突し、第2枠の行動の背中を押している「裏の目標」をあぶり出さなくてはならない。これが免疫マップの第3枠に記す内容だ。

本書のX線検査の手法を用いれば、ピーターを「支配」している裏の目標を表面に引っ張り出せる。そうした裏の目標は、本人が自覚しているにせよ、いないにせよ、その人を支配して自由を奪い、本人が表明している改善目標の達成を妨げている。

ピーターは、どのような裏の目標をいだいているのか？　彼は以下の四つの点を挙げた。

● 私のやり方でやりたい。
● 自分がものごとに直接影響を及ぼしていると実感したい。
● 自分でものごとを決めているという誇りを感じたい。あらゆるものに自分の「指紋」をつけたい。
● 最強の問題解決者、誰よりも知識豊富な人物、ものごとをコントロールしている人間という自己イメージを過去、現在、未来にわたっていだき続けたい。

この四つ目の要素が自分に最も強い影響を及ぼしているようだと、ピーターは感じはじめた。

X線検査によって、ここまでで明らかになったことを免疫マップに記すと、**図2－2**が描けた。このマップの三つの枠

図2-1

ピーターの免疫マップ（第1枠と第2枠）

1　改善目標	2　阻害行動 （改善目標の達成を妨げる要因）
新しい考え方をもっと受け入れられるようになる。 ものごとに――とくに、役割や責任の変化に――もっと柔軟に対応できるようになる。 もっと積極的に権限委譲をおこない、新しい権限系統を支援する。	新しい考え方に素っ気ない態度を取りがちだ。問答無用に却下したり、相手の発言を封じたりすることが多い。 相手の意見を引き出すような問いを投げかけない。本気で他人の考えを知ろうとすることがあまりない。 相手が私にうかがいを立てざるをえなくなるような話し方をしてしまう。 相手が望んでいるかどうかもわからないのに、すぐに自分の意見を述べてしまう。

はばらばらに存在しているのではなく、すべてが一体に結びついて、一つのシステムを構成している。

図に記された矢印は、そのシステムのなかで三つの要素が動的に作用し合い、力の均衡状態がつくり出されていることを表現している。これが私たちの言う「免疫システム」である。X線検査でこのシステムを丸裸にすることにより、変革を成し遂げるのがどうしてこんなに難しいのかという謎を解くための重要な情報が手に入る。

「免疫」という医学的な比喩を用いたのには理由がある。このメカニズム自体は悪いものではないと伝えたかったのだ。医学上の免疫機能はきわめて優れたメカニズムであり、ほとんどの場合は素晴らしい役割を果たしている。華麗に作動して、健康を守り、命を救ってくれる。〝変革をはばむ免疫機能〟も本人にとって大切な財産であり、力の源にもなっている。実際、ピーターの下で働く幹部の一人は、ピーターの免疫マップをはじめて見たとき、上司を弁護してこう言った。「この図に記されている頑固さと厳しさのおかげで、会社がここまで大きくなり、私が広い家に住めているのですよ！」

変革のアプローチを再考する

しかし、ときには免疫機能が健康を脅かす場合もある。病気の治癒や健康の維持に必要な物質を体の外に弾き出すケースがあるのだ。そういうときも免疫機能はその人を守ろうとしているのだが、システムが誤作動を起こしているため、そのような結果を招く。作動ルールの修正が必要なことに気づいておらず、本人を守っているつもりで、実際には深刻なリスクにさらしてしまう。

ピーターの〝変革をはばむ免疫機能〟を見れば、どうして技術的なアプローチでは問題を解決できないのかがよくわかる。技術的に解決しようとすれば、第2枠の阻害行動をなくすにはどうすればいいかを考えることになるだろう。相手の意見を引き出す質問を十分に発していない？　あらゆることについてうかがいを立てなくてはならないと、部下に感じさせている？　これらの行動を変えるために有効そうな対策をいくつか打ち出すことはできるだろう。ピーターは強い意志と自制心の持ち主だ。私たちと最初に会ったころ、体重を五キロ落とそうと決意すると、食事のお代わりをするのをやめ、デザートを食べるのもやめにした。そして二カ月後には、きっちり五キロの減量に成功していた。それから四年たつが、いまでも理想の体重を維持し続けている。

　これと同じアプローチで今回の課題に挑めない理由など、どこにあるだろう？　そう思うかもしれない。では、ピーターが自分の質問の仕方につねに注意を払い、相手の曖昧な意見を引き出すような質問

図2-2

ピーターの免疫マップ（第1枠〜第3枠）

1　改善目標	2　阻害行動（改善目標の達成を妨げる要因）	3　裏の目標
新しい考え方をもっと受け入れられるようになる。 ものごとに――とくに、役割や責任の変化に――もっと柔軟に対応できるようになる。 もっと積極的に権限委譲をおこない、新しい権限系統を支援する。	新しい考え方に素っ気ない態度を取りがちだ。問答無用に却下したり、相手の発言を封じたりすることが多い。 相手の意見を引き出すような問いを投げかけない。本気で他人の考えを知ろうとすることがあまりない。 相手が私にうかがいを立てざるをえなくなるような話し方をしてしまう。 相手が望んでいるかどうかもわからないのに、すぐに自分の意見を述べてしまう。	私のやり方でやりたい。 自分がものごとに直接影響を及ぼしていると実感したい。 自分でものごとを決めているという誇りを感じたい。あらゆるものに自分の「指紋」をつけたい。 最強の問題解決者、誰よりも知識豊富な人物、ものごとをコントロールしている人間という自己イメージを過去、現在、未来にわたっていだき続けたい。

をどのくらい発しているか自己点検すると誓ったら、どうなるか？　あるいは、部下との会議や打ち合わせのたびに、一人ひとりの計画をこちらから尋ね、（本来はそれが必要でないときまで）部下から承認を求められるケースがどのくらい減るか確認するようにしたら？　もし、耳慣れない内面のメカニズムをあぶり出すまでもなく体重を落とせたのであれば、ここでも同じアプローチで十分ではないか？

減量するときのように、なんらかのマニュアルに従うなり、意志の力を振り絞るなり、ある種の行動を減らし、別のある種の行動を増やすための計画を立てるなりすることで変革を成し遂げられるのであれば、その方法論に従って変革を推し進めればいい。私たちが提案しているアプローチは、単純な技術的アプローチに比べて簡単でもなければ、迅速でもないからだ。

問題は、技術的アプローチで本当にうまくいくのか、という点だ。私たちが自己変革の手伝いをした人たちはほぼ例外なく、すでに第2枠の行動を改めようと試みていた。賢明な人なら、当然そうするだろう。そしてその結果、そういうやり方ではうまくいかないことを思い知らされていた。このように技術的なアプローチを試すことは、実は必要な作業だ。それをおこなうことで、自分が直面しているのがどういうタイプの課題なのかを確認できる。ときには、実際に試してみてはじめて、その判断がつくケースもある。ピーターの場合、体重を五キロ落とすというのは、適応を要する課題ではなかったようだ。食事制限という技術的な方法論によって問題を解決できたということは、減量がピーターにとって技術的な課題だったと判断できる。しかし、こういう人は珍しい。科学的研究によると、食事制限により減量した人の多くがリバウンドして、せっかく落とした体重の平均一・〇七倍の体重を取り戻してしまう。ほとんどの人にとって、減量は技術的な課題ではなく、適応を要する課題なのだ。だから、技術的な方法論である食事制限をおこなってもうまくいかない。

ピーターは、私たちと最初に会ったときすでに、問題を解決するために声のトーンを変えたり、部下をもっと自由に行動させようとしたりしていた。短期的にはうまくいったこともあったが、じきに古い行動パターンに戻ってしまった。おまけに、前より状況が悪化した。痩せたあとでリバウンドした人と同様の結果になったのである。この点は、ピーターにとってそれが適応を要する課題だという明確なサインとみなせる。その理由は、免疫マップを見れば一目瞭然だ。第2枠の阻害行動は、意志の弱さが原因で起きる失態ではない。それは、**自分のなかの別の部分が望んでいる結果を実現するうえで、きわめて理想的で有効な行動なのだ。**部下に逐一うかがいを立てさせるのは、自分が最も正解を知っていて、替えの利かない人材だと感じたいという、裏の目標を達成するためにほかならない。当時は企業買収にともない、大勢の新しい人たちと一緒に働くようになったばかりだったので、とりわけそういう思いが強かったのだろう。なにしろ、新しい部下のなかには、買収前の会社で「最も正解を知っている人間」を自負していた人たちもいたのだ。

その半面、ピーターはもっと上手に権限を委譲できるようになりたいと本気で願ってもいる。その気持ちは本心だ。誤解しないでほしいのだが、本書のX線技術は、建前レベルの目標をはぎ取って、その人が本当に目指しているものをあぶり出す道具ではない。もし人々の本音と建て前のギャップを浮き彫りにするだけだったら、私たちの研究はこれほど興味深いものにならなかっただろうし、意義もはるかに小さかっただろう。変革がうまくいかないのは、本人がそれを本気で目指していないからではない。心臓を病んでいる人が禁煙の目標を貫けないとしても、その人は「生きたい」と本気で思っていないわけではないだろう。変革を実現できないのは、二つの相反する目標の両方を本気で達成したいからなのだ。人間は、矛盾が服を着て歩いているようなもの。そこに、問題の本当の原因がある。「免疫マップを見ると、私は自動車の運転席に腰掛けて、片足でアクセルを踏み、もう片足でブレーキを踏んでいるようなものですね！」と、ピーターは言った。彼は自分を変えたいと思っているけれど、自分の核となる部分を守りたいという思いもいだいている。最も正解を知っている人物でありたいという裏の目標の底流には、すべてをコントロールしなければ自分の核となる部分が脅かされるという根深い固定観念があるのだ。

前の章で述べたように、多くの企業や組織は、莫大な時間と資金をつぎ込んでメンバーの能力を高めようとしている。人々は勇気をもって、自分がどういう部分を改めるべきかという指摘に耳を傾ける。そして、たいてい誠心誠意、自分を変えることを誓う。最初のうちは、その誓いを貫こうと相当な気合いを入れるかもしれない。しかし一年たって振り返ると、自分がほとんど変わっていないことに気づく。

自己変革の誓いは多くの場合、新年の誓いの「仕事版」になってしまう。ほとんどの人は、新年の誓いを実現したいという思いに嘘はない。だから、自分が誓いを守れないことに納得がいかない。だが、ピーターの免疫マップを見れば、どうして新年の誓いが長続きしないのかがわかるだろう。私たちは誓いを立てるとき、なくすべき「悪い行動」と増やすべき「よい行動」にばかり目を向けるが、強力な阻害行動を取らせる裏の目標を明らかにしないかぎり、問題を正確に定義したことにならない。アルバート・アインシュタインの言葉を借りれば、問題を正しく定義することは、問題を解くことと同じくらい重要だ。その点、免疫マップを描けば、自分が抱えている問題を正しく理解し、問題を解決する一歩を踏み出せる。ピーターが直面している問題の本質が、〝変革をはばむ免疫機能〟——すなわち、自分の核となる部分を守ろうとする結果、自分自身が望んでいる目標の達成を妨げてしまうメカニズムにあることも見えてくる。

誰でも矛盾を抱えている

もう一人、別の人物の免疫マップを見てみよう。ロン・ハルパーンは、ピーターの下で社長兼COOを務めている人物だ。人柄は快活で温厚、弁護士資格をもっていながら、金融サービスの世界に入ってすでに三〇年以上になる。会社が発足したときから、ピーターとほぼずっと一緒に働いてきた。二人は単によき同僚というだけでなく、よき友人同士でもある。

社長兼COOとして、日々の企業運営に責任をもつのがロンの役目。そのために、たえず決断をくださなくてはならない。誰にも相談に乗ってもらえないことも多いので、自分の決断のせいで誰かの不興を買う危険といつも隣り合わせだ。それでも、おおむね大きな困難を感じずに仕事をやり遂げている。ただし、ある非常に重要な局面だけは例外だ。幹部チーム内で意思決定をおこなうときは、なかなかうまくいかないのだ。こうした自己認識は、彼が改善すべき最も重要な点はなにかを周囲の人たちに率直に指摘してもらった結果とも一致した。ロンは自分が改めるべき点として、免疫マップの第1枠に次のように書いた。

- もっと強い姿勢で、ストレートにものを言えるようになる。
- 幹部チーム内でもっと果断に意思決定をおこなう。とりわけ、みんながいやがる決定をうまくくだせるようになる。
- 必要以上に他人の顔色をうかがうのをやめる。
- CEOにもっと反論できるようになる。彼の承認と支持を欲しがらない。

ピーターと同じように、ロンもきわめて正直に第2枠にも記入した。

- ストレートにものを言わない。
- ほかの人に意見を求めすぎる。まわりの機嫌をそこねることを恐れすぎる。
- みんなに気に入られようとしすぎる。とくに、ＣＥＯの顔色をうかがいすぎる。
- ＣＥＯの意見に耳を傾けすぎる。

さらに第3枠を記入すると、ロンの免疫マップは**図2－3**のようになった。

ロンが抱えている課題の性格は、ピーターとはまるで違う。しかしピーターと同じように、ロンの免疫マップにも非常に安定した均衡状態が描き出されている。免疫システムの作用により、相反する二つの目標のパワーのバランスが取れているのだ。「片足をアクセルに、もう片足をブレーキに」というのは、ピーターに限った話ではないのである。

こうした免疫マップをある人の内面の現状を描き出したものと評する人もいるが、私たちの考えは違う。「現状」という言葉には、静寂、静止、エネルギーの乏しい状態というニュアンスがあるように思える。しかし、自動車を運転する人が片足でアクセルを、もう片足でブレーキを踏んでいれば、そのときシステムの内部には莫大な量のエネルギーが駆けめぐっている。そのエネルギーが二つの正反対の方向に流れているせいで、自動車が前に進まないのである。もし、免疫システムの内部に閉じ込められているエネルギーの一部でも解き放てれば、どうなるだろう？　そのエネルギーを活用できれば、ピーターとロン、そしてあなたと同僚たちは、いま実行できていない活動のうちでなにができるようになるだろうか？（この点は、第2部で論じる）

ピーターの場合と同じように、ロンの免疫マップの第2枠に記された阻害行動の数々は、新年の誓いで消し去れる類いのものではない。ストレートにものを言わず、まわりの意見に耳を貸しすぎ、いつも他人の歓心を買おうとするという行動パターンは、第3枠に記入されている裏の目標を実現するうえできわめて賢明で有効な活動だからだ。自分がどのような裏の目標をいだいているかは、第2枠の阻害行動にだけ注目していてはけっして見えてこない。ロンは後述する方法を用いて、自分の裏の目標を突き止めた。

なお、ロンの免疫マップの第2枠に記されているような行動の原因になりうる裏の目標は、ロンが自分のマップの第3枠に記したものだけとは限らない。人によっては、第1枠と第2枠の内容はロンと同じでも、第3枠に記される裏の目標が違う可能性もある。たとえば、誤った決定をくだして失敗を招いた場合に責任を問われたくないという裏の目標をもっていて、それがロンと同様の第2枠の行動を生み出している人もいるだろう(そういう目標をいだいているので、自分以外の人に重要な決断をくださせようとする)。あるいは、嫉妬を買ったり腹を立てられたりしたくないとか、出る杭になりたくないとか、出世して「あっち側」の人間になってしまったと思われたくないという裏の目標

図2-3

ロンの免疫マップ(最初の案)

1　改善目標	2　阻害行動	3　裏の目標
もっと強い姿勢で、ストレートにものを言えるようになる。 幹部チーム内でもっと果断に意思決定をおこなう。とりわけ、みんながいやがる決定をうまくくだせるようになる。 必要以上に他人の顔色をうかがうのをやめる。 CEOにもっと反論できるようになる。彼の承認と支持を欲しがらない。	ストレートにものを言わない。 ほかの人に意見を求めすぎる。まわりの機嫌をそこねることを恐れすぎる。 みんなに気に入られようとしすぎる。とくに、CEOの顔色をうかがいすぎる。 CEOの意見に耳を傾けすぎる。	社内のみんなに好かれたい。 CEOに気に入られたい。 CEOと異なる方向を目指すという厳しい体験をせず、いわば機長と副機長のような心地よい関係でいたい。

をもつ人もいるだろう。

問題は同じでも、免疫マップは人それぞれ

以下で述べるように、免疫マップの第3枠に記される裏の目標は、適応をともなう変化に踏み出すための最も強力な出発点だ。だから、第3枠の内容を正しく記すために、阻害行動は同じでもその本当の動機（その行動を取ることで達成される目標）は人それぞれなのだと理解しておくことがひときわ重要となる。

この点をわかりやすく説明するために、再び減量を例に考えてみよう（せり出しはじめたお腹まわりとの戦いで苦戦を強いられている読者のみなさん、お待ちどおさま）。減量は、ピーターにとっては適応を要する課題ではなかったようだが、ほとんどの人にとっては適応を要する課題だと、しばらく前に指摘した。アメリカ人は毎年、食事制限によって天文学的な量の贅肉を落とし、その後、それよりさらに多くの贅肉を取り戻している。この現象をどう説明すればいいのか？

図2−4の免疫マップを見てほしい。第1枠と第2枠の内容は、ほとんどの人にとって身に覚えがあるはずだ。まず、第1枠。大半の人は、減量したいと心から思っている（理由は、健康のためだったり、容姿をよくするためだったり、服がきつくならないためだったりと、いろいろだろうが）。次に、第2枠。どういう行動を取っているせいで、痩せたいという目標の達成が妨げられているのか？　たいていの人が行き着く結論は、自分の食べ方に問題があるというものだ。そもそも食べる量が多すぎる、お腹がすいていないのに食べてしまう、脂肪分や炭水化物をとりすぎる……などなど。

人々はたいてい、問題を解決しようとするとき、第2枠に直接ねらいを定めて、そこに記された

行動を変えようとする。減量のための食事制限はそういうアプローチの典型だ。しかしほとんどの人は、このやり方ではうまくいかない。問題を正しく定義できていないからだ。まずは、自分が技術的な課題ではなく、適応を要する課題にからめとられていることを理解する必要がある。第2枠の行動が、ある種の目標を実現するうえではきわめて有効で賢明なものなのだと気づくことが出発点だ。

減量に関して言えば、第1枠と第2枠の内容はおおむね万人共通だとしても、減量を妨げる隠れた動機（第3枠）は十人十色なのかもしれない。

私たちはこれまで、第1枠の改善目標に「減量」を挙げる人たちをたびたび手伝ってきた（現在デンマークのコペンハーゲンで、本書のアプローチが肥満対策にどのくらい有効かを評価測定するプロジェクトが進められている）。ある人は、自分が食べすぎる原因が空腹を満たすことではなく、頻繁にこみ上げる空虚感や退屈感をやわらげることにあるのだと気づいた。

別の人物は、「私たちの一族はとても絆が強く、毎週、何世代もの親族が集まって豪勢な食事を

図2-4

減量に関する複数の人の免疫マップ

1　改善目標	2　阻害行動	3　裏の目標
体重を減らしたい。	食べる量が多すぎる。 お腹がすいていないのに食べてしまう。 脂肪分をとりすぎる。 炭水化物をとりすぎる。	・Aさん 退屈したくない。いつも刺激を感じ、エネルギーに満ちていたい。 満たされない気持ちを味わいたくない。 ・Bさん 親しい人たちとの絆を大切にしたい。まわりの人の愛情のしるしは、しっかり受け止めたい。 ・Cさん 性的な対象として見られたくない。減量することに振り回されたくない。不機嫌になりたくない。

楽しむのがならわしです。私は、イタリア系アメリカ人なのです」と述べた。「イタリア系の家庭に育った人間でなければわからないでしょう。私が減量のために食事制限を始めて、おばさんが親切によそってくれたパスタのお代わりを断れば、どうなるか？　おばさんはこれ以上ないくらい傷ついた表情を浮かべ、私の心を切り裂くひとことを発するにちがいありません。『どういうつもり？　すっかり偉くなって、私たちとはもうつき合えないって言うの？　私たちとは別世界の人間っていうわけ？』と。おばさんたちのことは大好きです。それに、おばさんたちはお代わりを差し出しているだけではありません。それと一緒に、愛情も差し出しているのです。それを拒むのは、とてもつらいことなのです。あなたたちの枠組みで言えば、私の免疫マップの第3枠に記される裏の目標は、親族と深い絆を感じること、ということになるかもしれませんね」

別の人物は、強い意志で食事制限をおこない、目標どおり一〇キロ体重を落としたのに、すぐにリバウンドしてすべてが水の泡になるというパターンを繰り返していた。この女性は自己分析の結果、自分がいだいている裏の目標が「性的な関心の対象として見られたくない」というものだと気づいた。これまで減量に成功するたびに、自分のことを一人の人間としてではなく性的な関心の対象としか見ない男たちから言い寄られた。さんざんつらい経験をしてきたので、そういう男がまたあらわれるのではないかと思うと、心穏やかでいられないのだ。

改善目標とその目標を妨げている阻害行動は三人共通だが、減量を妨げている要因は三者三様だ。三人全員にとって減量は適応を要する課題だが、どのような適応が必要かはそれぞれ違う。どのような免疫システムを築いているかは人によって異なるので、成功への道も人それぞれなのだ。

以下では、私たちが人々の自己変革を手伝うとき、具体的にどのようにして〝変革をはばむ免疫機能〟を割り出しているのかを説明していく。しかしその前に、いまあなたはどう感じているだろうか？　私たちの「実験室」で得られた研究結果を、とりわけピーターとロンの免疫マップの第3枠を見て、こんなふうに思っているかもしれない。

著者たちは、こんなに胸襟を開いて話してくれる人たちをどうやって見つけたのだろう？　正直で、隠しごとをせず、かっこうをつけない態度を称賛すべきなのか、それとも、自分の欠点まですべてを開けっぴろげにする態度にあきれ返るべきなのか。いや、それはどっちでもいい。問題は、私の同僚が、そして私自身がこんなに正直に話すなんて、ありえないということだ！　この方法論はとても興味深い。自分の内面をじっくり見つめるきっかけになりそうだ。まわりの人の第3枠にどういうことが書かれるのだろうかと、考えてみたりもする。でも、現実問題として、この手法に大きな効果があるかは疑わしい。ここまで徹底的に自分をさらけ出せる人は、そうそういないはずだ。著者たちが調べた対象者は、この種の活動を進んでおこなうタイプの人に偏っているにちがいない。

私たちがどのようにX線写真を「現像」しているかを知らずに、結果だけを見れば、こんなふうに思うのも無理はない。「現像」方法について詳しくは別の章で説明するが、ここではさしあたり、本書で紹介する人たちはけっして特殊な人々ではないと指摘しておきたい。本書に登場するのは、あなたと同じ普通の男女だ。あなたと同じ業種で働いている人もいるだろう。あなたと同じ年ごろの人もいるだろう。そして、私的な事柄を他人に打ち明けることに、あなたと同じくらい強い躊躇を覚えていた人もいるはずだ。

こう断言できるのは、これまでに何千人もの人の免疫マップを作成しており、そこにはありとあらゆるタイプの人たちが含まれているからだ。私たちは、あらゆる職種の、あらゆる地位の人たちを対象に研究を重ねてきた。対象者のなかには、エンジニアもいれば、教育者もいた。企業のＣＥＯもいれば、ＣＩＡの職員もいた。外科医もいれば、裁判官もいた。内科医もいれば、大学の学長もいた。役所の児童福祉局の副局長や高校の副校長、企業の副社長もいた。金融機関で働く人がいたかと思えば、議会の議員もいたし、製薬会社の幹部もいた。検察官もいれば、国際ビジネスコンサルタントもいたし、図書館の司書もいた。企業のシニアマネジャーもいたし、現場レベルのマネジャーや営業マネジャーも、ミドルマネジャーもいた。経営学や教育学、行政学、医学を学ぶ大学院生もいた。大学教授もいたし、老後の生活を送っている人もいた。陸軍の大佐や労働組合の指導者、ソフトウェア開発者もいた。フォーチュン誌が選ぶ５００社に名を連ねる大企業の幹部もいれば、中小企業の幹部もいた。暮らしている国もまちまちだ。アメリカ、西ヨーロッパ、東ヨーロッパ、ラテンアメリカ、インド、日本、中東、シンガポール、中国、西アフリカなど、世界のさまざまな地域の人を対象にしてきた。対象者が大卒中流層に偏っていることは事実だが、自己開示、自己認識、感情表現の積極度に関して特殊な層ということは断じてない。心理療法などの内省的な活動への参加経験がとくに多いということもない。この人たちの内省への関心の強さは、**図2-5**の漫画で心理療法を受けている「患者」（ソファに横たわっている人物）と大差ないのかもしれない（椅子に座っている人物は心理療法士）。

私たちの対象者の大半は、Ｘ線写真の現像に着手したとき、自分がここまで内面をあらわにし、ここまで興味深い現実を描き出すことになるとは予期していなかった。どういう結果が待っているかをあらかじめ伝えていれば、なかには参加を拒んだ人もいただろう。そうでなくても、大半の人は懐疑的な態度で臨んだはずだ。本書で紹介している人たちが特殊だということはけっしてない。

人は「不安」を避けるようにできている

〝変革をはばむ免疫機能〟は、ある人がどのような行動を取っているせいで本人が望んでいる目標を達成できずにいるのかを描き出す。しかし、この免疫機能が生み出す動的な均衡状態は、特定の目標の追求をじゃまするだけにとどまらない。知性を向上させる妨げにもなる。

この点は、あらゆる免疫システムが自己防衛のための知的なメカニズムであるという点に着目するとわかりやすい。自己防衛という側面と知的なメカニズムという側面を念頭に置くことにより、〝変革をはばむ免疫機能〟の本質が見えてくるだけでなく、知性を発達させるためには思考と感情が足並みをそろえる必要があることも理解できる。すでに述べたように、自分が抱えている問題が適応を要する課題だと認識すると、自分の思考様式の限界や弱点がわかり、どのような思考様式をいだいているかを見れば、その人がどのような思考と感情の世界に生きているかを垣間見られるからだ。では、具体的には、免疫機能に注意を払うことにより思考と感情についてなにがわかるのか？　人間の思考と感情について、どのような新たな発見があるのか？

図2-5

「私の態度を見て、現実から目をそらす『否認』の状態だと判断するのは勝手だけどね。実を言うと、自分の心の内面になんて、ちっとも興味がないんだよ」

まず、感情のほうから見ていこう。私たちは、〝変革をはばむ免疫機能〟を観察し続けてきた二〇年以上の経験を通じて、人間の勇気についての考え方が大きく変わった。

勇気とは、なんらかの行動を起こし、恐怖を感じてもその行動を貫く能力だ。踏み切った行動がどんなに重大なものだったとしても、その行動を取ることに恐怖を感じなければ、勇気を発揮したことにはならない。それは聡明な行動なのかもしれないし、精力的な行動なのかもしれない。強い意志に基づく行動なのかもしれない。しかしそれは、勇気ある行動とは違う。勇気ある行動とは、恐怖に打ち勝って踏み出す行動のこと——これが私たちの到達した新しい考え方だ。そう考えるようになったのは、ある事実に気づいたからだった。才能豊かな成功者には受け入れがたい指摘かもしれないが、ほとんどの人は自分で思っている以上に、いつも恐怖にさらされているのだ。

「私は怖がってなんかいない。別に平気だ」——あなたはそう思ったのではないか？　確かに、あなたはいま恐怖を感じていないだろう。なぜ、恐怖を感じていないのか？　それは、あなたが恐怖の源にうまく対処できているからだ。おそらく自分では意識していないだろうが、あなたはきわめて有効な「不安管理システム」を構築している。その不安管理システムこそが〝変革をはばむ免疫機能〟の正体だ。

不安は、社会生活に最も強い影響を及ぼすにもかかわらず、最も理解されていない私的感情だ。免疫マップが描き出すのは、ある人の思考様式のなかにある通常は目に見えない部分であり、それは理性的な思考より感情に関わる部分である場合が多い。そのような目に見えないメカニズムは、不安に対処する役割を果たしている。その意味で、免疫マップは、ある人が生涯を通じてたえず感じ続けている不安（それは本人も気づいていないものの場合もあるだろう）にどのように対処しているかというメカニズムを描き出すものと言える。

たとえばピーターの免疫システムは、自分が替えの利く人材にすぎないのではないかという不安と、社内のコントロールを手放すことへの不安に対処しているとみなせるだろう。一方、ロンの免疫システムは、重要な人間関係をそこなうことへの不安に対処していると言えそうだ。しかし、二人ともその不安をはっきり意識していたり、つねにそれを感じていたりするわけではない。免疫システムが見事に役割を果たし、自動的に不安をおさえ込んでいるからだ。ピーターやロンのように成功している人たちは、強力な不安管理システムを築き上げ、それが自然に作動する体制をつくっている。そのようなシステムができあがっているからこそ、きわめて多様な局面にうまく対処できるのである。

しかし、このシステムの恩恵を受けるためには、代償を払わなくてはならない。視野が狭くなり、新たな学習が阻害され、特定の行動が取れなくなってしまう。その結果、実現したいと本当に思っている自己変革が妨げられるケースがある。変革を成し遂げればもっと高いレベルの行動を取れるようになるとわかっていても、自分を変えられないのだ。

ほとんどの人はこうしたメカニズムに気づかず、非常に窮屈な心理的領域のなかで自己改善を目指す。まじめなピーターやロンは、免疫マップを描いて自分の〝変革をはばむ免疫機能〟を理解しなければ、マップの第2枠に記される阻害行動そのものを改めようとするだろう。減量したいと思っている人は、食事制限に挑むにちがいない。しかし、どんなに真剣に努力し、どんなに誠実に阻害行動の根絶を目指しても、すべては既存の思考様式の枠内で進む。新しい学習はなされない。このように既存の免疫システムをもったままでは、改善目標を達成することは不可能だ。どうすれば、このジレンマを解決できるのか？

「変化」は「不安」の原因か?

"変革をはばむ免疫機能"の克服に関して私たちが見いだしたことの多くは、以下の三つの点に集約できる。

●免疫機能を克服するといっても、不安管理のためのシステムをすべて取り除く必要はない。むしろ、なんらかの不安管理システムはつねにもっておくべきだ。その点は、医学上の免疫システムのことを考えれば納得がいくはずだ。たとえ免疫機能により本来必要な物質が弾き出されて、健康に害が及ぶケースがあるとしても、システム全体をなくすべきだと言う人はいないだろう。好ましい解決策は、既存の免疫システムを変容させてもっと洗練されたシステムを築き、改善目標(第1枠)の達成が妨げられない状態をつくり上げることだ。とはいえ、免疫システムを変容させるのは簡単でない。なぜかと言うと……

●人に不安をいだかせるのは、変化そのものではない。「変化が不安を生む」という考え方はまことしやかに主張されており、十分に検証されないまま多くの人に信じられている。しかしこれは、正しいようで正しくない。もしあなたが明日宝くじに当選したり、運命の恋人と出会ったり、念願の昇進が決まったりすれば、どうなるか? 自分にとってきわめて大きな変化が起きることは間違いないが、そのとき最初にわき上がる感情は、おそらく不安ではないはずだ。この点からも明らかなように、私たちに不安をいだかせるのは変化そのものではない。変化にともない、難しい課題に挑むことを要求されるとしても、かならずしも不安をかき立てられるとは限らない。人に不安を感じさせるもの、それは、先に待ち受けている脅威の前に無防備で放り出されるという感覚だ。〝変革をはばむ免疫機能〟を克服しようとすればかならず、そういう脅威や危険に身をさらすことへの恐怖がこみ上げてくる。免疫システムは自分の命を救ってくれる仕組みだ。そんな大切な自己防衛のシステムをそうそう簡単に手放せるわけがない。

● しかし本書で述べるように、免疫機能を克服することは不可能ではない。あまりに厳しい不安管理システムを緩やかなものに変えればいい（やがて、その新たなシステムにも限界が見えてくるかもしれないが、そのときはあらためてそれを乗り越える道を見いだせばいい）。

強力な免疫システムが作動していれば、不安から解放されるという恩恵がある半面、さまざまなことを自分には不可能だと思い込んでしまうという弊害もある。本来は達成可能なことまであきらめてしまう。しかし、〝変革をはばむ免疫機能〟を克服すれば、この落とし穴を避けられる。ピーターは自分の誤った思い込みを検討し直した結果、ほかの人の声にもっと耳を貸せるようになった。そして、そのように自分の行動を変えれば、合併後の会社の結束を強められると気づいた。ロンは幹部チーム内で以前より持論を主張するようになったが、人間関係にヒビが入ることはほとんどなく、むしろ関係が強まる場合のほうが多いと知った。

以上のように、私たちが発見した免疫システムは、人が本心から望んでいる変化を実現できない理由を描き出すだけにとどまらず、その根底にあるシステムそのものにも光を当てる。免疫システムは、ひとことで言えば、人間のきわめて強力な感情――人生は危険でいっぱいで、賢い人間は自衛に努めるべきだという根深い感情――を管理する手段だ。したがって、ある人の〝変革をはばむ免疫機能〟をX線写真で映し出せば、その人の自己防衛システムを動かす最高機密レベルの戦略をある程度まで暴くことになる。つまり、適応を要する課題を克服しようと思えば、きわめて有効に機能してきた自己防衛の仕組みを危険にさらすことが避けられない。

〝変革をはばむ免疫機能〟を検討すれば、感覚と感情の世界を深く理解できる。すでに述べたように、その点の理解を深めることは、適応を要する課題を克服するためには欠かせないことだ。

もっと広い視野で「知る」ために

〝変革をはばむ免疫機能〟は、自己防衛のためのシステムというだけではない。本章の締めくくりに、きわめて興味深い現象を簡単に紹介したい。以下の記述を通じて、このシステムに、本章でこれまで論じてきた要素――変革を成し遂げるための条件、大人の知性の発達、不安にたえず対処することの必要性――のすべてが集約されていることが理解できるだろう。

認識論という哲学の分野では、ものごとを知るという行為の土台にあるのは「主体客体関係」だと考える。その考え方によれば、「知る」という行為は、その人がなにを見るか（＝その人が客観視できる「客体」であるもの）と、なにを通して見るか（＝その人の認識を支配する「主体」であるもの。「フィルター」や「レンズ」と言ってもいい）の関係で説明できる。幼い子どもは、自分の認識プロセスを客観視できない。そのため、高い建物の屋上から下を見下ろして自動車や人間を見たときのように、自分にとって小さく見えるものは、実際に小さいのだと考える。三歳や四歳、五歳くらいまでの子どもは、ビルの下を見てこう言う――「見て！　あの人たち、すっごくちっちゃいね！」。けれども、八歳、九歳、一〇歳くらいになると、自分の認識という行為そのものを客観視できるようになる。「見て！　あの人たち、すっごくちっちゃく見えるね！」と言うようになるのだ。

ものを認識するときに自分が使っているレンズやフィルターそのものを認識できるようになれば、すなわちそれまでの自分の認識システムをも認識の対象にできる大きなシステムを築ければ、認識能力のレベルが一段高まる。知性のレベルを高めたければ、認識プロセスの主体だったものを客体に移行させ、それに支配されるのではなく、それを支配する（コントロールし、活用する）ようになる必要がある。

第1章で論じた知性の三つの段階は、主体客体関係のあり方がそれぞれ明らかに異なる。段階が上がるごとに、それまで主体レベルにとどまっていたものを客体として認識できるようになる。**図2−6**は、大人の知性の発達段階ごとの主体客体関係をまとめたものだ。

環境順応型知性を通して世界を見ている人は、家族や宗教的・政治的準拠集団、職場のリーダー（職業面と収入面で自分の状況を大きく左右する人物だ）など、まわりの人たちの価値観や期待の支配下にある。このタイプの知性をもつ人たちが恐れるのは、周囲の人たちの意向に反したり信用を失ったりすること。そして、集団から排除されて保護を受けられなくなること。また、他人の評価をそのまま自己評価の基準にしているので、周囲の人たちの評価を悪くすることを恐れる。

これに対して、自己主導型知性の段階に達している人は、自分自身の意見と他人の意見（重要な人物の意見も例外ではない）を区別できる。ほかの人の意見を考慮に入れる場合は、どのように、そしてどの程度それを取り入れるかを自分自身で決める。他人の考えに無条件に従うことをやめるのだ。他人の考えを一種の道具と位置づけ、それに支配されるのではなく、それを活用するようになる。この段階まで来れば、他人の意見を主体ではなく、客体と位置づけられるようになるのだ。

このようにして、自分や他人のさまざまな意見や価値観、信念、考え方を一つの複雑なシステムの一部と位置づけられるようになれば——さまざまな考え方の優先順位を判断し、それらを組み合わせ、新しい価値観や信念を確立できるようになれば——世界認識を自分自身で描けるようになる。世界認識のストーリーの書き手（＝オーサー）となり、自分自身を自分の内的な権威（＝オーソリティ）の源にできるようになると言ってもいい。このレベルの知性を「自己主導型（＝セルフオーサリング）知性」と呼んでいるのはそのためだ。

認識のレベルがこの段階まで達しても、リスクや危険への恐れを感じなくなるわけではない。むしろ、恐れる状況の種類が変わる。この段階の人たちが最も恐れるのは、帰属しているグループから排除されたり、グループ内で評判を落としたりすることではない。それは、自分で設定した基準に到達できなかったり、自分の目標を達成できなかったり、自分でものごとをコントロールできなくなったり、自分の人生のストーリーをしたためているペンのインクが切れたりすることなのだ。

しかし、自分の理論やシステム、台本、思考の枠組み、イデオロギーに永遠に縛られ続けないためには、認識のレベルをもう一段高めなくてはならない。無批判に自分の枠組みを通してものごとを見るだけでなく、その枠組みそのものを見るようになる必要がある。この段階に達している人たちは、現在の自分の思考の枠組みが暫定的で発展途上のものにすぎないとわかっている。その結果として、思考と感情の空間が広がり、現在の思考の枠組みの限界を理解しようという姿勢が生まれる。既存の思考の枠組みを完全無欠の完成版だと言い張ったり、その欠陥を指摘されたときに自分という人間が否定されたと感じたりはしない。

三つの知性のレベルは、それぞれ明確に異なる世界認識のアプローチをもっている。それぞれの認識アプローチにおいては、なにを主体と位置づけ、なにを客体と位置づけるかという均衡が取れている。世界認識のアプローチを進化させたければ——言い換えれば、本書で言う「適応」を成し遂げたければ――その均衡状態を崩し、それまで認識のレンズだったものを認識の対象に変えなくてはならない。

それはわかったが疑問は残る、とあなたは思っているかもしれない。主体だったものを客体に移行させるためには、具体的にどうすればいいのか？　知性の発達を促す要因とは、どういうものなのか？　そして、知性の発達を意識的に後押しすることは可能なのか？

ジレンマの価値

ここまでの記述を通じて、知性の向上は思考の領域だけに関わる活動ではないと理解できただろう。「知性の向上」という言葉だけ聞くと、そのプロセスに思考だけが関係しているとか、精神を集中させて懸命に努力すれば知性を伸ばせるという精神論が通用する

図2-6

知性の段階ごとの主体客体関係

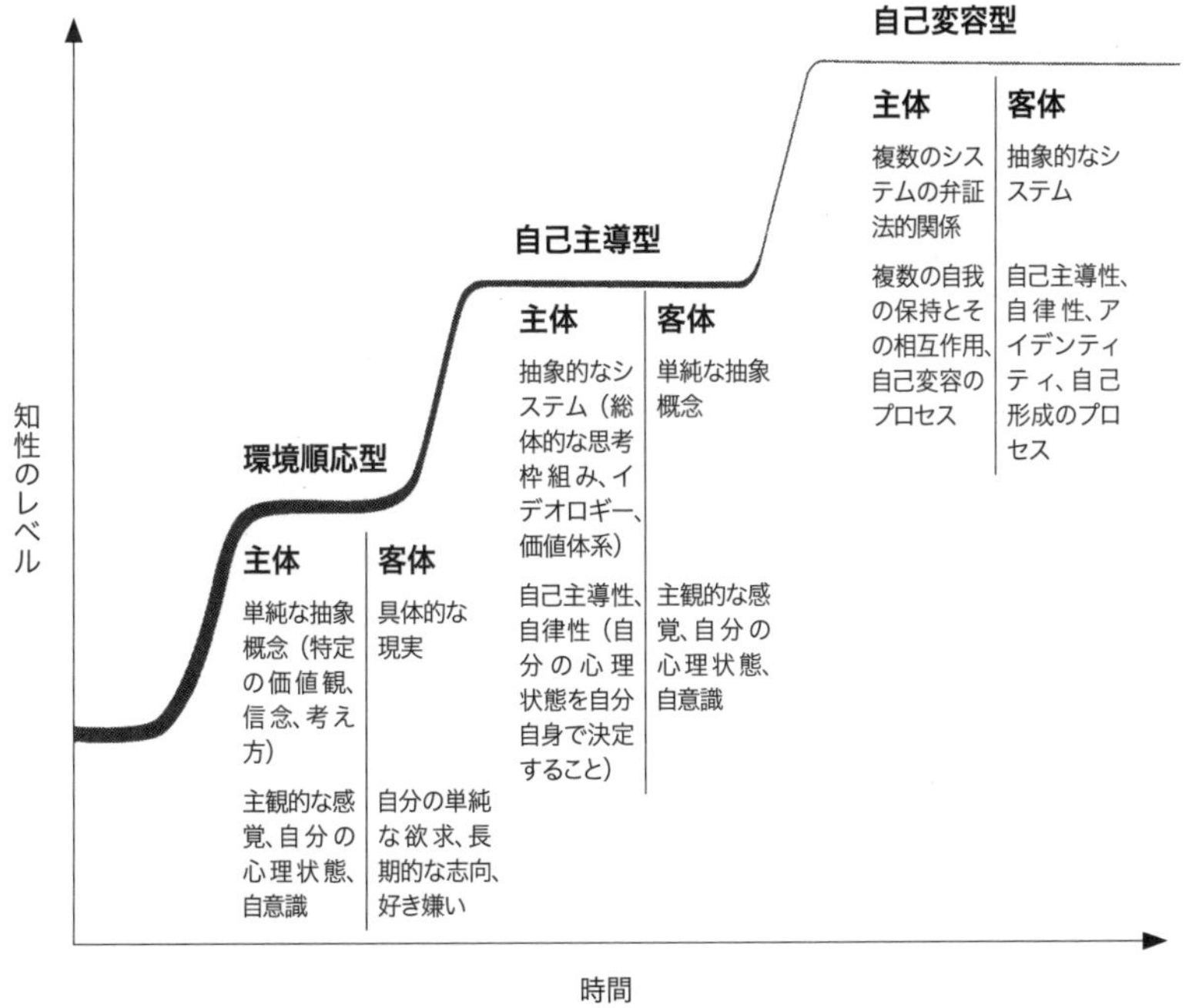

かのようなイメージをもつかもしれない。しかし、たびたび述べてきたように、知性を高めるプロセスはそんな単純なものではない。思考と感情の両方を動員しなければ、それは成し遂げられない。では、具体的にはなにが必要なのか？

このテーマには、スイスのジャン・ピアジェとベルベル・インヘルダー、アメリカのジェームズ・マーク・ボールドウィン、ハインツ・ウェルナー、ローレンス・コールバーグといった発達心理学者たちが古くから取り組んできた。その七五年あまりの研究成果をひとことで言うと、人間の知性を高めるために必要なのは「適度な葛藤」ということになる。それは、次のようなものだ。

- なんらかの挫折、ジレンマ、人生の謎、苦境、私的な問題などに悩まされ続けること。
- それを通じて、自分が現在いだいている認識アプローチの限界を感じること。
- 自分にとって大切な局面で、その限界を思い知らされる経験をすること。
- 適度な支援を受けることにより、葛藤に押しつぶされず、しかし葛藤から逃れたり、その重圧をやわらげたりもできない状況に身を置くこと。

本章では、適応を要する課題を（技術的な課題と混同せずに）正しく認識するとはどういうことかを説明してきた。ある人の免疫システムを映し出すX線写真を「現像」して本人に見せ、そのX線写真が要求する作業をおこなえるような支援を提供すれば、その人が知性を発達させ、適応を要する課題に対処する強力な後押しができる。この点を理解してもらえただろう。

〝変革をはばむ免疫機能〟のX線写真を作成させることには、「適度な葛藤」を味わわせる効果がある。図2－2のピーターの免疫マップをあらためて見てほしい。自分が強く望んでいる自己変革の実現を妨げているメカニズムについて見取り図を描く過程を通じて、ピーターは自分の内面にある矛盾に気づき、自分の現在の認識アプローチの限界をまざまざと思い知らされた。免疫マップを作成することにより、いま自分を支配しているジレンマ（第1枠と第2枠の矛盾）を客観視できるようになったのだ。そのジレンマを主体のレベルから客体のレベルに移行させられたと言ってもいい。これでジレンマを自分の支配下に置き、それを解消するための取り組みを始められる。第1枠の改善目標を達成できない原因が自分の内面のシステムにあると理解してはじめて、その目標を達成する道が開けるのだ。

自分のX線写真をはじめて見せられたとき、たいていの人は、さまざまな感情が入り混じった複雑な反応を示す。「目から鱗が落ちた」「居心地が悪い」「興味をそそられる」「怖い」といった反応が典型的だ。世界を見るための窓が大きく広がったとき、人はこのような反応を示すものなのかもしれない。

免疫マップから判断すると、ピーターの知性はどの段階にあるのか？　免疫マップを一回作成するだけで、その人の知性のレベル（知性のグラフで言えば、どの「台地」や「坂」に位置しているか）が完全にわかるわけではない（したがって、第9章ではじめて自分の免疫マップを作成したとき、それが漠然としていても心配しなくていい）。どのくらい詳しく自分の知性のレベルを知りたいと思うかは、人によってまちまちだ。第1枠の改善目標に向けて前進できれば満足なのか、もっと幅広い成長を目指すかによって、それは変わってくる。

それでも、免疫マップの第3枠の記述に着目すれば、ピーターがどのような裏の目標に支配されているかが見えてくる。その裏の目標から、どのような認識アプローチの存在を見て取れるだろうか？　比較のために、図2－3のロンの免疫マップを見てほしい。二人のマップの間に違いはあるだろうか？　ピーターの〝変革をはばむ免疫機能〟は、自分が主導して築いた会社をコントロールし続けたいという欲求と深く関わりがあるように見える。「会社」という言葉を「自己」に置き換えると、これは自己主導型知性の特徴そのものだ。このような認識アプローチを次の次元に引き上げなければ、ピーターは自分が直面している課題を解決できない。

一方、ロンの改善目標を妨げている要因は、まわりの人たちと一体になることになによりも満足を感じるという点のようだ。その満足感を奪われることを極度に恐れるあまり、目標どおりの行動を取れないのだ。これは、環境順応型知性の典型的なパターンと言っていい。ピーターとロンは、さまざまな面できわめて有能なリーダーだ。二人は会社を成長させるために際立った貢献をしてきたし、二人が違うタイプの才能をもっているおかげで互いに補い合ってこられた。彼らは会社の規模を三倍に拡大させ、力を合わせて企業買収も成功させた。あなたも一緒に一日過ごせば、二人が聡明な人物だと感じるだろう。もしこの暫定的な分析が正しければ、ピーターのほうが明らかにロンより知性のレベルが高いということになるが、だからと言ってピーターのほうがＩＱも高いとは限らない。適応を要する課題を解決することがどちらにとって難しくて、どちらにとって簡単ということもない。これまで絶え間ない根源的な不安に対処するのに役立ってきた世界認識のアプローチを打ち壊す危険を冒さなくてはならないという点は、二人とも同じだ。ただし、既存の認識アプローチのもとでどういう種類の慢性的な不安に対処してきたかには明確な違いがある。認識アプローチのタイプによって、どのような恐怖の世界を抱えているかが異なるのだ。

〝変革をはばむ免疫機能〟の３つの側面

ここまで読んできて、〝変革をはばむ免疫機能〟が多面的な性格をもっていることに気づきはじめたかもしれない。その多面性を図式化して表現したのが**図２－７**である。第一に、最も実用的な面では、免疫マップを作成することにより、本心から望んでいる自己変革を妨げているシステムの実態を明らかにできる。しかし、免疫マップが浮き彫りにするものはこれだけではない。知性のレベルによって世界認識の方法と不安管理の方法が決まるという関係にも光を当てられる。ここから第二の側面と第三の側面が浮かび上がってくる。それは、慢性的な不安に対処するシステムという側面、そして、世界認識に関する主体と客体の線引きを決めるシステムという側面だ。

次に、さらに二人の人物の免疫マップを用意した。ピーターとロンの場合と同じく、この二枚の免疫マップは、私たちが自己変革の手伝いをした実在の顧客のものだ。あなたは、これらの免疫マップを見て三つの側面がはっきり目に飛び込んでくるだろうか？

図２－８と**図２－９**は、ある国際戦略コンサルティング会社のジュニアパートナーとシニアパートナーの免疫マップだ。まず、ジュニアパートナーのものである**図２－８**を見てみよう。あなたはこのマップを見て、こう感じるかもしれない。「皮肉なことに、この人物の安全第一主義の戦略は、いま敬遠している活動をことごとくやってみた場合よりも、本人に大きな危険をもたらしかねないぞ。リスクを恐れて当たり障りのない行動に終始すれば、いずれ失敗することはほぼ確実だ」。こういうコメントを自分自身に対してできれば、あなたは環境順応型知性の外側から自分を見ていることになる。このジュニアパートナーは、環境順応型知性より上の段階に移行しないかぎり、自分の第１枠の改善目標を達成できないかもしれないが、免疫マップを作成すれば、その移行

図2-7

“変革をはばむ免疫機能”の３つの側面

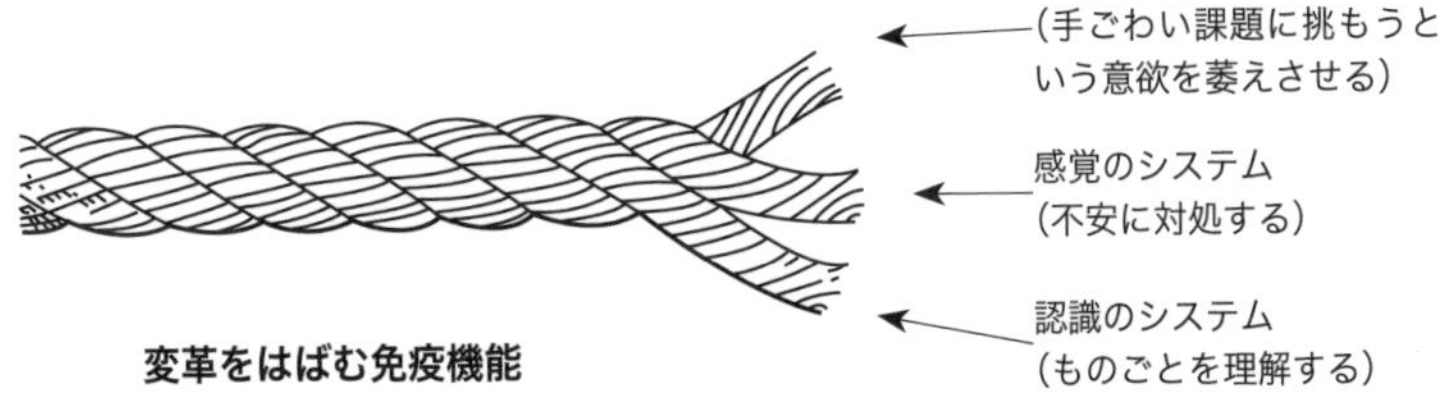

を成し遂げるための道筋が見えてくる。

その道筋を見いだしやすくするために、ここで免疫マップに新しい要素を加えることにしよう。これまで紹介したマップでは示していなかったが、免疫マップを完成させるためには四つ目の枠を書き上げなくてはならない。そこに記す要素は、「強力な固定観念」だ。思考モデルの土台をなし、免疫システム全体を支えている根本的な信念のことである。わざわざ「強力な」と呼んでいるのは、それが「固定観念」であることに、本人がまったく気づいていないからだ。本人はそれを無批判に「事実」と思い込んでいる。本当に事実かどうかはわからないのだが、いったん事実と決めつけてしまえば、もはやその真偽を問うことをしなくなる。

もし、このジュニアパートナーが強力な固定観念の真偽を試すような行動を取れば、固定観念を修正する道が大きく開ける。固定観念を改められれば、既存の免疫システムの足枷から抜け出す一歩になりうるだけでなく、もっと高度な精神構造を築いて、自己主導型知性に移行できるかもしれない。

図2－8に示した免疫マップから見て取れるのは、以下の点だ。

- この人物が本当に実現したい自己変革（＝もっと自分の情熱に従って行動し、自分の持ち味を信じること）を成し遂げることを妨げているシステムの作用。
- この人物が自分なりの恐怖（＝重要な人たちからの評価を悪化させることへの恐怖）から自分自身を守っているシステムの機能。

図2-8

コンサルティング会社のジュニアパートナーの免疫マップ

1　改善目標	2　阻害行動	3　裏の目標	4　強力な固定観念
もっと自分の情熱に従って行動し、自分の持ち味を信じることにより、もっと仕事に胸躍らせ、やる気を高めたい。	あまり興味のない課題に取り組んでしまう（それをやらなくてはならないと思うから）。 決まりきった手順で仕事をしてしまう（そうすることを期待されていると思うから）。	評価担当者に好印象を与えたい。 評判、対人関係、収入の面でリスクをともなう行動を取りたくない。 成功していないと思われたくない。 未知のルートや、成功や安全が約束されていない道に踏み出したくない。	成功を手にするための最も手堅い道は、すでに確立されている方法にのっとり、まわりに期待されているやり方に沿って行動し、その枠内で傑出した成果をあげること。 まわりの人たちに高く評価してもらえなければ、失敗だ。

図2-9

コンサルティング会社のシニアパートナーの免疫マップ

1　改善目標	2　阻害行動	3　裏の目標	4　強力な固定観念
「なにをするか」より、「どういう人間であるか」という側面をもっとはぐくむ。相手を利用しようという思惑や裏の意図抜きに、ほかの人を深く理解しようとする姿勢を身につける。	問題解決に向けて突き進み、自分の決めた正解をほかの人たちに言い渡し、自分の力でピンチを抜け出そうとする傾向が強い。 よい結果を生み出すために自分の力が必要とされる局面を探す。ときには、あえてそういう局面をつくり出す。 いったん方針を決めると、ほかの人の意見には耳を貸さない。	自分がヒーローになる。 自分が欠かせない人材だと感じる。	自分がヒーローにならないと、深い満足感を味わえない。 いまと別の基準で満足感を味わうことなどできない。

●この人物の変革阻害システムと不安に対する自己防衛システムの背景にある思考様式（この人物は、自分の世界認識の仕方に影響されて、外から与えられる価値観や期待に沿って行動することにより自我を確立していると言えるだろう）。

図2-9は、同じ戦略コンサルティング会社のシニアパートナーのものだ。この免疫マップでも、三つの要素が作用しているのが見て取れる。しかし、それらがどのように作用しているかは、ジュニアパートナーとはだいぶ違う。この人物にとっての適応を要する課題は、奉仕したい人たちや仲間になりたい人たちに対する姿勢を大きく変えること。分析的・問題解決的な姿勢ではなく、いわば一緒に歩むような姿勢でつき合いたいと思っている。議題を設定したり、自分の得意分野の議題を押しつけたりせずに、ほかの人と接することが目標だ。

この免疫マップを見れば、技術的な解決策（たとえば、カウンセリングの技術を学ぶコースを受講するなど）を試みても、大きな進歩は期待できないことがわかる。第2枠の行動は第3枠の目標を達成するためにきわめて重要な役割を担っているので、それをやめるのは簡単でない。この人物は免疫マップを作成したことにより、自分がどのような行動を取っているせいで、本当に実現したい自己変革が妨げられているのかを知った。自分がそういう行動を取る理由もわかった。このシニアパートナーの変革阻害システムは、ジュニアパートナーとはまるで違うタイプの恐怖に対する自己防衛機能を果たしている。その恐怖とは、自分がみんなの窮地を救うヒーローだと思えなくなることへの恐怖だ。「自分＝ヒーロー」という自己認識は、この人物にとって非常に重要なものに見える。

免疫マップは、第1枠の改善目標を達成する手立てになるだけでなく、もっと大きな成果をあげる土台にもなりうる。現在より高いレベルの知性に進歩する助けになる可能性がある。もし、このシニアパートナーが第4枠の強力な固定観念をいくらかでも修正できれば、「なにをするか」という側面の自我と「どういう人間であるか」という側面の自我を統合し、両方を自分のアイデンティティに有効に組み込むための一歩を踏み出せるかもしれない。そのような一段高いレベルのシステム（つまり、自己変容型知性）に移行できれば、「なにをするか」という側面の自我の足枷からもっと自由になれる。また、自立的か依存的か、成熟しているか幼稚かといった面で、両極端な態度を取りにくくなる。

＊　＊　＊

以上、〝変革をはばむ免疫機能〟という多面的な現象について簡単に説明した。次は、この現象に着目した変革の方法論を組織の幹部チームに導入したリーダーたちの生の声を紹介しよう。彼らはなぜこのアプローチを採用したのか？　そして、どのように実践したのか？

第3章 組織の「不安」に向き合う

私たちにとっては、自己変革を手伝わせてもらう顧客こそが先生だ。そこで、議論を先に進める前に、私たちの顧客の言葉を読者のみなさんにも聞いてもらいたいと思う。私たちがそうだったように、そこから多くのことを学んでほしい。第2章で紹介した金融サービス会社のCEO、ピーター・ドノバンに再登場してもらおう。舞台は、〝変革をはばむ免疫機能〟をテーマにした幹部チームの合宿研修の会場だ。

「きみの言いたいことはわかる。だが、私はそういうやり方はしたくない」と、ピーターは言い放った。その語気の強さに、ロビーの一角に輪をつくって座っていた面々は沈黙し、ぎこちなく視線を落とした。

ピーターの発言の相手は、三人いる上級副社長の一人であるビルだ。ビルは、合宿形式でおこなっていた経営委員会の会合を翌朝どのように締めくくるべきかについて、ピーターの考えを変えさせたいと思って発言していた。経営委員会のメンバーは一八人。アメリカ東部の某所にある研修施設に、近隣のボストンからやって来たメンバーもいれば、はるばる西海岸から駆けつけたメンバーもいた。五年前は会社の規模も経営委員会の規模もずっと小さかったが、ピーターは会社の規模を拡大させることを目指し、実際に会社を成長させてきた。

「私は会社を大きくしたかったのです」。ピーターはのちに振り返っている。「既存事業の成長だけでそれを成し遂げることは不可能だったので、企業買収をおこなう必要がありました。幸い、買収できる同業他社が二つ見つかりました。まずワシントンDCの企業を買収して会社の規模を二倍に拡大させ、数年後にはカリフォルニアの企業を買収し、会社の規模をさらに一・五倍に拡大させました。こうして、もともとは社員数が約一〇〇人、融資総額が一〇億ドル程度の企業だったのが、わずか三年半で社員数は約三〇〇人に、融資額は全米で約三五億ドルに拡大したのです」

「企業買収で会社の規模を急拡大させた結果、私たちは大きな試練に直面することになりました。ご想像のとおり、幹部チームを統合して共通の認識をはぐくむことが切実な課題になったのです。私たちには共通の言語が必要でした。幹部チームがまだ比較的新しいチームだったからです。企業買収により新しいメンバーが加わっただけでなく、事業の拡大にともない、社内からも新しい人材を続々と抜擢していました。それに、地理的に遠く離れた三カ所に拠点がわかれていたことも大きかった。しかも、社内のリーダー育成が滞っていました。三年前にリーダー育成の取り組みに着手したのですが、成長を持続させるために必要な人材を育てられていないと感じていました」

「最初は、ミドルマネジャーの育成に力を注ぎました。けれど、しばらくして、あるシニアマネジャーと一時間にわたりリーダーシップのあり方を議論したのがきっかけで気づいたのです。改善が必要なのは上層部なのだ、と。（アメリカの新聞漫画の）『ポーゴ』の決めゼリフをもじって言えば、

『鏡をのぞき込んだら、敵は自分自身だった』わけです。ミドルマネジャーの育成に着手する前に、まずは自分たち自身を成長させる必要がありました。私たち幹部の成長が不十分に思えました。どうしてそうなのかと、頭を抱えてしまいました」

冒頭の気まずい場面は、一日のきわめて濃密な活動を終えたあとに訪れた。夕食前の休憩時間で、経営委員会のメンバーの多くは屋外でリラックスしていたが、企画チームはロビーで翌朝の締めくくりをどうするかについて議論していた。そこで浮き彫りになったのは、ピーターと上級副社長たちがいまだに意見の一致をみていないという事実だった。

私たちは数週間前からこのチームに協力し、ワークショップの準備をしていた。彼らが私たちに声をかけたのは、ハーバード・ビジネスレビュー誌で〝変革をはばむ免疫機能〟に関する私たちの論文を読んだことがきっかけだったという。[1] ピーターはこう振り返っている。

出張でカリフォルニアに向かう飛行機の中で論文を読んで、痛いところを突かれたと感じました。一緒にいたＣＯＯに雑誌を手渡し、「読んだほうがいい。ここに書いてあることを私たちも取り入れるべきだと思う」と言ったのを覚えています。私たちはさっそく、社内の重要人物を順々に思い浮かべて、「ああ、この記述はあの人に当てはまる！」などと話し合いました。その後、ボストンに戻り、論文のことはしばらく忘れていたのですが、半年後にまた引っ張り出して読むと、最初のときと同じような興奮を感じました。そこで、幹部チームのメンバーに回覧し、ボブ（・キーガン）とリサ（・レイヒー）の二人と面会して、その論文の考え方を取り入れるための計画を立てはじめたのです。

ピーターはすぐに、私たちのアプローチを実践するうえで、なにが重要かを直感的に見抜いた。最初は私たちもその点をはっきり理解できていなかったが、次第にその指摘の正しさがわかってきた。ピーターが指摘したのは、免疫マップの第1枠に適切な改善目標を記入することの重要性だった。「大事なのは、どれくらい優れた学習方法を活用するかではありません」と、ピーターは言った。「大して重要でない改善目標の達成を目指すことは、時間とお金の無駄でしかありません」

一人ひとりの「一つの大きなこと」は？

ピーターたちは、経営委員会のメンバー全員に各自の免疫マップを作成させたいと考えた。ただし、マップの第1枠になにを記入するかは、本人だけに決めさせないことにした。「誰一人として、自分だけで決めるべきではない」と、ピーターは主張した。「全員がまわりの人たちの声に耳を傾けるようにしたい」。この方針のもと、経営委員会のメンバーは合宿研修の前に周囲の人たちとあらかじめ対話をおこなっていた。直属の上司や同僚、部下にこう尋ねた――「私が最も改善すべき点を一つ挙げるとすれば、どういう点だと思うか？」と。

このようにテーマを絞り込むのは、この会社のリーダーシップ開発の取り組みでは前例がなかった。幅広いテーマに関して周囲からコメントをもらい、自分の長所と短所の数々を通知されるというのが、いつものパターンだった。しかし、このときはまるで違った。その斬新な手法を表現するために、幹部チームの間で自然発生的に使われはじめた言葉がある。それは、いまでは〝変革をはばむ免疫機能〟のアプローチの重要なキーワードになっている。「一つの大きなこと（＝ワン・ビッグ・シング）」という言葉だ。「どういう一つの大きなことに、私は取り組むべきだろう？」とか、

「ハロルドの一つの大きなことは、なんだろう？」という具合にこの言葉は使われた。

　高額のボーナスを受け取り、昇進し、あるいは職を失わないために、自分がどういう点を最も改善すべきだと、上司は思っているのか？　その点に、メンバーは強い関心を示した。直属の部下や同僚がどう思っているかも知りたがった。当然、このような周囲のコメントから浮上した改善目標の候補は、本人も非常に重要だと感じるものだった。

　しかし、ピーターはまた思いついた。職場の人たちだけにコメントを求めるのでは不十分だと、思いはじめたのだ。


　社内の意見をもとに、メンバーが自分にとっての「一つの大きなこと」の候補を報告しはじめると、私はあることに思いいたりました。仕事の世界だけを視野に入れていてはだめだと思ったのです。そこで、「配偶者テストもするべきだ」と指示しました。すると、こんな返事が返ってきたものです。「それは、いったいなんですか？」。実は、私は妻にも意見を求めたのです。妻にこう問いかけました。「ねえ、いま、自分にとっての一つの大きなことを割り出そうとしているんだ。驚くかもしれないけど、ぼくにはちょっと、まわりの人をコントロールしすぎるところがあるんだよ」。そのとき、私たちは一緒にベッドの上にいたのですが、妻は私の顔を見つめると、次の瞬間、笑い転げはじめました。「冗談でしょ！」。「いや、本当だ」と私が答えると、妻は言いました。「結婚して二三年になるけど、あなた、いまごろやっと気づいたわけ？　ちょっとコントロールしすぎるですって？　あなたは、コントロール欲のかたまりよ！」。どうでしょう？　だいぶ正解に近づけたのではないでしょうか？　私は妻の意見を聞いたことで、正しい方向に踏み出せたと思っています。「配偶者テスト」をおこなうとは、こういうことです。

ピーターの主張は、職場の上司、同僚、部下から評価を受ける「三六〇度フィードバック」で満足せず、いわば「七二〇度フィードバック」をおこない、私生活上の重要な人たちからもコメントをもらうべきだというものだった。このときピーターがどの程度明確に意図していたかはわからないが、この方針のおかげで、メンバーが挫折せずに改善目標の実現を目指し続ける確率が目覚ましく高まった。「一つの大きなこと」に関して大きな進歩を遂げる道を見いだせれば、職場と私生活の両方で大きな恩恵を得られる。そのことがわかれば、いっそう励みになるからだ。要するにピーターは、免疫マップの第1枠に書き込む内容のハードルを上げ、それと引き換えに、そのハードルを飛び越えたときにメンバーが得る報酬も引き上げたのである。

そういうわけで、研修施設に集まったとき、経営委員会のメンバーはすでに、自分にとって本当に大切な自己改善の目標を免疫マップの第1枠に記していた。研修の初日は、それに続いて、一人ひとりが強力な免疫マップを作成することに費やされた。メンバーはその作業を通じて、自分の免疫システムが自分を強烈な恐怖から守っていると同時に、好ましい成果をあげるためのエネルギーをことごとく奪い取っている（その結果、いま切実に必要とされている自己改善に向けてまったく進歩していない）ことに気づいた。参加者にとって目から鱗が落ちる経験になるのは、〝変革をはばむ免疫機能〟のワークショップでは毎度のことだ。しかし、この日のワークショップはことのほか密度の濃いものになった。メンバーが小グループにわかれて意見交換をおこない、仲間たち全員と免疫マップを交換して見せ合ったのだ。通常のワークショップでは、ほかの参加者一人とペアを組んで、免疫マップを見せ合うだけだ。

小グループで話し合うようにしたのは、メンバーが安心して話せるようにしたかったからだ。経営委員会は一つのチームというのが建前だが、現実はいまだに一枚岩とは言いがたかった。上級副社長のビルは、この会社に買収された企業のCEOだった人物だ。数年前までは自分自身が社員の信頼厚いCEOだったのである。それでも退職までもう長くなかったビルは、キャリアの最後の数年間をピーターの右腕として働くことに抵抗がなく、自分の下で働いていた幹部たちを新会社の経営委員会に融合させるために力を尽くしていた。この日のワークショップでも、古くからの部下たちを巧みに、そして思いやりをもって導き、それぞれの自己改善の目標に関して目を見張る発見をさせ、それを仲間とわかち合わせた。

ビルは一日の活動を有意義だったと感じ、刺激的でおもしろかったと思っていた。しかし同時に、部下の心のケアもしておきたかった。ワークショップで自分の内面を深く掘り下げ、それをみんなの前でさらけ出したことで、部下たちが心細く感じていると、わかっていたからだ。「私たちは長いつき合いでしたが、このとき、お互いのまったく新しい一面を知りました」と、ビルはのちに振り返っている。ピーターと意見が対立して気まずい沈黙が生まれたのは、ビルが部下のことを深く気づかっていたからだった。きっかけは、ピーターの三つ目のひらめきだった。

「明日、私はこんなふうに締めくくりたいと思う」と、ピーターは企画チームの面々に宣言した。いつものように、情熱のこもった話し方だった。「ワークショップでやったことをここでおしまいにするのではなく、それを今後も継続し、経営委員会を成長させていきたい。今日の成果は大きな一歩と言えるが、旧知の親しいメンバーとしか免疫マップを見せ合っていない。明日の朝は、経営委員会のメンバー全体に向けて、自分の免疫システムについてわかったことを発表するようにしよう。まず、ここにいる私たちがその手本を示そうじゃないか」

誰かに面と向かって異を唱えるのは、ビルの流儀ではない。ましてや、CEOであるピーターに反論することなどめったになかった。それでも、このときビルが強い不安を感じていたことは、その場にいた人たちにはっきり伝わっていた。「うーむ、どうでしょう。おっしゃる点について、私はあまり確信がもてません。ほかのグループの話し合いがどんな具合だったかはわかりませんが、私たちのグループのメンバーは今日、本当に奥深くまで自分の内面を掘り下げて分析しました。それをやってのけた仲間たちを誇らしく思っています。けれども、それはみんなにとってはじめての経験でした。じっくり反芻する時間が必要です。私が思うに、みんなはいまとても無防備に、心細く感じているようです。明日の朝、経営委員会のメンバー全員の前で、自分の免疫マップの第1枠の内容を発表するのは、まだ無理だと思います」

言葉にこそしないが、ほかの面々も同意しているのが見て取れた。そのことに気づいたピーターは、目に見えていらだっていた。「では、どうしろと？」

「ゆくゆくは、全員がそれをみんなに披露できる日が来るかもしれません」と、ビルは答えた。ピーターの表情に失望の色があらわれた。ビルは続けた。「今日は、とても素晴らしく、充実した一日だったと、私も思っています。ただ、あなたのおっしゃるステップに踏み出す準備が私たちにはまだできていないと思うのです。私が思うに、次にすべきことは、一人ひとりがコーチと話し合うことです。幸い、わが社には、一対一でコーチの指導を受けられる制度があります」

ここで、本章の冒頭で紹介した言葉をピーターが発することになる――「きみの言いたいことはわかる。だが、私はそういうやり方はしたくない」。重苦しい空気が流れ、みんなが目を伏せるなか、ピーターは畳み掛けた。「聞いてくれよ。私たちが目指しているのは、経営委員会全体を一段高いレベルに引き上げることだ。トップチームとして満たすべき基準を高めることが目標だと、はっきり言ってあるはずだ」

一同沈黙。

「一八人のメンバーのために、それぞれ別々にリーダーシップ研修プログラムを実施するつもりなどない！　そんなやり方では、うまくいくわけがない。チーム全体でなにかをやってみたいんだ！」

「ピーター、お気づきでないようですが」と、別の幹部が口をはさんだ。「あなたのように、こういう類いの活動に居心地の悪さを感じない人ばかりではないのですよ」

「居心地のいい世界にとどまっていては、偉大な存在にはなれない。私たちは進歩しなくてはならないんだ！」

さらに沈黙。

同席していた哀れなコンサルタントたち（つまり、私たちのことだ）は、ここで議論に割って入り、なにかを言わなくてはならないと思った。けれど、なにを言えばいいかわからなかった。顧客たちが自力で問題を解決するという期待は、急速にしぼみはじめていた。

しかし、次の瞬間に起きた出来事は、膠着状態を解決しただけでなく、このプロジェクト全体の大きな転換点になった。

「ちょっといいですか、ピーター」と、ビルがようやく沈黙を破って言った。「こんなことを言うのは失礼かもしれませんが、あの……、いまの状況は、あなたご自身の『一つの大きなこと』そのものではないでしょうか？」

深い理解から本当の変化へ

「これを境に、私たちはこのワークショップの学びを自分の行動に反映させはじめたのです」と、メンバーの一人はあとで振り返った。「もはや、その場は単なる合宿研修ではなくなりました。いつの間にか、私たちのお互いとの関わり方に、学んだことが浸透しはじめていたのです。しかも、最高幹部たちが先頭に立って、それを実践したのです！」

「ビルとピーターの二人は、どんなに称賛してもし足りません。ピーターはメンバーに進歩《ステップアップ》することを望み、ビルは堂々とピーターに異を唱えた。すると、ピーターは実に立派なことに、持論を撤回したのです。もし、このときピーターが譲らず、みんなに無理強いをしていれば、一連の活動はここで破綻していたでしょう。ピーターは本来、こうと決めるとテコでも動かないタイプです。その彼が考えを変えるのは、並大抵のことではありません」

ピーターはあとでこう述べている。「最初は、持論を譲るつもりなど毛頭ありませんでした。正直なところ、そこにいたるまでのワークショップで適切な土台がつくられていなければ、自分が引き下がることなど思いもしなかったでしょう。いつものように、数歩先の地面だけを見つめて、強引に前に進んでいたかもしれない。でも、そのとき私は自分をおさえ、大きく深呼吸をしました。幹部チームの面々に取ってほしいと思っている行動を自分でも実践したのです」

このときピーターには、新聞漫画の『ポーゴ』の決めゼリフが現実味をもって感じられたことだろう――「敵は自分自身だった！」というわけだ。このときどうして、ほかの人の言葉に耳を貸し、自分の確信とは異なる決断をくだせたのかを語るピーターの言葉を聞いていたとき、興味をそそられた点があった。話を聞くかぎり、彼はビルから指摘を受けたとき、非難されているとか、うしろめたいとか、追いつめられたと感じたようにはまったく見えなかったのだ。

「ビルはとても率直な指摘をしました」と、ピーターは言う。「でも、私個人を非難しようとはしていませんでした。私にとって『一つの大きなこと』がなにかを思い出させてくれたのです」

奇妙に聞こえるかもしれない。ビルが指摘した問題（ピーターがものごとを極度にコントロールしたがること）は、ピーターのきわめて個人的な問題だからだ。しかし、ピーターは数年後に当時を振り返り、ワークショップが幹部チームに及ぼした影響について語ったとき、このように職場という公的な場で私的な要素に適切に対処できるようになったことこそ、際立った成果だったと述べている。

ピーターは、第2章にも登場したCOOのロンとの関係についてこう語った。

私の「一つの大きなこと」は、ものごとをコントロールしすぎること。そして、COOの「一つの大きなこと」は、みんなに好印象をもたれたがることでした。ロンほど性格のいい人物はそうそういません。私はいつも妻に言われているのです。どうしてあなたは、ロンみたいにやさしくなれないの？　確かに私の目から見ても、ロンはとびきり好人物です。ロンのことは大好きです。本当に。ただし私たちの間には、ある興味深い力学が生まれています。私はコントロールしたくて、ロンは嫌われたくない。そういう二人の間に、どういう関係が生まれると思いますか？　そう、私が決定をくだし、ロンは私に決定をゆだねてくれるのです。けれど、たまにロンが私の考えに賛同できないときがある。そういうとき、ロンは表立って異を唱えることはしない。その代わり、私の決めた方針に従うこともしない。要するに、私の決定に従って行動すべき人たちに私の指示が届くことを妨げていた。断熱材みたいに。それどころか、私の指示と正反対の行動を取るときまでありました。私に嫌われたくないのでノーとは言わない。でも実際には、「会社のために正しいこと」だと自分で考える行動を取っていたのです。

私たちの意見が一致しないときは、いつもこういう事態が起きていました。そこであるとき、私はロンを会議室に呼び、二人で向かい合って座り、お互いの免疫マップを一緒に検討しました。そうすると見えてきたのが、いま説明したようなメカニズムだったのです。私はロンの顔を見つめて切り出しました。「整理してみよう。要するに、私は暴君で、きみは暴君に屈服したいわけだ！」。ロンはニヤリと笑い、ついには笑い声まで立てました。私もひとしきり笑い、そのあとでこう言いました。「あまりに非生産的な状況だ。変えないといけない」

このとき、私たちはそのような状況にようやく気づいたのです。それまで一五年も一緒に働いてきたというのに。一五年ですよ！　半年前に出会ったわけではないのに。二人とも心の奥底では、こういうメカニズムが作用していることに薄々感づいていたはずです。でも、その現象を言いあらわす言葉を知らなかったのです。そのことを話題にしていいのだと思っていなかった。腰を据えて、問題に正面から向き合う勇気がなかったのでしょう。でも、「一つの大きなことアプローチ」（と、私たちは呼んでいました）のおかげで、問題に対処するためのプロセス、言葉、能力を手にできたのです。しかも、相手の人格を攻撃することなく、前向きな姿勢でそれに取り組めるようになりました。

ピーターはさらに、ほかのメンバーの態度の変化についても話した。「『炭鉱《マイン》のカナリア』という言葉をご存じですか？」と、ピーターは言った。ご存じの読者も多いだろうが、炭鉱のカナリアとは、炭鉱労働者が早期警報装置代わりに炭坑に持ち込むカナリアのこと。炭坑内の酸素が薄くなったり、有毒ガスが発生したりすれば、まずカナリアに異変が生じるはず、というわけだ。ピーターいわく、私たちがおこなった活動も一種の早期警報装置――いわば「精神《マインド》のカナリア」――をつくるためのものだった。「この取り組みを通じて、幹部チームのメンバーに、この種の問題を話題にしていいのだという許可を与えることができた。私やほかの幹部の行動についてお互いに議論できるようになりました。そのための地ならしができたのです。その効果は非常に大きいと思いました。もし私が不適切な行動を取るようなことがあれば、すぐに問題の芽を摘まなくてはならない。問題が放置され、大きくなることを防ぐ必要があります。その点、企業のCEOにとって、他人から評価を伝えられるというのはそうそうないことです。ましてや、部下である幹部チームのメンバーから否定的な評価を聞かされれば放置できません」

次に、ピーターは、チーム全体の人間関係に起きた変化について語った。

本来、チームのメンバー同士は、このような会話をしていいのだという許可をお互いに与え合うべきなのです。ところが現実には、そうなっていないケースが多い。ビジネスの世界、とりわけ企業の経営幹部同士の関係ではそういう傾向が目立ちます。「その問題は話題にできない」「その話はまずい」「その件を持ち出すなんて、ありえない」「相手が腹を立てないか心配だ」といった発想にじゃまされる。この種の発想は、私たちのような枠組みを築けばことごとく取り除けます。

この活動は、個人の成長という難しい課題についてみんなで話し合うための共通の言語を与えてくれました。そのテーマについて、みんなが受け入れられる形で議論し、どうすれば個人レベルと集団レベルの行動を変えられるのか、その方法がなぜ有効なのかを話し合えるようになったことは、とても大きな意味をもちました。以前は、「どういう言葉を使って議論すべきなのか?」「どういうふうに、その問題を論じればいいのか?」「私がその問題を持ち出すことは、相手から許されているのか?」といった点に、本当に頭を悩ませていました。CEOであるという理由で、私にはそれが許されるのか? 建設的に、個人攻撃と受け取られないように問題を取り上げるのは、簡単ではありません。でも、「一つの大きなこと」という概念と免疫マップを活用することにより、そのための土台を築けました。個人の成長というのはきわめて個人的性格が強いテーマですが、方法を選べば、個人批判を抜きにそれを話題にし、大きな成果をあげることが可能なのだとわかりました。

そういう話し合いができるようになって、幹部チームの一体感が強まり、コミュニケーションの質も高まりました。共通の言語と枠組みがあれば、すぐに本題に切り込めます。問題のまわりをぐるぐる回るようなことをせずにすむようになりました。どういうふうに話を切り出せばいいのかと、悩む必要がなくなった。ある人にとってそれが「一つの大きなこと」だと、まわりも本人も了解していれば、「一つの大きなこと」という言葉を使って率直に話せばうまくいく。肩肘を張らずに、相手の力になりたいという姿勢で切り出せばいいのです。そうすれば、相手も同じように自然体で受け止めてくれて、話を進められる。ときには、個人と集団の成長が力強く後押しされる場合もあります。

ただし、このアプローチを成功させるためには時間と忍耐が不可欠だと、ピーターは言う。

誰もが理解してくれるわけではありません。全員が同じように、同じタイミングで理解するわけでもない。この種の取り組みの宿命ですが、感情と思考の両面での温度差がどうしても生まれてしまいます。参加意識のレベルもまちまちです。こんな不安を打ち明けたメンバーもいました。「ワークショップの内容は、私に対して不利な評価材料として用いられるのですか？　自分の弱点をさらけ出してしまったのですが……」。誰もが諸手を挙げて乗り気になってくれるとは限りません。その点は、頭に入れておくべきです。

それでも次第に、メンバーはこのアプローチを受け入れ、私たちがなにを目指しているのかを理解しはじめました。そして、エネルギーがわき、乗り気になってきました。活動にのめり込み、ときには勇気ある行動を取るようになったのです。私たちは、本物の勇気を目の当たりにしました。話し合いの途中で涙を流す人たちもいました。男性も女性もです。思い切った行動への一歩を踏み出した人もいます。この活動が前向きで有意義なものだと、メンバーが信じる気になりはじめたのがわかりました。最後には、全員とは言いませんが、多くのメンバーが活動の熱烈な信奉者になりました。おかげで、幹部チームの面々が以前より親密になれました。その点は確かです。

幹部チーム以外の社員には、どのような影響が及んだのか？　その点について、ピーターはこう語った。

社内で幹部チームに対する信頼感が高まったように思います。幹部チームのメンバーがみずからの問題点を率直に認めていると、みんなに伝わったからです。それを目の当たりにした社員たちは称賛し、そのうちに自分でも同様の取り組みを始めました。社内に興奮が生み出されたのです。「自分の『一つの大きなこと』とはなにかを知りたくなりました」と、私に言う人も出てきました。幹部以外のマネジャーや、ときには管理職ですらない社員までもがそういうことを言いはじめたのです。この活動がかき立てる興奮を感じ取ったからなのでしょう。誰もが自分自身の「一つの大きなこと」を見いだし、その面で進歩したいと思うようになりました。お察しのとおり、こうした変化は、会社を成長の好循環に乗せるうえできわめて大きな効果がありました。

ところで、合宿研修はどのような結末を迎えたのか？　ピーターとビルは翌朝、経営委員会のメンバー全員の前で、前の晩の二人のやり取りを披露した。そして、まだ心の準備ができていない人には無理強いしないという結論に達したと述べ、どういうプロセスをへてそのような結論にいたったのかも説明した。どのように「一つの大きなこと」を論じれば、改善すべき行動を改善できるかという実例を示したのである。

一カ月後、経営委員会のメンバーは、誰もが自分の免疫システムについて自発的に披露し合うようになっていた。ピーターが最後に述べたひとことは、いまも記憶に深く残っている。「自分が彼らの行動を後押しするプロデューサー役を務める日が来るなんて、思ってもいませんでしたよ」

問題を隠したままでは、本当に変わることはできない

私たちがはじめて会ったとき、ハリー・スペンスはマサチューセッツ州社会サービス省の長官を務めていた。社会サービス省は州内の児童福祉を所管する役所だ。長官に就任したときは、「マサチューセッツ州の児童福祉制度を全米のトップレベルに引き上げること」が自分の役割だと思って

いた、とハリーは言う。

しかし就任して一年半ほどたって、目標を改めた。「アメリカの児童福祉の水準は、目を覆いたくなるほど劣悪だと気づいたのです。リーダーシップをとれる立場の人間には、国全体の児童福祉のレベルを引き上げるという大きな責任があると思うようになりました。児童福祉を担当する役所は、大きな事件が起きてメディアで大きく報道されることを恐れてばかりいます。いつも保身に汲々としている。そういう環境ほど、学習に不向きな場はおそらくないでしょう」

ピーターの場合と同じように、ここから先はハリー自身の言葉で語ってもらおう。「私たちは、どうすれば児童福祉の役所を『学習する組織』に転換できるのかを検討しはじめました。いつも脅えてばかりいる組織を学習熱心な組織に変えていくこと――アメリカの児童福祉のあり方を改善するためには、それが不可欠だと思ったからです」

ピーターの金融サービス会社とハリーの役所の間に共通点はほとんどなさそうに見えるが、私たちがハリーの組織変革を手伝うことになった経緯は、ピーターの場合とよく似ていた。当時、ハリーも幹部チームの現状に行き詰まりを感じていた。就任前に間接的に聞かされていたとおり、幹部チームがまったくと言っていいほど機能していなかったのだ。ハリーはこう説明している。

当時、私たちは業務管理上の問題と政治的な問題ばかりを話題にしがちでした。たいていの官僚組織では、すべての時間の八〇％を業務管理上の問題と政治的な問題に割いていて、実務に費やしている時間は二〇％にすぎません。その時間配分を逆転させるべきだと、私は強く思っています。つまり八〇％の時間を実務に費やし、業務管理上の問題と政治的な問題に割く時間は二〇％におさえなくてはならない。社会サービス省はその転換を成し遂げられずにいました。

幹部たちに業務管理上の問題と政治的な問題ばかり気にするのをやめさせるのは、簡単ではありませんでした。ようやく態度を変えはじめたときも、彼らは警戒心をむき出しにしていた。「警戒心」という要素は、私たちの省の幹部チームの際立った特徴でした。私たちはお互いに対して強い警戒心をいだいていたのです。

就任時に、私はこういう問題のいくつかを引き継いだわけです。それにしても、どうしてこのような事態に陥っていたのでしょう? 社会サービス省の内部に深い亀裂が走っていて、さまざまな場面で職員同士の競争関係が生まれていたのです。そのうえ、いつも強烈な不安にさらされながら仕事をしていました。もし省内の誰かがミスをすれば、子どもたちを不幸な結果に追いやったという罪を背負わされ、省全体が激しく糾弾されるのです。このような環境は、児童福祉の質を高める方向には作用せず、逆にきわめて劣悪な福祉サービスを生み出していました。メンバーは強い不安にさいなまれていて、お互いに競争していた。露骨な派閥対立まであった。私はそういう状況を解消しようと努めましたが、「私たちには無理だ」「不安だ」というムードが蔓延していました。

それだけではありません。私たちは、多くの組織の幹部チームに共通する問題もいろいろ抱えていました。会議のあとで派閥やグループごとに集まって会議の決定に対する不満を言ったり、ほかの人たちを批判したり、あるいは舞台裏の駆け引きや根回しでものごとが決まったりする傾向があったのです。

ピーターと同様、ハリーが私たちに声をかけたのは、〝変革をはばむ免疫機能〟のアプローチに共感したからだった。

あらゆる組織は、目に見えない感情面の力学に大きく足を引っ張られます。そのような感情面の力学に関して言えば、問題をテーブルの下に隠したままでは、ずっとそれに道をはばまれ続けます。このような基本認識をいだいて、私は長官に着任しました。

医療や児童福祉の現場で働く人たちはみな、精神医学の専門家や、専門的な訓練を受けたソーシャルワーカーたちです。大学院の修士課程で二年間勉強して、臨床に役立つ理論を学んでいる。さまざまな局面でその知識を難なく活用しているのに、いま私が指摘した基本認識はなかなか受け入れられないように見えます。

どうして、社会サービス省でこの考え方が受け入れられないのか？　省内のいたるところで明らかに機能不全が起きている状況を改めるために、私はその答えを知りたいと強く思うようになりました。そして行き着いた結論は、トラウマが原因だというものでした。この仕事をしていると、感情を激しく痛めつけられます。ソーシャルワーカーをはじめとするスタッフたちは日々、トラウマと戦っているのです。私たちの仕事の中身は、救命救急士とよく似ています。私たちは、言ってみれば「心の救命救急士」なのです。悲惨極まりない家庭を訪ね、おぞましい環境で生きている子どもたちの姿を目の当たりにします。そういう日々の経験が組織内の感情に大きな影を落としていました。では、それを乗り越えるにはどうすればいいのか？

私は考え続けました。スタッフの一人ひとりをカリフォルニアの研修機関に派遣して、一年がかりのリーダーシップ開発プログラムに参加させるわけにはいきません。長期の継続的な研修プログラムを受けさせることもできない。どうすればいいのか見当がつきませんでした。

ボブ（・キーガン）とリサ（・レイヒー）の本に出会ったのは、そんなときでした。[2] そこには、私がそれまでに経験した研修すべての核をなす要素がぎっしり詰まっていました。私はメンバーに言いました。「ここで紹介されている四つの枠のアプローチには、必要なことがことごとく凝縮されている。シンプルだし、効果がありそうだ」。ボブとリサの力を借りてこの方法論を試してみようと、私は幹部たちに言いました。

メンバーは、新しい活動に期待する半面、不安も感じていました。いったいなにが始まるのだろうという不安があったのです。本を読んでも不安は強まるばかりだったようです。やがて、本の内容に沿った活動が始まりました。免疫マップづくりのエクササイズをおこなったのは二度目かそこらの会合だったと思いますが、一回では終わらず、次回に持ち越されました。参加者が大勢いたので、一度にすべて終えられなかったのです。この活動にメンバーは夢中になりました。少なくとも、多くの人はそうだった。とても強烈な経験でした。

途中で涙を流す人もいました。参加者は、自分でも驚くような変化を遂げたのではないでしょうか。なにしろ、それまではお互いの間に信頼関係がなく、ささいな意見の違いすら口にしようとしなかったのです。へたなことを言ってしこりが残ったり、いつまでもばかにされたりしたくないと思っていたからです。でも、このときはみんなでテーブルを囲んで話し合いました。現在の行動パターンの原点を掘り下げるために、子ども時代にまでさかのぼることもありました。

この経験がメンバーに強い影響を及ぼしたのは、単に自分の行動パターンを分析しただけでなく、ほかのメンバーと話し合いながら作業を進めたからでした。みんながお互いの弱点を知ったことで、たちまち強い絆が生まれたのです。

もう一つ大きかったのは、これを境に、ほかのメンバーの怒りや動揺に寛容になったことです。幹部の一人に、やたらと他人を厳しく糾弾する女性がいて、みんなに恐れられていました。いつもそういう態度を取るわけではないのですが、ときどき激しい糾弾モードに入るのです。その矛先を向けられた人たちは、自分が不当に攻撃を受けていると感じていました。免疫マップづくりのエクササイズをおこなうことにより、そういう行動の背景にどういうメカニズムがはたらいているのか理解できました。行動の原因がわかると、彼女が糾弾モードに入ったとき、「まったく、またかよ」と陰でささやき合うのではなく、本人に面と向かって指摘できるようになりました。「ちょっと待った。警告！　またそういう態度を取るの？　やめてほしいって、前にも言ったでしょ」。すると本人は、「ああ、そうね。わかったわ」と言える。

誰もがそういう行動を取れるようになりました。一人ひとりが本気で変革に乗り出し、エクササイズで深い感情をさらけ出すことによりお互いの弱点を知ったことで、みんなが支え合えるようになったのです。それを土台に、私たち幹部チームは、意見の対立する問題を精力的に話し合う能力をはぐくめました。免疫マップづくりの二度のエクササイズで、二年分くらいの成果があったと思います。

なによりも大切なのは、幹部チームのメンバーが充実した話し合いのできる関係を築くことだと、私は思っていました。波風が立つ危険が大きかったり、深刻な意見対立を含んでいたりする会話をできるようにしたかった。そこでこの半年ほどは、とくに切実なテーマを意識的に取り上げてきました。「私たちの能力を高めるために、どうすればいいのか？」「このチームでタブーになっている問題をリストアップしてみよう」「一つひとつの課題を順番に取り上げて、それを達成できるように能力を磨いていこう」と呼びかけたのです。いままでは、活発に議論が交わされるあまり、幹部会議がいつも時間をオーバーするようになりました。幹部会議は、どんな問題でも議論できる強力な話し合いの場に変わったのです。議題を絞るのに苦労するくらいです。

個人と組織の成長をつなぐ

ハリーはこうした活動に取り組むうちに、児童福祉の水準を高めるとはどういうことかをはっきり理解しはじめたという。本人はこう語っている。

児童福祉は、私が経験してきた行政機関の仕事のなかでも飛び抜けて難しい仕事です。児童福祉の本質は、公務員によるセラピー的なサービス。だから、専門サービス業にふさわしい組織をつくる必要がある。言ってみれば、「公的な専門サービス組織」を築きたい。ところが、そのような組織はどこにも存在していないのが現状です。また、福祉の現場で接する家庭はきわめて複雑なので、それと同じくらい複雑性のある組織を築くことも大事です。もし、私たちが課題を単純化して仕事をすれば、複雑な現実に対処する際に大きな害を生み出してしまう。複雑なものを過度に単純化することの弊害は計り知れません。それは、メスを使って繊細な作業をするべきときに、巨大なハンマーを振り下ろすようなものなのです。このような考えのもと、高度な複雑性をそなえた専門サービス組織をつくりたいと思っています。

そのような組織を築くためには、内省する文化を組織全体に根づかせる必要があると、ハリーは気づいた。そのカギを握るのは二つのプロセスの並列関係を認識することだと、彼は言う。一つは、社会サービス省が対象家庭に対して実践すべき非常に個人的性格の強い仕事。もう一つは、対象家庭の問題を悪化させるのではなく、問題の解決に貢献するために、長官から現場スタッフにいたるまで組織のすべての人間が自分たちの間で実践すべき非常に個人的性格の強い仕事だ。この両者の並列関係とは、具体的にどういうものなのか？ ハリーはこう述べている。

> 児童福祉の分野でよく知られた格言があります。「家庭が変われると信じられなければ、児童福祉の仕事はできない」というものです。この言葉は、疑問をはさむ余地のない真理だと考えられています。児童福祉に携わるソーシャルワーカーなら誰でも、この格言が正しいと確信していると言うでしょう。ところが、その同じ人物が同僚の一人のことをこんなふうに言う。「職場で隣のジョーは、サイテー野郎だ。この五年間、誰かと電話で話すたびに、大声で怒鳴っている。いくら文句を言っても態度が変わらない。アイツは、ぜったいに変われないんだ！」。対象家庭は変われるのに、同僚は変われない、というわけです。もちろん、そんなことはありえません。この仕事をするうえで重要なのは、対象家庭を変える方法を学びたければ、まずは同僚のジョーを変えることから始めるのがいちばんだと理解すること。まわりの一人ひとりとの関係でたえず実験を続けるべきなのです。職員をトレーニングして、人々を変える力を身につけさせるには、同僚との関係から始めるよう促せばいいのです。
>
> そこで、私たちは、変革というテーマにみんなで取り組んできました。その経験を通じて学んだことの一つは、変わることがきわめて難しく、変わるためには多くの支援が必要だということです。養育放棄や虐待の問題を抱えている家庭に比べれば、私たちはそれほど深刻な問題

に直面していたわけではありません。単に職場の人間関係で持ち上がる問題に対処しようとしていただけです。それなのに、変わることは本当に難しかった。その経験から、私たちは変革の難しさを知りました。変革を後押しするうえで、どういう方法がとくに有効かもわかってきました。そのアプローチは、対象家庭との関係にも応用できるものです。このように、二つのプロセスの間には実に鮮明な並列関係があるのです。

並列関係にあるものは、この二つだけではありません。臨床の現場で「転移」と「逆転移」と呼ばれる現象があります。逆転移とは簡単に言うと、誰かの変革を助けようとするとき、その相手とのやり取りや関わりのなかに、相手の変革の妨げになる要素を持ち込んでしまうこと。つまり、相手の変革を助けたいと思っているのに、その目標を達成する足を引っ張ってしまうことです。

転移と逆転移という用語は、フロイト心理学に由来する小難しい言葉です。免疫マップの利点は、わかりやすい用語でこれに近い考え方を言いあらわせることです。近いというより、完全に同じと言っていいかもしれません。免疫マップは、どのような力学が自分の内面にあるせいで、目標の実現が妨げられているのかを描き出すものだからです。

このように考えると、対象家庭との関係で取り組むべき課題と幹部チームのメンバー同士の関係で取り組むべき課題が並列的なものだとわかります。私が幹部チーム内で抱えているのは、「私がどういう行動を取っているせいで、幹部チームを強力に機能する集団に変えられないのか?」という問題です。一方、現場のソーシャルワーカーが日々直面しているのは、「私がどういう行動を取っているせいで、この家庭の機能を強化して状況を改善できないのか?」という問題なのです。

内省することは、あらゆる組織活動の核をなす要素です。児童福祉の現場で家庭とソーシャルワーカーの間に生まれるような関係では、とりわけそれが大切になります。私たちにも自分たち自身について内省する枠組みが必要でした。免疫マップづくりは、そのための一種の「足場」をつくり出してくれました。児童福祉の業務では、すべてをコントロールすることはできないけれど、好ましい行動を取るための足場は築けます。コントロールできないものがあるというのは、家庭に変化を起こさせるために、どのように接するべきかという画一的な法則を示せない、ということです。お役所的なマニュアルをつくって、それを現場のスタッフに配り、「このとおりにやれ！」と命令することはできない。そんなやり方ではうまくいきません。対象家庭を苦しめる問題はきわめて複雑だからです。単純なマニュアルや法則など通用しません。児童福祉は、個々の現場スタッフの裁量と判断にゆだねられる側面が大きい仕事です。私たちは専門サービスの組織。大量生産の工場のようにはいきません。

そこで私たちは、マニュアルや法則ではなく、業務をおこなう際に従うべき価値観や原則を確立することを目指しています。現場で仕事をするときに核となる概念上の枠組みと、それを支える価値観を明らかにしようというわけです。その点、免疫マップの四つの枠を埋めていくエクササイズには素晴らしい点が二つあります。まず、二九カ所の地域事務所のマネジャーがマネジメントの手段として活用できます。組織内のチームづくりに関して考えるための枠組みになるのです。でも、それだけではない。現場のソーシャルワーカーたちが仕事の仕方を学び、対象家庭との関わり方を考える手段にもなりうるのです。

一連の活動全体を振り返ってハリーが述べたことは、第2章の冒頭で私たちが指摘したことそのものだった。それは、変革を実現するためには感情という目に見えない要素がきわめて重要だという点だ。一般に私的なことがらと位置づけられがちな要素を仕事という公的な領域に組み込む方法を見いだす必要があると、ハリーは結論づけている。

次第にわかってきたのは、この仕事で感情がきわめて重要な役割を果たしているということでした。児童福祉に携わる人たちは、ソーシャルワークの学校でたくさんのことを教わるのですが、その核をなすのは「抑圧されたものの回帰」という考え方だったはずです。未解決のまま抑圧された感情は、やがてなんらかの形で再び頭をもたげ、悪影響を及ぼす。そういう考え方です。これは、あらゆる臨床的活動でとても重んじられている原則です。では、組織ではどうでしょう? 組織では、あらゆる感情を徹底的におさえ込もうとします。これでは、ソーシャルワークを担う組織がソーシャルワークの大原則を完全に無視しているかのようです。

児童福祉を担う組織では——おそらく程度の差こそあれ、どの組織も同じだと思いますが——個人の感情を抑圧している力学をくつがえすことがなによりも重要だと思います。その手助けをしてくれるのが、免疫マップの四つの枠を埋めるエクササイズなのです。

組織学習を推進するリーダーシップ

ピーター・ドノバンとハリー・スペンスが率いる組織は、これ以上ないくらい対極的だ。一方は、市場経済のど真ん中でビジネスをおこなう営利企業。もう一方は、社会福祉を担う行政機関だ。ピーターの会社が社会に貢献していないわけではない。サブプライムローン危機を招いたような不健全な融資を避け、分譲マンション向けの住宅ローンにほぼ特化して融資をおこなうことにより、アメリカ人の過半数が「マイホーム」の所有というアメリカンドリームを実現するために貢献してきたと言っていい（この規模の所有率は、史上はじめてだ）。しかしそうはいっても、ピーターは利益をあげることを重んじている。株主（同社は株式非公開企業。ある投資グループが所有している）に利益をもたらすことが自分の役割だと考えているからだ。一方のハリーは、市民にサービスを提供する行政機関を運営していて、マサチューセッツ州の市民とその代理人である州知事のために働いていると思っている。

このように二人の置かれた状況はまるで違うが、際立った共通点がいくつかある。直面している課題も似ているし、強力なリーダーシップの持ち主であることも似ている。一連の活動で得られた成果も相通じる面がある。二人は自分の組織の仕事の質を飛躍的に向上させたいと強く願っていたが、誰か一人がどんなに英雄的な行動を取ったところで、目指しているような変化は起こせないと明確に理解してもいた。そこで、変化を起こすために幹部チームの力を借りようとしていたが、そのチームの現状にいらだちを感じていた。

もっと重要な共通点は、二人とも幹部チームの現状を検討する際に、自分を枠外に置かなかったことだ。幹部たちに各自の〝変革をはばむ免疫機能〟をみんなに公表するよう求めただけでなく、自分が率先してそれをおこなったのである。これが決定的な意味をもった。

私たちは、ピーターやハリーのような勇気あるリーダーたちと一緒に仕事ができたことを光栄に思っている。そして、彼らとの共同作業を通じて、トップに立つ人間が活動の旗振り役になることの重要性を痛感した。リーダーは単に活動を支持するだけでなく、みずからが先頭に立って活動を推し進めるべきなのだ。リーダーが私たちのようなコンサルタントを迎えることを了承するだけでは、私たちがどんなに努力したところで好ましい結果は得られない。部外者が主導する活動にリーダーがお墨つきを与えるだけではだめなのだ。私たちとしては、リーダーに私たちの真のパートナーになってもらいたい。この種の活動中にはほぼ例外なく、抵抗が強まる時期がある。そういうときに、メンバーの背中を押し、集団レベルで好結果を得るために個人レベルで学習の旅を続けるよう決意を新たにさせられるのは、部外者のコンサルタントではない。それができるのは、リーダーだ。

ピーターは、そういう行動をたびたび取った。どうして、そのように確信をもって行動できたのかという点について、本人は次のように述べている。

おおざっぱに言うと、チームのメンバーにはこう話しました。「もし、それが本当にきみの『一つの大きなこと』だとすれば、つまり、それが本当に深く掘り下げて検討した結果だとすれば、まわりの人間はそれをもうお見通しのはずだ。それは、私にもわかっているし、ほかのメンバーにもわかっているはず。だから、誰も知らないプライベートなことを公表させられるとは思わないでほしい。断言してもいいが、みんなとっくにその問題を知っている。そして、それを話題にしてもいる。どこで話しているのかって？　それは、きみがいない場所だ。きみを抜きにしてランチに出かけたときだったり、一日の仕事が終わったあとだったり。みんなは間違いなく、それを話題にしている」

みんな、お互いの問題に気づいていたのです。でも、それに気づかないふりをしていた。部屋の中に大きなゾウがいるのに、誰もが見て見ぬふりをしているみたいな状況だったのです。しかも、幹部チームに一八人とか二〇人のマネジャーがいるとすると、これはもうゾウの群れが部屋にいるようなもの。じゃまで仕方がありません。そのゾウたちのせいで、目標の実現が妨げられていたのです。そこで、共通の言語と場をつくって、問題を建設的に話し合おうと、私はメンバーに呼びかけました。本人のいないところで陰口をたたくのはやめにしよう、と。時間がたつにつれて、私の言っていることが共感を得はじめたようでした。

ハリーにも同じような局面があった。取り組んでいた活動は、過酷で時間がかかり、メンバーが痛い経験をする可能性もあった。しかし、それでもなお、その活動をおこなうべきだという理由を説明する必要に迫られたのだ。

私は言いました。「上司のエゴを満たすために莫大な時間を費やす羽目になった経験は、誰でもあるだろう」。私たちはみな、そういう経験をしてきています。特定の上司の個人的な好みや性格、流儀に合わせて、「上司受け」を意識して行動するために、誰もが多くのエネルギーを費やしてきた。このような経験をしたことがまったくないと言う人には、会ったことがありません。

続けて、私はこう言いました。「さて、問題はその次だ。ショックを受ける人もいるかもしれないが、私たちのことをそういう上司だと感じている人たちもいる。自分があの腹立たしい上司みたいな人間になっている？　受け入れたくないだろう。でも、私たちもほかの人たちにとってはそういう存在になっているのだ！」。この点が理解できた人は、自己変革に前向きに乗り出すようになります。

私たちはさまざまな組織でこのハリーの発言を紹介し、この言葉が実に多種多様な組織の人たちの胸に響くのを目の当たりにしてきた。しかしその効果は、ハリーが自分の組織の幹部チームに語りかけたときに最も大きかったにちがいない。なにしろ、一部のメンバーにとっては、ハリーこそが「腹立たしい上司」だったのかもしれない。そんなハリーが自己変革に乗り出し、腹立たしさの原因となる行動を改めることをみんなの前で約束したのだ。メンバーが受ける衝撃は当然大きい。

以上のように、ピーターとハリーの間には多くの共通点があった。直面していた課題、私たちの力を借りようと思った経緯、活動の旗振り役になろうという意志と能力、そして、みんなと一緒に学びの旅に乗り出し、自分の弱さをさらけ出すことを恐れない勇気。しかし、私たちが最も強烈な印象を受けたことは別にあった。この活動でなにを目指すべきかを、二人は私たち以上に理解していたように見えた。活動の目的は、組織が目標を達成する能力をはぐくむことだと、彼らはよくわかっていた。

注目すべきなのは、この二つのグループの活動が職場の実際のチーム単位で進められたという点だ。一対一の個人単位でコーチングをしたり、研修のためにその場限りのグループをつくったりはしなかった。その結果、個人の成長を目指すという過酷な取り組みにも挫折しづらい、画期的な環境をつくり出せた。民間企業にせよ行政機関にせよ、ほとんどの組織は、職場で内省と自己実験を続けやすい環境にはなっていない。しかし、あなたの改善目標（免疫マップの第1枠の内容）をほかのメンバーに公表すれば、あなたの取り組みは、同僚たちが——

- 有意義なものだと認めることができ、
- チーム全体のために、あなたに成功してほしいと願い、

● あなたの進歩の度合いを知ることができて、
● あなたが成功すれば評価してくれ（あなたにとって、やる気の源になるだろう）、
● あなたから刺激を受けて、自分も自己改善に努めようという意欲がわく（いい意味でプレッシャーを受ける）ようなものになる。

机上の空論ではない。こうした効果は実際に確認されている。学習を継続させるには、職場のチーム単位で取り組ませることがきわめて有効だと、自信をもって言える。この方法論は、活動を妨げる手ごわい障害を乗り越えるための重要な一歩になると、私たちは考えている。そして、のちに述べるように、新しい時代の組織学習を進化させていく出発点にもなる。

大人の知性を発達させるための、強力でとっつきやすく、しかも専門的な裏づけのある方法論を職場に導入したことに関して、リーダーたちは私たちの貢献を称賛してくれる。しかし、自分自身では気づいていないかもしれないが、大きな役割を果たしているのはリーダーたち自身だ。それは当然なのかもしれない。私たちは心理学の専門家であり、顧客の自己変革を手伝う存在にすぎない。ものごとを組織的・体系的に考えることにかけては、実際に組織を率いているリーダーたちのほうが、私たちよりはるかに優れた才能をもっている。

リーダーシップ開発で個人単位の発想にとどまってはならない理由について、ピーターはこう語った。「あなたが高性能の電話機をもっていて、ほかの誰かも高性能の電話機をもっていたとしても、二台が回線でつながっていなければなんの役にも立たない。デスクの前に腰掛けて、電話機に向かって独り言を言うだけになってしまう。私はＣＥＯとして、ずっとそういうことをしてきた。それはもう終わりにしたいと思ったのです」。ピーターやハリーたちは、要するに新しい回線

をつくろうとしたのだ。

片方の目だけで見ても、たくさんのものが見える。しかし片目だけでは、奥行きを見て取れない。二つの目で見てはじめて、奥行きがわかる。私たちの活動も、私たち心理学者と組織のリーダーたちの二つのアプローチが互いに補い合うことにより独特の奥行きが生まれている。言ってみれば、片方が一枚の絵の「図」の部分に目を向けるのに対し、もう片方が絵の「地」の部分に目を向けるようなもの、と言えるかもしれない。発達心理学の専門家である私たちが最も関心をいだくのは、組織のメンバーに活動を続けさせて、一人ひとりが知性を発達させ、もっと成功できるようにすること。一方、リーダーたちが最も関心をいだくのは、自分の組織内の感情的な要素に、適切かつ有効に対処し、組織の目標をもっと達成できるようにすること。しかし、私たちとリーダーたちの両方がお互いの未解決の問題に取り組むことによってはじめて、両方の課題を成し遂げることができた。

読者のみなさんが本章のピーターとハリーの事例に興味をかき立てられていれば、私たちとしてはうれしい。個人やチームがこの活動をおこなったとき、具体的にどういうことが起きるのか？どういう成果がもたらされるのか？　第2部の各章では、多くの個人や組織の事例を紹介することにより、そうした問いに答えていきたい。

第2部　変革に成功した人たち

第4章 さまざまな組織が抱える悩み
――集団レベルの変革物語

〝変革をはばむ免疫機能〟について考えると、矛盾する目標や思い込みの板挟みになって身動きが取れなくなっているのは個人だけではないと気づくだろう。職場のチーム、部署、幹部チーム、組織全体といった集団も知らず知らずのうちに、自分たちが最も望んでいるはずの変化を妨げる行動を取っている。

本章では、そのような免疫機能を乗り越えようとしたグループの事例を紹介していく。いずれのグループも、自分たちが集団全体としていだいている隠れた恐怖からみずからを守るために、どのような集団レベルの免疫システムを築いているのかを知ろうとした。実際の活動ではたいてい、メンバーの個人レベルの免疫システムをあぶり出したあとで集団レベルの分析に取りかかるので、メンバーは、集団レベルでも主要な矛盾や思い込みを明らかにすることの重要性がわかっていた。

そのプロセスを具体的に理解してもらうために、まず三つの事例を紹介しよう。組織のタイプは三者三様だ。ある有力大学の人文科学部の幹部教授会、きわめて危険な職務を担う米森林局のある部署、南カリフォルニアのある学区の教育委員会について順に見ていきたい。

ある大学の教授会の場合――「優秀な若手が逃げていく！」

その教授会が私たちに相談しようと考えたのは、自力では解決できない問題を抱えていると感じていたからだ。「もう七年間、終身在職権のある教授職への内部昇格をおこなっていない！　これではいけません！」と、教授会の委員長は言った。「本学はアメリカで屈指の評価を得ている研究大学ですが、若手研究者は本学への就職に二の足を踏むようになっています。さらに、本学を去っていく若手研究者はほかの大学でいい職に就いています。将来有望な若手研究者にしてみれば、終身在職権を得られる可能性がゼロに見える大学でキャリアを出発させることに躊躇するのは無理もありません」

私たちは最初、この問題を憂慮しているのは委員長だけなのではないかと疑った。しかし、終身在職権をもつほかの教授たちにも話を聞くと、誰もが同じ不安をいだいていることがわかった。アメリカの州立大学では、一般的に教授たちの学部への忠誠心が強いが、この大学のような私立の有力校の場合、幹部教授たちが学部の発展より自分の研究や執筆を大切にしているケースが珍しくない。この人文科学部の幹部教授たちが学部の将来を心配し、そのために時間とエネルギーを割くという異例の行動を取ったことは、強い危機感のあらわれと言えるだろう。

「どうにかしようと長年努めてきました」と、ある教授は言った。「それなのに問題が解決しないことに、私たちはいらだっています。若手研究者に不利益を及ぼすような学部をつくっているという罪悪感は味わいたくありません。私は研究者であると同時に、教師でもある。若い世代のキャリアの後押しをしたいという思いがあります。博士課程の学生のためには、そういう努力をしています。若手教授のためにもそのような環境をつくりたい。もちろん、全員を昇格させるわけにはいきません。それは、質の高い研究活動をおこなっている大学では当たり前のこと。この点は、誰もが理解しています。全員に機械的に終身在職権を与えることなど、あってはならない。でも、誰も昇格させないのは明らかにおかしい！」

「内部昇格をさせないのは」と、別の教授は説明した。「大きな期待を寄せて採用したのに、いざ昇格のための審査をおこなう段になると、研究業績の量が乏しかったり、研究の質が最高水準に達していなかったりするからです。そこで、高い業績を残せそうな若手研究者をもっと厳選して採用しようということになりました。その結果、以前より優秀な研究者が採用されるようになったのですが、そういう人たちも、期待したような業績を残せないのです！　そんなはずではなかったのに！　問題は、採用後の本学での日々にあるとしか考えられない。この状況は放置できません」

「若手教授を指導してはいるのです」と述べた教授もいた。「研究成果を発表することの重要性は、よく話して聞かせています。執筆がはかどるように、長期の研究休暇も与えている。あとは、なにをしてあげればいいのでしょう？」

この教授たちのように「なにかできるはずだ」という思いがあってこそ、グループは集団レベルの〝変革をはばむ免疫機能〟をみんなで検討できるのだろう。私たちはまず、現状をどのように変えたいのかという点について意見をまとめるよう、教授たちに求めた。そして、その内容を集団レベルの免疫マップの第1枠に記した。具体的には、次のように書き込んだ――「若手教授の仕事の質を高めたい。若手教授のキャリアを後押しできる学部をつくる。とくに、終身在職権のある教授職への内部昇格を大幅に増やす」

次に私たちは、その改善目標の実現を妨げている阻害行動を洗いざらいリストアップするよう促した。「みなさんのうちの数人ではなく、グループ全体がどのような行動を取っているせいで、あるいはどのような行動を取っていないせいで、改善目標の実現が妨げられていると思いますか?」。この問いを受けて、次のようにさまざまな意見が出た。

● 指導学生を多く割り当てすぎたり、校務を課しすぎたりしているせいで、若手教授が自分の研究をおこない、研究成果を発表する時間が十分にない。
● 若手教授に重い授業負担を課しすぎている。
● 研究成果を発表することが大切だと言う半面で、私たちは若手教授に、教育や学生の指導、学部のさまざまな委員会への出席など、ほかの活動を要求している(あるいは、それを暗に求めている)。要するに、活動の優先順位に関して、若手教授たちに適切なメッセージを発信できていない。

第2章でも述べたように、免疫マップを作成する過程で本当に目から鱗が落ちるのは、第3枠の内容を検討するときだ。第1枠に記すのは、私たちが支配している目標なのに対し、第3枠に記すのは、私たちが支配されている目標だ。ピーターの場合、第3枠の裏の目標は、ものごとを自分の思うようにコントロールすることだった。ロンの場合は、まわりの人たちに気に入られることだった。グループの場合も、第3枠に適切な内容を記せれば、それまでより高い次元で自分たちのことを理解できるようになる。目の前の木ばかりを凝視するのではなく、森全体を見ることにより――非常に入り組んだ森になるだろうが――新たに考えるべきことと論じるべきことがかならず見えてくる。そうすれば、いつもの堂々巡りを抜け出して、みんなで新しい問題を論じられるようになるだろう。

具体的には、私たちはどのように、個人や組織が免疫マップの第3枠に記すべき内容を把握する手助けをしているのか？　まず、第2枠の阻害行動の一部または全部と反対の行動を取ると想像し、そのときに最も強く感じる不安を表面に引っ張り出すよう促す。この教授会のケースでは、教授たちにこう問いかけた。「これと逆のことをしようとしたとき、みなさんが感じる最も強い不安は、どういうものですか？」。この問いに、教授たちは苦笑いしながら答えた。ときには、笑い声まであがった。

- もし若手教授たちが指導学生を引き受けなければ、私たちが引き受けなくてはならない！
- もし若手教授たちが授業のコマ数を減らせば、私たちが代わりにやらなくてはならない！
- もし若手教授たちが学部の委員会で面倒な雑務を引き受けてくれなければ、私たちがやらなくてはならない！

このようにして不安を言葉にすれば、裏の目標を知るための扉に手をかけられる。あとは、自分たちが単に不安をいだいているだけでなく、恐れている事態が現実化することを防ぎたいという隠れた目標をいだいているのではないかと考えれば、その扉を開けて、未知の部屋の中になにが潜んでいるかを知ることができる。教授たちはこの作業をおこなうことで第3枠に記すべき内容を明らかにし、均衡状態をなしている一つのシステムの見取り図を手にできた。教授たちが集団としていだいている免疫システムの全容が見えてきたのだ（**図4－1**参照）。

すると、新たな反応が続々と噴き出しはじめた。一時間前、若手教授たちへの支援が不十分な状況を憂慮する発言を本心から情熱的に述べていた人たちが、一転してこんなことを言いはじめた――やはり本心から情熱的に。「私たちが若手だったころは、誰も面倒なんて見てくれなかったのに終身在職権を獲得できたんだ！　彼らにできないはずがない！」

まさに、片足をアクセルに、もう片足をブレーキに置いているような矛盾した状況だった。やがて、一人の教授が苦笑混じりに、こんなストーリーを語りはじめた。

> いまの状況を見て、思い出したことがあります。この問題を解決しようとして、私たちが最初にどういう誓いを立てたか覚えていますか？　そう、その一つは、もっと積極的に若手教授の相談に乗り、指導をするというものでした。そこでこの秋、私は善良な教授としてこの約束を守ろうと考え、ローラに声をかけました。将来有望な研究者ですからね。研究に弾みがつけば、二、三年で終身在職権を獲得できるのではないかと思っています。

図4-1　ある有力大学の人文科学部の場合

なぜ、終身在職権のある教授職への内部昇格がほとんどないのか？

1　改善目標	2　阻害行動	3　裏の目標
若手教授の仕事の質を高めたい。 若手教授のキャリアを後押しできる学部をつくる。 とくに、終身在職権のある教授職への内部昇格を大幅に増やす。	指導学生を多く割り当てすぎたり、校務を課しすぎたりしているせいで、若手教授が自分の研究をおこない、研究成果を発表する時間が十分にない。 若手教授に重い授業負担を課しすぎている。 研究成果を発表することが大切だと言う半面で、私たちは若手教授に、教育や学生の指導、学部のさまざまな委員会への出席など、ほかの活動を要求している（あるいは、それを暗に求めている）。要するに、活動の優先順位に関して、若手教授たちに適切なメッセージを発信できていない。	教育、指導、校務に関して、自分の仕事を増やしたくない。 年功序列に基づく古参教授の特権を守りたい。

私はローラと面談し、研究の障害になっているのはどういう問題かと尋ねてみました。すると、やっぱり！　とくに大きな問題の一つは、幹部クラスの教授たちに求められて、時間を食われる学内委員会に出席させられることだと言うのです。「委員会に出席するよう促すのは、私を昇格させるかどうかを決めるのと同じ人たちです。拒むことなんて、できるわけがありません」と、ローラは言いました。私はこう返事をしました。「もっともだ。では、こういうふうにしてはどうだろう？　今後、委員会に出席するよう打診されたときは、礼儀正しく相手の話を聞き、自分に声をかけてくれたことにお礼を言う。そのうえで、こう返答するんだ。『お返事するまでに、時間を一日いただけませんか？　一晩寝て、よく考えたいのです。お返事は明日でよろしいでしょうか？』。こういう理にかなった要望をはねつけることは、誰にもできないだろう」

「そのあと、私に電話してほしい。一緒に考えようじゃないか。きみがその仕事を引き受けることにメリットがあるのかどうかを。おそらく、メリットはないという結論になるだろう。そのときは、その仕事から逃げる方法を考えよう。これでどうだろう？」。私がこう言うと、ローラは目を輝かせた。「とてもいいアイデアだと思います！」

このストーリーがどういう結末を迎えるか、もう察しがついたのではないでしょうか？　二週間後、私は入試委員長という立場で、ローラに電話をかけました。「ローラ、もしよければこの委員会に加わる時間をどうにか工面してもらえないだろうか？　きみにぴったりの仕事だと思うんだ！」

教授たちは、自分たちが抱えている大きな矛盾（要するに、〝変革をはばむ免疫機能〟）を直視した結果、みずからの行動を笑えるようになり、あるメンバーにいたっては自分自身の矛盾について清々しいくらい率直な体験談を披露した。こうして、メンバー全員が状況を理解した。自分たちが目標の妨げになる行動を取ってしまうのは、若手教授たちのことを十分に気にかけていないことが原因ではないとわかった（教授たちは口にこそ出さなかったが、その可能性をひそかに疑い、恥の気持ちをいだいていた）。彼らが若手教授たちのことを本当に心配していたことは間違いない。しかしそれとは別に、同じくらい強力な不安を無意識に感じていた。教員の職務の割り振りを見直せば、自分たちに悪影響が及ぶという思い込みをいだいていたのだ。

米森林局のある部署の場合
——「同僚が死んでいるのに、なにもできないんだ！」

私たちは数年間にわたり、米森林局のある部署の変革を手伝ったことがある。その部署の任務のなかには、わざと森に火を放って山火事を起こし、毎年何千エーカーもの土地を焼き払うことが含まれていた。そんなばかな？　そう思った人は、森林局がスモーキー・ベアーというクマのキャラクターを使って森林火災防止キャンペーンに励んでいる地域で育ったのだろう（「森林火災を防げるのはあなただけです！」というキャッチコピーをさんざん見聞きしてきたのではないか）。しかし実際には、森林火災のすべてが悪というわけではない。地域によっては「火災不足」が問題になっていて、森の生態系の健全な再生を促すために、ときおり意図的に山火事を起こす必要があるのだ。

とはいえ、きわめて危険な仕事であることは間違いない。火事を起こすときは、火の手の拡大をコントロールしようと努めるが、ときに火事が制御不能に広がる場合がある。そうなると、莫大な経済損失が生じ、さらには人命が失われかねない。とくに、火をつける森林局の職員たちが命を奪われるケースが多い。森林局の年次総会で毎年、犠牲者を悼む時間を設けていたくらいだ。年次総会の休憩時間には、廊下でこんなジョークも聞こえてきた――「来年、転職以外の理由でここにいないのは誰かな?」

この部署の人たちが免疫マップの第1枠に記した内容は、ほかではお目にかかったことがないくらいストレートで重い内容だった。「同僚の死傷者を減らす」ことを目標に掲げたのだ。しかし私たちは、彼らのことをよく知る人たちから前もって釘を刺されていた――「連中はおそらくなにもしないだろう。現状分析をすることさえ考えづらい」というのだ(ちなみに私たちはこれまで、裁判官、企業のCEO、CIAの職員、外科医、学校の校長、イスラエルの指導者といった保守的でお堅いグループともたびたび仕事をしてきた。そうしたグループの多くについて、これと同様の情報を事前に聞かされていたが、免疫機能の克服に最後まで本腰を入れなかったグループは一つもなかった)。

なぜ、彼らは自己分析をしないだろうと思われていたのか?「覚えておいたほうがいいですよ。彼らは、ソーシャルワーカーとは違います。自分の感情に向き合うことに慣れていません。要するに、この面々は『男』なんです。図体が大きく、強靭で、デリカシーがなくて、体育会系で、アウトドア志向が強い――そういう『男』なのです」と、私たちは聞かされた。フットボール選手が集まったような組織だと覚悟しておけと言われ、「幸運を祈る」と口先だけの励ましの言葉を贈られたものだ。

私たちは部署全体の免疫マップづくりに着手する前に、メンバー全員に個人レベルの免疫マップを作成してもらった。一人ひとりのマップの第1枠には、どの職業で働く人の免疫マップでもよく見かけるような改善目標が記された。自分のリーダーシップの振るい方やマネジメントの仕方を改善したいと、誰もが考えていた。そうした個人の作業が終わったあと、いくつかの小グループにわかれて集団レベルのマップ（**図4−2**）の作成を始めた。このとき、「死傷者を減らす」という目標について検討した小グループのメンバーは、たちまち涙をこぼし、嗚咽をもらしはじめた。

ご想像のとおり、森林局で森に火をつける任務を担う男たちにとって、仲間と胸の内を語り合うのははじめての経験だった。一同は強く心を揺さぶられていた。それは、見ていた私たちも同じだった。現在、森林局のこの部署は、教訓から学ぶためのプロジェクトに積極的に取り組んでおり、死傷者の数は大幅に減った。私たちがそれに貢献できたかどうかはわからないが、ささやかな役割を果たせていればうれしい。

ある教育委員会の場合——「私たちは、子どもたちに十分な期待をいだいていない」

私たちは、南カリフォルニアのある教育委員会指導部の合宿研修に参加したことがある。[1] メンバーは、教育委員長、副委員長、そして学区内のいくつかの学校の校長たち。勤勉な人たちだった。この

図4-2　米森林局のある部署の場合

なぜ、死傷者を減らすことについて話し合うのが難しいのか？

1　改善目標	2　阻害行動	3　裏の目標	4　強力な固定観念
同僚の死傷者を減らす。	重要な活動のあとで、十分な聞き取り調査をほとんどおこなっていない。 自分たちの失敗を内部にも外部にも公表していない。 自分たちの失敗について厳しい検討をしていない。	同僚が死ぬかもしれず、それになんの手も打てないという可能性を直視したくない。	自分たちの無力を認めれば、心理的に打ちのめされて、立ち直れなくなるかもしれない。

学区の子どもの八〇％以上はラテンアメリカ系で、過半数は生活保護家庭の子どもだった。一方、教師の八〇％以上は白人が占めていた。学区のリーダーたちは、まず個人レベルの免疫機能を検討し、そのうえで集団レベルの免疫機能について話し合った。

集団レベルの重要な改善目標（第1枠）を設定することは難しくなかった。それは、「英語学習者（ELL）の成績を高める」ことだった（この地域には、ラテンアメリカ系を中心に英語を母語とせず、英語を学ぶ必要がある子どもたちが大勢いる）。自分たちがどういう行動を取っているせいで、その目標の達成が妨げられているのか（第2枠）を明らかにするのは、快適な作業とは言えなかったが、それでも比較的早く結論に達した。自分たちが「ELLの子どもたちに高い期待をいだいていない」ことに気づいたのだ。

たいていのグループがそうであるように、教育委員会のメンバーが最も苦労したのは、裏の目標（第3枠）をあぶり出すことだった。しかし、最も大きな発見をもたらしたのもこの作業だった。最初にメンバーがこの欄に書き込んだ要素は、新しい仕事が増えることへの不安だった。もしELLの子どもたちにもっと高い期待をいだけば、新しいカリキュラムをつくったり、新しい指導法を考えたりしなくてはならないからだ。確かに、ただでさえ大量の業務に追われている教員たちにとって、その負担はきわめて重いだろう。

これで、理屈の上では免疫マップができあがったことになる（**図4－3**参照）。しかし、前出の大学教授たちのケースと異なり、マップを描き上げてもグループ内にエネルギーがわいてきたようには感じられなかった。新しい建設的な視点が得られたという印象もなかった。その日はもう遅い時間だったので、いったんお開きにして、翌日また話し合うことにした。

そして翌朝、私たちが朝食をとっていると、教育委員会の副委員長が興奮した様子で話しかけてきた。「あのあとずっと、昨日のエクササイズのことを考えていました。寝ている間、夢のなかでも考えていたくらいです。それで気づいたのですが、私たちは免疫マップの第3枠に記すべき内容について、正しい結論に達していないと思うのです！」

「学区内の学校で教えている教員のほとんどは、アングロサクソン系の白人です。彼らにとって、人種の問題は最も話題にしづらいテーマと言っていいでしょう」と、副委員長は言った（この男性自身はラテンアメリカ系だ）。「教員たちはお互いを気づかい、誰もが善意で行動しています。子どもたちの力になりたいと、本当に思っている。でも、その点こそ、第3枠に正しい内容を記せなかった原因なのかもしれません」

では、第3枠に本来記されるべき内容とは？

「正直に答えれば、私たちは、『ポブレシート（＝かわいそう）文化を維持したい』という目標もいだいているのかもしれません。でも、それをみんなの前で言えるかと聞かれると、自信がありません」。副委員長いわく、「ポブレシート文化」とは、相手を気の毒でかわいそうだとみなす思考様式のこと。保護者のように相手を心配し、同情する。「この思考様式のもとでは、おのずとこんな発想になります――『この子たちは、ただでさえ数々の逆境にさらされている。たくさんの重荷を背負っている。学業成績の面で高い水準を期待して、これ以上の苦しみを負わせることなんてできない』」

副委員長は私たちと話し合った結果、第3枠の修正案をみんなに提案すること

図4-3　ある教育委員会の場合（第1版）

なぜ、ELLの子どもたちに高い期待をいだかないのか？

1　改善目標	2　阻害行動	3　裏の目標	4　強力な固定観念
英語学習者（ELL）の成績を高める。	ELLの子どもたちに高い期待をいだいていない。	ELLの子ども向けの教育内容と教育方法を見直すことにともなう負担を避けたい。	

が自分の役割だと結論づけた。「私が言わなくて、誰が言えるのか?」と考えたのだ。本当のことを指摘するのは勇気がいるけれど、「アングロサクソン系白人の幹部たちにはもっと難しいでしょう。人種差別主義者だと思われたり、ラテンアメリカ系の人たちの気分を害したり、チームの雰囲気を壊したりしたくないと思うはずだからです」

副委員長がこの話題を持ち出すと、マッチを擦って乾いた干し草の中に放り込んだかのように議論が盛り上がった。予想どおり賛否両論が噴出し、誰もがすぐに賛同したわけではなかったが、チームのみんなが力を合わせてリーダーシップを振るうための重要なステップを踏み出したという点では全員が同じ意見だった。あるメンバーはこう言った。「子どもたちに対する期待が低いのは、差別の意識や関心の乏しさが理由ではなく、愛情と気づかいが理由なのかもしれない——この指摘には、目から鱗が落ちました」

こうして、隠れていた要素が表面に引き出された結果、自分たちがどのように「英語学習者(ELL)の成績を高める」という目標の実現を妨げているかをもっと掘り下げて正確に理解できるようになった。これで、自分たちの無意識の思い込みを問い直すことがはじめて可能になった——貧しいラテンアメリカ系世帯の子どもたちに高い学業成績を期待すると、本当に失敗と苦しみをかならず味わわせることになるのか? 最終的に、彼らは改訂版の免疫マップ(**図4-4**)を作成し、自分たちの固定観念を修正して、長年根を張ってきた免疫機能からようやく抜け出せる状況をつくり出せた。

以上の三つの事例を通じて、〝変革をはばむ免疫機能〟のアプローチが個人の自己変革だけでなく、組織変革にも有効であることが理解できただろう。この活動をおこなうことにより、少なくともグループ全体で内省と意見交換をおこなう環境をつくることができる。その結果、既存の行動と対話のパターンから自分たちを解き放ち、「この問題はお手上げだ」「出口がない」という思い込みを捨てられる可能性が出てくる。お手上げだとか、出口がないとか思っているときは（誰もが身に覚えのある状況だろう）、「私たちは本当の問題を論じていないのではないか？」と感じることも珍しくない。しかし、「本当の問題」を明らかにすることはえてして簡単でない。グループ内で警戒心や内部対立を生み出すことを避けつつ、そういう問題に対処することもたいてい難しい。そこで、免疫マップづくりの作業が役に立つ。

集団レベルの免疫マップを描く方法について、詳しくは第11章で論じる。しかし、あなたはこう思っているかもしれない。「もっと掘り下げて、もっと自由に話し合うことは、文句なしに素晴らしい。でも、そこからさらに一歩進めて、集団レベルでの望ましい結果に結びつけることは可能なのか？大学教授たちは従来のやり方を変えて、終身在職権のある教授職への内部昇格を増やせるのか？　教育委員会の面々は子どもたちにもっと大きな期待を寄せ、子どもたちの成績を向上させられるのか？　そして、森林局で山火事を起こしている男たちは？　免疫マップづくりを『有意義な話し合い』で終わらせない方法はあるのか？」

その方法はある。具体例として、以下ではさらに三つのケースを紹介しよう。あるコンサルティング会社の幹部チーム、ある大学病院の外来病棟の

図4-4　ある教育委員会の場合（改訂版）

なぜ、ELLの子どもたちに高い期待をいだかないのか？

1　改善目標	2　阻害行動	3　裏の目標	4　強力な固定観念
英語学習者（ELL）の成績を高める。	ELLの子どもたちに高い期待をいだいていない。	ポブレシート（＝かわいそう）文化を維持したい。過大な期待をすることで子どもたちを苦しめたくない。	大きな期待をいだきすぎると、子どもたちは重圧に押しつぶされて成功できない。子どもたちがかわいそうだし、教師である自分たちも打ちのめされてしまう。

医療スタッフ、そしてある医学校の教授たちの例を見ていく。

あるコンサルティング会社の場合
――「経営陣がチームとして結束できていない！」

あるコンサルティング会社の幹部チームは、自分たちをチームとして一段高いレベルに引き上げたいと考えた。彼らの自己分析の結果は、準幹部クラスのスタッフによる評価ともほぼ一致していた。まず、幹部チームには数々の長所があった。彼らの舵取りのもと、会社の経営状態もきわめて良好だった。しかし、幹部チームは本当の意味では結束できておらず、幹部同士に信頼はなく、助け合っていなかった。それが原因で、社内のあらゆる職階で弊害が生まれていた。準幹部たちの多くは、幹部と部下の間で板挟みになっていると感じ、幹部職に出世することが本当に幸せなことなのかと疑念をいだきはじめていた。一方、幹部たちは、自分自身の生産性と創造性には自信をもっていたが、ほかの幹部とのやり取りに疲れ切っていた。幹部同士の対話は、派閥対立と足の引っ張り合いに毒され、あからさまな批判の応酬になりがちだった。CEOもジレンマに陥っていた。ピラミッド型の組織構造から脱却し、もっと分権型の組織を築きたいという幹部チームの意志を実現することを願っていた半面、そのような体制を機能させるために幹部チームが協働志向に転換することは無理だろうという現実も認識していたのである。

最初に、二〇人の幹部が自分の個人レベルの〝変革をはばむ免疫機能〟を点検した。ここで各自が選ぶ改善目標は、幹部チーム全体の結束を強めるという集団レベルの目標と結びついたものにしようと申し合わせた。その結果、たとえば「あまり他人に批判的にならない」「もっと柔軟な姿勢でものを考える」「もっと他人を信頼する」「もっと人間味を見せる」「もっと他人の気持ちを理解する」といった個人レベルの改善目標が設定された。続いて、集団レベルの免疫システムについて検討した。メンバーが集団レベルの改善目標と位置づけたのは、「幹部チーム内に、互いに信頼し合い、揺るぎない支援を提供し合う文化を築く」ことだった。

私たちは、メンバーを四つの小グループにわけて話し合わせた。一人ひとりが積極的に議論に参加し、活発な意見交換をおこなうことがねらいだった。まず、小グループごとに、集団レベルの改善目標に向けた進歩を妨げている免疫システムがどういうものかを検討させ、免疫マップの形にまとめさせた。そして再び全体で話し合い、四つの小グループの免疫マップを集約して一枚の充実したマップを作成した（**図4−5**）。

その免疫マップの第2枠には、どのようなことが記されたのか？

- お互いの言葉に十分に耳を傾けていない。自分の主張だけを投げつけ合っている。
- ほかのメンバーのいないところで陰口を言う。
- 自分が関わらずに決まった方針を受け入れようとしない。
- 個人の目標をチーム全体の目標より優先させている。
- 他人の意図がはっきりしないとき、ほかのメンバーが善意で行動していると信じず、悪意をもって行動していると決めつける。
- ほかのメンバーと正面から話し合うことを避ける。
- ほかのメンバーの目標を本当に理解するための努力をしない。
- 情報を共有しない。

●チーム全体の目標より個人の目標を達成したほうが報われる評価システムを築き、維持している。
●ほかのメンバーに対して、非難がましい態度を取る。
●派閥をつくり、その内部だけで協力し合う。
●景気が悪くなって仕事が減る日にそなえて、顧客の獲得に奔走し、大量の仕事を抱え込む。
●自分のプロジェクトを進めるために、社内で人材を奪い合う。

では、この第2枠の阻害行動を取ることにより達成されている裏の目標とは、どういうものなのか？　つまり、第3枠にはどのような要素を記すべきなのか？

●他人の指示に従いたくない。自由でありたい。起業家的な情熱を失いたくない。好き勝手に振る舞いたい。
●ほかのメンバーを蹴落としてでも、勝利を収めたい。
●ほかの人間に頼りたくない。誰にも依存したくない。
●いま大量の仕事を抱え込むことにより、将来景気が悪化しても、仕事が足りなくなることを避けたい。
●いつでも活用できるように、手元に人材を確保しておきたい。
●消耗したくないので、同僚との対立に向き合うことを避けたい。
●ほかのメンバーと激しく批判し合うことによる刺激を味わい続けたい。

図4-5　あるコンサルティング会社の場合

幹部チームはどういう矛盾をいだいているのか？

1　改善目標	2　阻害行動	3　裏の目標
幹部チーム内に、互いに信頼し合い、揺るぎない支援を提供し合う文化を築く。	お互いの言葉に十分に耳を傾けていない。自分の主張だけを投げつけ合っている。 ほかのメンバーのいないところで陰口を言う。 自分が関わらずに決まった方針を受け入れようとしない。 個人の目標をチーム全体の目標より優先させている。 他人の意図がはっきりしないとき、ほかのメンバーが善意で行動していると信じず、悪意をもって行動していると決めつける。 ほかのメンバーと正面から話し合うことを避ける。 ほかのメンバーの目標を本当に理解するための努力をしない。 情報を共有しない。 チーム全体の目標より個人の目標を達成したほうが報われる評価システムを築き、維持している。 ほかのメンバーに対して、非難がましい態度を取る。 派閥をつくり、その内部だけで協力し合う。 景気が悪くなって仕事が減る日にそなえて、顧客の獲得に奔走し、大量の仕事を抱え込む。 自分のプロジェクトを進めるために、社内で人材を奪い合う。	他人の指示に従いたくない。自由でありたい。起業家的な情熱を失いたくない。好き勝手に振る舞いたい。 ほかのメンバーを蹴落としてでも、勝利を収めたい。 ほかの人間に頼りたくない。誰にも依存したくない。 いま大量の仕事を抱え込むことにより、将来景気が悪化しても、仕事が足りなくなることを避けたい。 いつでも活用できるように、手元に人材を確保しておきたい。 消耗したくないので、同僚との対立に向き合うことを避けたい。 ほかのメンバーと激しく批判し合うことによる刺激を味わい続けたい。

次の課題は、どのような強力な固定観念のせいでこうした矛盾が生まれているのかを検討することだ。「このまま放置すれば、好業績をあげられるチームになることなんて、けっしてできないぞ！」という意識をもって、幹部たちは問題を正面から見据えた。その結果、明らかになったのは、以下のような強力な固定観念だった。

- 起業家精神と協働の精神は両立しない。両者は二者択一の関係にある。
- この世界に自分以外に頼れる人間などいない。けっして会社は助けてくれない。助けを求めても無駄。自分を守れるのは自分だけだ。
- 情報が不十分な状況では、チーム全体の判断より、自分個人の判断のほうが信頼できる。
- 幹部チームを一段高いレベルに進化させるかどうかは、一つの選択肢にすぎない。至上命題とまでは言えない。
- いまの好景気は永遠には続かない。いずれまた苦しい時期が来て、多くのスタッフが会社を去る運命になる。
- 広く浅く仕事をする（保険のために過剰に仕事を抱える）ほうが、狭く深く仕事をする（一部の重要顧客に時間とエネルギーを集中的につぎ込む）よりも安全だ。
- 起業家精神を発揮するとは、既存顧客との関係を深めることより、新規顧客を獲得することを意味する。重要なのは、「農業的」な仕事より、「狩猟的」な仕事だ。
- 自分が直接関わっていない決定が正しいはずがない。
- 有能で強靱な人材は、他人の助けなど必要としないものだ。

いつの間にか、メンバーは免疫マップの四つの枠を埋めるエクササイズをしていたことを忘れて、議論に没頭していた。化学反応が起きたとき、触媒として投入した物質が姿を消しているようなもの、と言ってもいいかもしれない。彼らはもはや指示に従ってエクササイズをしているだけではなかった。そのプロセスを通じて、自分たちが集団としてどういう思考様式をいだいているせいで目標の達成が妨げられているのかを、はじめて明確に理解しはじめていた。ほぼあらゆる固定観念が議論の俎上に載せられた。その際に彼らが気をつけたのは、それぞれの固定観念を厳しく批判的に検討しつつも、それが正しいという前提でチームが動いているという現実を忘れないようにすることだった。たとえば、こんな具合だ。「私たちは、成功の上にあぐらをかいて問題がないかのごとく振る舞っている。あたかも現状維持が合理的な選択肢であるかのように。でも、本当はみんな気づいているはずだ。私たちに選択の余地はない。次のステップに進まなければ、やがて衰退し、悲劇が待っている」

ときには、「その固定観念は間違った思い込みだ。実際には、私たちだって助け合っているじゃないか」というふうに、誰かが特定の固定観念に激しい反発を示すこともあった。そういうときは、メンバーの誰かが（進行役のコンサルタントではなく、というのが重要な点だ）このエクササイズの目的を思い出させた。「ちょっと待てよ、ベン。いまは、問題解決の段階ではないんだ。固定観念を捨てるために、話し合いをしているわけではない。目下の課題は、私たちがどういう固定観念をいだいているかを明らかにすること。その固定観念にどう対処すべきかは、あとで議論すればいいよ」。メンバーはこの作業を通じて、自分たちの〝変革をはばむ免疫機能〟がどうしてこんなに強力なのかがわかってきたと感じていた。

次は、強力な固定観念のうちでとくに重要なものを四つ選び出した（残りは別の機会に検討すればいいと考えた)。そして再び小グループにわかれて、それぞれ一つの固定観念を細かく分析し、その固定観念から距離を置く方法を考えた。こうして、固定観念を無批判に事実として受け入れるのではなく、それをあくまでも固定観念として認識するための最初の一歩を踏み出した。

たとえば、「起業家精神と協働の精神は両立しない」という固定観念を検討した小グループは、それが正しいかどうかを検証するための興味深い実験をいくつも考えた。最初におこなったのは思考実験。まず、「起業家精神」という言葉で表現される要素をリストアップした。この言葉をどういう意味で使っているかは、社内でも人によってまちまちだと気づいたからだ。そのうえで、それぞれの要素が協働の精神によって阻害されるケースがあるか、もしそういうケースがあるとして、具体的にはどのように阻害されるのかを検討した。固定観念とは逆に、協働の精神がむしろ起業家精神を後押しするケースがないかを明らかにすることがねらいだった。

次は、実際の行動をともなう実験に着手した。具体的には、社内の起業的なプロジェクト(新規顧客の獲得、新規プロジェクトの開始など)を一〇件選び、協働を通じて成果をあげることを試みた。一人ひとりがばらばらで獲物をねらうのではなく、集団で狩りをするという発想のもと、チーム内の亀裂を埋め、ほかのメンバーの目標を理解し、協力して仕事をすることによって、新しいビジネスを生み出せるか試してみたのだ。

ワークショップの最後に、メンバーは次のような感想を述べた。

「とても満足しています。よくある社員研修みたいに、最後にみんなで起立して目標を発表してしまい、とならなくてよかった。胸に手を当てて『いい子になります!』と誓う子どもじゃあ、あるまいし。みんな、わかっているはずです。誓いを立てれば、その場ではやる気がわいてくるかもしれない。でもたいてい、あとで、その誓いをほとんど守れなかったと気づいて落胆する羽目になるのです」

「顧客にコンサルティングをおこなうときは、すぐに解決策に飛びついてはだめだと、いつも言っています。しっかり時間をかけて現状分析をすべきだと説いています。今回は、そのアドバイスを自分でも実践する機会になりました」

「確かに、まだ問題はなに一つ解決していません。でも、エクササイズをおこなう前に比べて楽観的な気持ちになれました。ほかのメンバーとじっくり話し合えた効果、というだけではありません。拍子抜けするくらいシンプルなエクササイズですが、これを経験したおかげで、それまでとらえどころがないと感じていた問題の正体が見えてきた気がするのです。一歩前進と言っていいでしょう。私たちの進歩を妨げているのがどのような思考様式かわかったので、これからはそれに注意を払い、掘り下げて検討することができます」

ある大学病院の外来病棟の場合
——「私たちは、麻薬目当ての患者に甘すぎるんです！」

ある大学病院の外来病棟で働く医師と看護師たちが話し合いをしようと思ったのは、麻薬系鎮痛薬の扱いに問題があると感じていたからだった。[2]

麻薬系鎮痛薬に関しては以前から不安の声があがっており、しばしば議論にもなっていた。多くの関係者が指摘していた問題点を集約すると、以下のようになった。

- 一部の医師は、この病院で簡単に麻薬が手に入るという評判が立っていると考えている。
- 一部の医師は、ほかの医師の代わりに処方箋にサインすることをいやがっている。麻薬系鎮痛薬の再処方の依頼が殺到しているからだ。
- 看護師たちは、医師が甘い顔をするせいで、病院をだまして麻薬を手に入れる患者が続出していると批判している。麻薬系鎮痛薬に関して厳格な方針を立てているのに、医師が結局は処方箋を書いてしまうので、せっかくの方針が骨抜きにされていると思っている（所定の期間が経過するまで再処方はできないと、看護師たちが突っぱねていたのに、医師があっさり再処方を認めてしまうケースも多い。医師たちは、患者が来院できる日に処方箋を書いてやろうと考えるのだ）。
- 研修中の医学生たちは、「麻薬目当て」の患者があまりに多いことを問題だと感じている。

この病院では、麻薬を欲しがる患者にどう対処するべきかという明確な方針と手続きを定めていた。しかし、それが厳格に適用される場合ばかりではなかった。それまでも数度にわたり、麻薬系鎮痛薬処方の厳格化が試みられたが、ことごとく失敗し、医師や看護師などの病院スタッフのいらだちが強まっただけだった。医長は問題を重く考え、問題解決のために新しいアプローチを試したいと思っていた。そこで、〝変革をはばむ免疫機能〟の方法論を学んだばかりの新任の医師が進行役を務め、医師と看護師の両方が参加してエクササイズをおこなうことになった。

まず全員で少し意見交換をしたあと、二人組で話し合うことにした。それに先立ち、進行役が免疫マップの四つの枠について説明し、この活動をおこなうことにリスクがともなう人もいると警告した。また、エクササイズの目的はこのアプローチの有効性を試すことであって、それ以上の意図はないと確約した。[3]

　こうした説明を受けたあと、ペアでの話し合いを通じて、一人ひとりの個人レベルの免疫マップを作成した。その際に申し合わせたルールは、打ち明けた情報をペアの間だけの秘密とすること、そして、第1枠に掲げる改善目標は病院の麻薬問題に結びついたものとすることだった。医師と看護師たちはこの作業を経験することにより、自分たちの組織全体の問題に自分がどのように関わっているかを理解できた。医師二人と看護師一人が自分の免疫マップを自発的にみんなに公開した。

　では、医師たちの免疫マップを見てみよう。**図4−6**は、二人の医師の免疫マップを統合したものだ。第1枠の内容は、麻薬系鎮痛薬に関する病院の方針に沿っている。要するに、医師たちが病院の方針を忠実に守りたいと考えていることは間違いない。しかし、第2枠を見ればわかるように、二人は第1枠の改善目標に反する行動を取っていた（ほとんどの場合は方針に従っていたが、そうでないケースもしばしばあったのだ）。また、第3枠に記されているとおり、そういう阻害行動は、別の重要な目標を達成する役に立っていた（病院の方針どおりに行動することで好ましくない結果を引き寄せたくないというのは、そうした目標の一つだ）。このマップには、二人の医師が免疫システムの影響下にあることが——片足をアクセルに、片足をブレーキに置いていることがはっきりあらわれている。

　続いて、一人の看護師の個人レベルの免疫マップ（**図4−7**）を見てみよう。

　私たちが目を見張ったのは、この看護師の免疫システムが二人の医師とよく似ていることだった。三人とも病院の方針を全面的に守りたいという目標をいだいているのに、ほかの人の反発を買って不愉快な思いをしたくないという理由で、その目標に反する行動を取っていた。違いは、誰の反発を恐れるかという点だった。医師たちは患者の不興を買うことを避けたがり、看護師は医師の怒りを買うことを避けたがっていた（ほかの看護師たちもこの看護師と同じように行動しているとすれば、看護師たちは医師の態度に問題を感じても本人にそれを指摘しないので、医師は看護師の反応を気にする必要を感じないのだろう）。

最後に進行役の医師がメンバーに念押ししたのは、くれぐれも第2枠に記した自分の阻害行動を変えようとしないように、ということだった。それよりも、これから数カ月、第4枠に記した強力な固定観念についてじっくり考えてほしいと言った。そして、ペアの間で緊密に連絡を取り合い、第3枠と第4枠の内容について頻繁に意見交換するよう求めた。

とは言っても、病院が抱えている問題に一人ひとりの医師と看護師がどう関わっているのかを浮き彫りにするだけで満足していいわけではない。最終的には、彼らが行動を変えなくてはならない。そこで進行役の医師は、変化が起きたかどうかを観察・測定するためのプランをあらかじめ用意していた。この会合に先立つ一カ月間、麻薬系鎮痛薬の処方を求める患者がいた場合にすべてデータベースに登録するよう指示していた。それぞれの患者が病院との間で有効な「麻薬契約書」を交わしているかどうかも確認させた。そして五カ月後に、一人ひとりの患者のカルテをチェックし、契約書のなかった患者が新たに契約書を交わしたか、契約書なしで（あるいは契約書の内容に反して）麻薬系鎮痛薬を処方されていないかを点検した。

その五カ月間に麻薬関連の問題で「追放」された患者の数も調べた。処方箋を偽造したり、麻薬系鎮痛薬の処方を要求して病院スタッフに乱暴な態度を取ったり、麻薬契約書に違反したりして、来院を拒まれた患者はどれだけいたのか？

このような徹底した追跡調査をおこなったこと自体も素晴らしかったが、それ以上に目を見張るべきなのは、調査により判明した成果だった。

図4-6　ある大学病院の外来病棟の場合（医師たちの免疫マップ）

麻薬系鎮痛薬の処方をめぐる問題

1　改善目標	2　阻害行動	3　裏の目標	4　強力な固定観念
麻薬系鎮痛薬の処方を適切におこなう。 患者の痛みの症状を適切に治療する。	面倒なので、麻薬系鎮痛薬に関する「契約書」を患者と交わさない。 病歴・治療歴をよく調べずに、麻薬系鎮痛薬を処方する。待合室や廊下で患者に声をかけられたり、電話や電子メールで頼まれたりしただけで、あっさり処方箋を書く。 診察の終わり間際に麻薬系鎮痛薬の処方を求められると、患者の病歴をていねいに調べない。 麻薬系鎮痛薬をめぐって看護師や病院スタッフに乱暴な態度を取る患者を「クビ」にしない。 麻薬系鎮痛薬に関する「契約書」の内容に違反した患者を「クビ」にしない。	時間内に診察を終えたい。 患者を疑いたくない。 患者に嫌われたくない。 患者と対決することでストレスを感じたくない。	時間内に診察を終えないと、無能だと思われる。 患者を信じなければ、患者と手を携えて病気と戦えない。 一つひとつの処方依頼を細かく検討していたら、ほかの大事な仕事がおろそかになる。 患者に愛されなければ、医師としての評判が悪くなる。 痛みを訴えている患者に鎮痛薬を処方しなければ、苦しんでいる人を放置することになりかねない。 ストレスを感じると、プロフェッショナルらしい振る舞いができなくなる。

図4-7　ある大学病院の外来病棟の場合（看護師の免疫マップ）

麻薬系鎮痛薬の処方をめぐる問題

1　改善目標	2　阻害行動	3　裏の目標	4　強力な固定観念
麻薬系鎮痛薬の処方に関して病院のルールを徹底する。	医師の態度に問題を感じても本人にそれを指摘しない。	医師を批判することで、居心地の悪い思いをしたくない。	医師を批判すれば、医師が腹を立てて自分を避けたり、非難したりするだろう。 職場で居心地の悪い思いをすれば、仕事を楽しめなくなる。

●「麻薬契約書」違反を理由に追放された患者は、五カ月間で一四人。ちなみに、それ以前の二年間で追放された患者はゼロだった。
●麻薬系鎮痛薬の再処方を求める患者のうちで、「麻薬契約書」を交わしている人の割合は、エクササイズ直後の月は三〇％だったが、五カ月後には六五％まで上昇した。
●電話による薬の処方依頼に応対する看護師の一〇〇％が、病院の麻薬関連のルールを徹底するための後押しを受けていると感じるようになった。以前、そう感じている看護師はごくわずかだった。

目覚ましい成果と言っていいだろう。その点では、進行役を務めた医師や、そのほかの医師や看護師たちも同感だった。話し合いのためにわずかな時間を費やしただけで、数字にあらわれる大きな成果があがったのである。ほかに実施された対策が効果を発揮した面もあっただろうが、免疫マップを作成し、自分たちが目標に反しておこなっている阻害行動と強力な固定観念を明らかにしたことが大きな転機になったと、病院の面々は考えていた。以前は陰で不平をこぼすだけだったが、公の場で変革を誓い、変革を妨げている固定観念をあぶり出し、実際に行動を改めるようになったのだ。

ある医学校の教授陣の場合
——「解決策はわかっているのに、実践していない！」

コンスタンス・ボウと同僚たちは、アメリカのある医学校で組織変革を実行するために、〝変革をはばむ免疫機能〟のアプローチを活用した[4]。大学改革の歴史を振り返ると、惨めな失敗と破れた夢という屍が山をなしている。高い理想が掲げられては、現実の壁にぶち当たることが繰り返されてきた。大勢の人たちが志を同じにして変革を推し進めるよりも、少人数の派閥が変革を妨げるほうがよほど簡単だからだ。

しかし、ボウたちは段階を追って着実に変革のプロセスを進めていくことで、そうしたパターンに陥らずにすんだようだ。〝変革をはばむ免疫機能〟のアプローチを採用した結果、みんながいだいている矛盾をみんなで掘り下げて検討し、「敵・味方の論理」にはまり込むことを避けられた。組織変革を目指す善意の取り組みが失敗するのはたいてい、そのような対立が原因なのだ。

マーチン・ルーサー・キング牧師がリーダーとして優れていた点は、公民権運動を白人対黒人の戦い（この図式がアメリカの社会を分断させていた）ではなく、合衆国憲法に代表されるアメリカ建国の理念と現実との戦いとして位置づけ直したことにあったと、リーダーシップ論研究者のロナルド・ハイフェッツは指摘している[5]。そういう戦いであれば、少なくとも潜在的にはすべての国民が一致結束して戦える可能性があるからだ。問題の構図を転換させても、すぐに対立がやわらぐわけではないだろうが、戦いの性格を変えることはできる。人々が敵と味方にわかれて対立し合うのではなく、理想と現実のギャップに、誰もが解決への責任を負うような問題に、みんなで目を向けるよう促せる。世界には、望ましい変革をすべて実現できるほど大勢のカリスマ的リーダーはいないので、カリスマ性のない普通の人が良心的に取り組むことによって、キング牧師のように一つの集団の行動パターンを転換していく必要がある。ボウと医学校の同僚たちの経験を見るかぎり、そのためには、〝変革をはばむ免疫機能〟の方法論が有効なように見える。

では、この医学校の面々は、どのように変革を成し遂げたのか？　まず、研究・臨床面で未来の医学界に大きく貢献できる人材を育てるために、学生たちにどのような核となる能力を身につけさせたいのかを全員で話し合った。それをリストアップしたあとは、その理想と卒業生のレベルの間に最も大きなギャップが存在するのはどの領域かを検討した。こうして、集団レベルの改善目標を決めた（図4－8）。以下がその内容である。

- 医師として必要な能力、考え方、スキル全般を学生に習得させる（医師としての能力）。
- 医師として生涯にわたって学び続ける習慣を身につけさせるために、学生が自分の判断で主体的に学ぶ後押しをする（主体的な学習）。
- 医療の現場で欠かせない基礎科学と臨床科学の両方をもっと統合して教える（基礎科学と臨床科学の統合）。
- 現在のカリキュラムで十分に取り上げられていない重要テーマに関する教育を充実させる（重要テーマの充実）。

以上の作業のねらいは、誰かが決めたゴールを教授たちに押しつけるのではなく、みんなで話し合って改善目標（第1枠）を決めさせることにあった。次に改革の旗振り役たちがメンバーに課した作業は、もっと難しいものだった。改善目標の妨げになっている行動（第2枠）を「遠慮なく」リストアップするよう求めたのである。

旗振り役の教授たちは、教授たち全員の発想の転換を後押しするために、再びギャップを意識させた。このとき光を当てたのは、教授たちが実際に教えている内容と、教えるべきだと思っている内容のギャップだ。

具体的には、必修科目と臨床実習を担当している教員すべてを対象にアンケートを実施し、さまざまな教育上の目的ごとにどのような教育・評価方法が最適だと思うかを回答させた。調査結果の詳細は、**表4―1**と**表4―2**に示した。

ほとんどの教員は、「重要な情報と理論の説明」と「情報の効率的な伝達」を除くすべての教育上の目的に関して、講義以外の教育方法（グループディスカッション、個人研究、経験を通じた学習、個人指導）のほうが有効だと考えていた。とくに、「学生が事前に準備して臨む少人数のディスカッション」の評価がきわめて高かった。ところが、実際にそれがカリキュラム全体に占める割合は、臨床実習前の段階と臨床実習の段階でそれぞれ一二％と一一％。一方、教室での講義の割合は、それぞれ六五％と二〇％に達していた。

評価方法の面では、教授たちは多肢選択式試験の限界を理解していた。「事実に関する知識」を問う以外の目的ではすべて、記述式試験、口頭試験、実技試験のほうが優れているという回答だった。しかし現実には、一般のほとんどの科目と多くの臨床実習科目で多肢選択式試験による成績評価が主流になっていた。[6]

アンケート調査を通じて、四つの改善目標に矛盾する行動がほかにも次々と明らかになった。こうして、改革を主導する教授たちが自分たちの判断で免疫マップの第2枠に書き込むのではなく、教授たち全員の考えを反映させる形で、充実した分析結果をそこに記すことができた。教授たちがいわば自分自身の問題点を自分で告げ口したのである。目標の実現を妨げている行動を「遠慮なく」リストアップするとは、こういうことだ。

次の課題は、そのような阻害行動の原因を知るために、裏の目標（第3枠）と強力な固定観念

教育方法			
少人数のディスカッション（事前準備あり）	個人研究（指導つき）	経験を通じた学習	個人指導
4.1	3.4	3.5	3.9
3.4	3.1	2.7	3.3
4.3	4.6	4.1	3.4
4.2	4.0	3.6	3.4
4.2	4.2	3.7	3.7
4.5	3.2	3.3	3.3
4.4	3.8	3.8	3.4
3.9	4.0	3.4	3.5
3.8	4.6	3.1	3.1
4.3	2.5	3.6	2.0
4.3	4.1	4.0	3.5
3.9	4.2	3.7	3.8
4.2	4.3	4.1	4.0
4.1	3.8	3.6	3.4

Course/Clerkship Director Surveyより抜粋。アンケートの質問項目は、以下のとおり。「教育上の目的によって、どの教育方法が有効かは異なります。あなたの視点と経験に基づいて、教育上の目的ごとに、それぞれの教育方法の有効性を採点してください。〈5＝最高〉～〈1＝最低〉までの5段階で評価してください」

表4-1

教育上の目的ごとの最適な教育方法――教員アンケートの結果（回答率44.98%）

教育上の目的	教育方法 講義	 大人数のディスカッション（事前準備あり）	 少人数のディスカッション（事前準備なし）
重要な情報と理論の説明	4.2	3.3	3.0
情報の効率的な伝達	4.6	3.2	2.4
自律的学習の促進	1.6	2.4	2.4
問題解決のスキル	1.4	2.3	2.8
批判的思考能力	1.7	2.7	3.0
コミュニケーションのスキル	1.4	2.5	3.2
情報の集約	2.6	3.3	3.0
情報のマネジメント	2.6	2.8	2.7
重要な情報ソースへの精通	2.7	2.7	2.3
チームで行動する能力	1.1	2.3	3.0
理論の現実への適用	2.3	2.9	3.0
学習内容の統合	2.4	3.0	3.0
知識の記憶	2.6	2.8	3.0
大学ランキングの向上	2.4	2.8	2.8

出典：C.M. Bowe, L. Lahey, R. Kegan, and E. Armstrong, "Questioning the 'Big Assumptions': Recognizing Organizational Contradictions That Impede Institutional Change," *Medical Education 37* (2003): 723-733.

評価方法

口頭試験	持ち込み・持ち帰り式試験	実技試験	中間総合試験
3.8	2.7	3.4	4.0
4.2	3.3	3.3	3.0
3.6	3.5	3.3	2.9
4.1	3.7	3.6	2.8
4.1	3.4	3.2	2.8
4.3	2.6	3.2	2.1
4.0	3.2	3.5	2.8
3.4	3.4	3.3	2.8
3.2	3.1	2.3	2.6
2.1	2.8	2.3	1.6
3.8	2.6	2.7	3.4
4.0	3.2	3.2	2.0
3.1	2.1	3.8	2.1
2.8	2.3	3.2	2.5
2.2	1.7	3.9	1.9
3.5	2.9	3.2	2.6

アンケートの質問項目は、以下のとおり。「教育上の目的によって、どの評価方法が有効かは異なります。あなたの視点と経験に基づいて、教育上の目的ごとに、それぞれの評価方法の有効性を採点してください。〈5＝最高〉～〈1＝最低〉までの5段階で評価してください」

表4-2

教育上の目的ごとの最適な評価方法――教員アンケートの結果（回答率44.98%）

	評価方法	
教育上の目的	**多肢選択式試験**	**記述式試験**
事実に関する知識	4.3	4.0
理論に関する知識	2.8	4.3
自律的学習の促進	2.4	3.5
問題解決のスキル	2.7	4.1
批判的思考能力	2.4	4.0
コミュニケーションのスキル（書く、話す、聞く）	1.4	3.8
情報の集約	2.5	4.0
情報のマネジメント	2.2	3.3
重要な情報ソースへの精通	2.7	2.9
チームで行動する能力	1.3	1.3
知識の記憶・活用	3.3	3.4
組織運営のスキル	2.0	4.0
基礎的な臨床検査の技術	2.0	2.4
自己分析の能力	2.2	2.7
技術面のスキル	1.7	2.1
大学ランキングの向上	2.4	3.3

出典：C.M. Bowe, L. Lahey, R. Kegan, and E. Armstrong, "Questioning the 'Big Assumptions': Recognizing Organizational Contradictions That Impede Institutional Change," *Medical Education 37* (2003): 723-733.

（第4枠）を明らかにすること。改革の中心になっていた教授たちは、四つの改善目標ごとに教授たちを小グループにわけて検討させた（検討グループには学生も参加させた。学生は現実を直視しても失うものがなく、教授たちの自己防衛行動の原因と思《おぼ》しき要素を率直に指摘できるかもしれないと期待したのだ）。教授たちはこの作業を通じて、自分たちが第1枠の改善目標に向けてあまり前進できていない理由をいっそう明確に理解できた（**図4－8**の免疫マップを参照）。

ボウと仲間たちはこう述べている。「第3枠の裏の目標のなかには、それ自体としては立派な目標もありました。医師免許試験対策をしっかりおこなうこと。教員の負担を増やしすぎず、研究活動を後押しすること。医学部が教育のためにつぎ込める資源に限りがあると認めること。こういった目標をいだくことをけしからんと言う人はいないでしょう。これらの点を心配するのは理にかなっているし、責任感のある態度でもあります。一方、もっと自己中心的な要素も第3枠に書き込まれました。学生から高い評価を得たい、教育資源とカリキュラムを自学科でコントロールしたい、カリキュラムを増やして教員の負担を増やしたくない、といった点です。自分自身がこうしたうしろ向きの思考様式をいだいていると認めることに、メンバーは腰が引けていました。でも、教員に関する一般論という形では、率直にこの点を指摘したのです」[7]

集団や個人の免疫マップの第3枠を記し終えた人は、どういうメカニズムによって変革が妨げられているのかを頭脳で理解するだけでなく、変革を妨げている本当の要因が自分の内面にあるのだと知り、感情が揺さぶられて落ち着かない気持ちになる。ボウと仲間たちは、第3枠の内容について、こう述べている。「こうした心の底からの不安を放置すれば、改革の提案が骨抜きにされるなどして、現状が維持されることが避けられません。私たちは、教育上の目的とカリキュラムの現状に関するアンケート結果に基づいて、目指すべき目標を設定した。けれど私たちは、その目標を妨げる別の目標もいだいていたのです。こちらもきわめて強力な目標でした。免疫マップの第3枠を検討することを通じて、この集団レベルの裏の目標を生み出す源泉と、その背後にある論理を知ることができました[8]」

免疫機能の土台にある強力な固定観念（第4枠）を掘り下げて検討することも非常に有益な作業だった。自分たちがいだいている固定観念を「事実」と決めつけるのではなく、あくまでも「一つの可能性」にすぎないと位置づけ直すことにより、免疫機能をくつがえす道筋が見えてきたのだ。

私たちの裏の目標の土台をなしていた強力な固定観念の多くは、ほかの医学校でもしばしば常識として根づいている考え方でした。この一〇〇年ほどの間に医学教育が大きく進歩し、医学校全般が安定と繁栄を享受できているのは、そういう常識に従っているからだと考えられています。それらの固定観念に反するカリキュラム改革案に対して、一部の教員が強い不安と抵抗を感じたのも不思議はありません。一連の思考様式は、教授たちが医学教育の世界に入ったときにはすでに定着していたものなのですから。それでも、教授たちはこのエクササイズを通じて、そうした常識の妥当性が長らく検証されないままになってきたことを明確に認識できました。過去の常識に無条件に従ってカリキュラムを決めることは、もはや正当化できないと思えてきたのです[9]。

しかし、改革を主導していた教授たちはまだ満足しなかった。医学校の教授陣全体をきわめて強力な自己診断結果に到達させることはできたが、そのまま放っておいてその症状の「治療」がうまくいくとまでは楽観していなかった。そこで次のステップに進むために、まず、判明した固定観念

	教員が新しい教育・評価方法を学ぶ機会を十分に設けていない。	**教員の負担を制限し、教員の反乱を防ぐ**（授業時間数を増やしたり、教育方法や評価方法の多様化をおこなったりすれば、教員が反発する）。	教員は授業の質をあまり重んじていない。教師としての役割より、研究者と臨床医としての役割を優先させている。
基礎科学と臨床科学の統合	カリキュラム決定の際に教員たちが十分に話し合わず、協力し合わない。 学習内容が細かい分野ごとにバラバラに教えられている。医学校内の各学科が自分の専門分野の理論をカリキュラムに多く盛り込みたがり、主導権争いをする結果、特定の分野の教育に過度に大きな比重が置かれているケースも多い。 学際的な教育が少なすぎる。学生の成績評価をおこなうにあたり、あらゆる分野に共通する医学上の概念を理解し活用する能力が十分に考慮されていない。	**教員の教育負担を制限する**（複数の分野を統合した教育をおこなおうとすれば、なんの支援もなしに教員の負担を不当に増やすことになる）。 **学生の混乱を防ぐ**（統合型の教育をおこなえば、整然と秩序立った授業ができなくなる。その結果、学生を混乱させ、学習を妨げてしまう）。 **専門分野ごとの縄張りを守って、教育内容の厳密性を維持する**（教員が専門分野以外のテーマを扱えば、不正確な知識や誤った認識を教えかねない）。	教員が教育に責任を負うのは、自分の専門分野だけである。 学習内容を学問分野ごとに明確に切りわけて教える場合、学生は最も充実した学習ができる。複数の学問分野にまたがる内容を教えられても、学生は十分に理解できない。 教員は専門分野以外の内容について、医学生のニーズに即した水準で教えることができない。ほかの分野の新しい知識を学ぶ時間もなければ、関心もない。
重要テーマの充実	いくつかの重要なテーマに関して、学習段階ごとに適切なカリキュラムを組んでいない。 そういうテーマに関する題材を関連科目のカリキュラムに組み込んでいない。 必要に応じてそういうテーマを詳しく教える場を用意していない。	**「コア（中核）」の科目の縄張りを守る**（いま扱われていない重要テーマを教える時間を増やせば、現在のコア科目の授業時間を大幅に減らさざるをえなくなる）。 **個別分野の専門家がそれぞれの専門分野を教えるという仕組みを維持する**（いま扱われていない重要テーマの教育をおこない、学生の成績評価をおこなうことは、現状での教員の専門能力を大きく超えている）。	新しい分野やテーマを教えるために、現在のコア科目の授業時間を減らすわけにいかない。 いま扱われていない重要テーマを医学生のニーズにふさわしい水準で教えられるように、教員全体の能力を高めることは不可能である。

図4-8

ある医学校の教授陣の場合──「なぜ私たちは、最大限の教育効果をあげるために最適な教育方法を用いないのか？」

1 改善目標	2 阻害行動 **第1枠の改善目標の実現を妨げているのは、どういうカリキュラムを実践していない（あるいは実践している）ことが原因なのか？**	3 裏の目標 **第2枠の行動に反する行動を取った場合にどういう問題が起きると、恐れているのか？　第1枠の改善目標とは別のどういう目標をひそかにいだいているのか？**	4 強力な固定観念 **どういう思い込みを前提に考え、行動しているのか？**
医師としての能力	ほかの要素より知識を偏重している。 学生が医師にふさわしい発想、振る舞い、能力を身につけているかを十分にチェックしていない。建設的なコメントをしていない。望ましい行動のお手本を示していない。 臨床上の問題解決についてディスカッションする際、現場の状況を考慮に入れていない。	**十分な知識を与えずに学生を送り出さない**（知識の教育を軽んじれば、学生が十分な知識をもたないまま卒業しかねない）。 **研修医や学生を萎縮させない**（能力を監視・評価されれば、研修医や学生がびくびくするようになる）。 **カリキュラムに対する自学科のコントロールを維持する**（カリキュラムに、医師として必要な能力をはぐくむための活動を盛り込むと、医学という学問に関する教育内容が減ってしまう）。	現在のカリキュラムのもとで教室の講義を受けなければ、学生は重要な知識を学べない。 医師としての能力、とりわけ思考法を評価しようとしても、主観的評価にならざるをえず、信頼性に欠ける。それを学生の進級の評価基準にするわけにはいかない。 よき医師の育成という医学校全体の目標より、自学科の教育目標のほうが重要である。
主体的な学習	学習に人為的な枠をはめている。事前に詳細な授業計画を作成し、それに縛られすぎている。学生の成績評価で知識を偏重している。 教育上の目的に沿った教育・評価方法を採用していない。 学生が理論を臨床でどの程度活用できるかチェックする機会を十分に設けていない。	**学生から高い評価を得る**（授業の目的・方針・評価方法を明確に示さないと、学生は不満をいだく。その結果、学生からの評価が悪くなる）。 **学校の評判とランキングを維持する**（知識の教育がおろそかになれば、医師免許試験の合格率が下がり、学校の評判とランキングに傷がつきかねない）。	学生は、授業の目的・方針・評価方法を事前にすべて整然と決めてほしいと思っている。 学生は教員の評価をおこなう際、自分が学んだ内容より、教員が教えた知識の量を基準にしている。 医師免許試験では、理論の理解より知識の量が重んじられている。

を以下の四つのタイプに分類した。

- 学生の限界に関する固定観念
- 教員の限界に関する固定観念
- 学科の限界に関する固定観念
- 医学校の限界に関する固定観念

改革の旗振り役の教授たちは、この四種類の固定観念を検証するための実験を計画し、それを実施した。その際に気をつけたのは、実験の目的が「問題を解決する」ことではなく、あくまでも「データを入手する」こと、とくにそれぞれの固定観念が間違っていないかどうかを明らかにするためのデータを得ることだと忘れないようにすることだった。

その実験の内容をまとめたのが**図4―9**である。一連の実験は、試験的なプロジェクトという形でおこなわれた。変革のペースが遅すぎると思う人もいるだろうと、教授たちもわかっていた。「ほかの医学校が試みてきたような劇的な改革とは対照的に」慎重なアプローチだったからだ。それでも、この方法を採用すれば、「実験で集めたデータに照らして固定観念の真偽を明らかにし、それを通じて医学校の教育と学校運営に修正を加えていける」と考えていた。「改革をカリキュラムに反映させるためには、このようなプロセスが必要なのです[10]」

要するに、ゆっくりスタートして、あとで加速し、さらには活動を長続きさせるという戦略を選んだのだ。この戦略は、最終的にどのような結果を生んだのか？

●反対派の予想をくつがえし、一七の学科の八〇人を超す教員がさっそく、ディスカッション型教育と実技評価の方法を学ぶ研修に自発的に参加した（学科長六人と医学校の学長経験者四人も参加した）。研修参加者がどのくらい努力し、どのような教育スキルを新たに習得したかは、同僚教員によって相互評価がなされて、それぞれの所属学科長宛ての報告書に記された。教員の昇進を決める際の判断材料にするためだ。試験プロジェクトに対する学生の反応は、きわめて良好だった。

●試験プロジェクトで好結果が得られたことで、いくつかの固定観念の妥当性に重大な疑問が投げかけられた。自己評価と相互評価の結果を見るかぎり、これらのプロジェクトでは、教員も学生も実技を能力評価の基準とし、グループ活動を通じて主体的学習を活発におこない、多くの科目や臨床研修の理論を統合し、それを実際に活用できた。プロジェクトに参加した教員たちはこの種の取り組みを拡大するよう強く主張し、こうした教育・評価方法の研修を教員にもっと受けさせるべきだと訴えた。

●教授たちみんなが共有していた強力な固定観念の妥当性を検証できたことで、根拠のない恐怖や悲観論がやわらぎ、目標達成に向けた組織変革への地ならしができた。変革の足を引っ張りかねない慢性的不安が理由のないものだったと明らかになったケースも多かった。反証された固定観念にしがみつき、変革に執拗に抵抗し続ける一派は、たいてい同僚たちから相手にされなくなった。そういう人たちが唱える反対論は、新たに判明した事実ではなく、既存の主観的意見に基づくものにすぎなかったからだ。[11]

	試験プロジェクトに参加している教員と学生に感想と評価を求める。その際、教育や学習を「楽しめる」かどうかも評価基準に含めていいのだと、はっきり伝える。 試験プロジェクトを支持している教員や学科を公式に称賛する。
学科の限界 それぞれの学科は自分の専門分野の教育上の目標を追求することばかりを考え、医学校全体の教育目標の実現に協力しない。 それぞれの学科は、学科の予算獲得に結びついている活動の妨げになるような学際プロジェクトに予算を割かない。 教育上の資源を医学校全体で一元的に管理しようとすれば、学科長たちが抵抗する。	医学校の学長と教授会の委員長がカリキュラム改革への学科長たちの支持を取りつける。 学科ごとのカリキュラムを策定するとき、それぞれの専門分野だけでなく、医学校全体の教育上の目的に貢献することを目標として明確に示す。 長期の学際プロジェクトに積極的に取り組めば、それぞれの学科の学術的理論を医学校のカリキュラム全体に浸透させる効果があるのだと、学科長にもっと認識させる。 学際的な活動を促進するために、薬学校の協力を取りつける。 新しいプロジェクトに貢献した学科を公式に称賛する。
医学校の限界 医学校には、教員の教育上の努力を十分に評価し、それに報いるための仕組みもないし、資源もない。その結果、教員の事前準備と積極的な参加がいっそう必要とされる学際プロジェクトが後押しされない。 狭い個別分野ごとの目標ではなく、もっと総合的な教育上の目標を追求しようとしても、それぞれの学科の権限と資源を大幅に縮小することができない。	教員の教育活動を評価する基準を見直し、学際プロジェクトへの参加、調整、準備も評価の対象に含める。 教員の昇進審査の際に、教育活動に関する努力も十分に考慮する。教員向け研修に参加したり、グループディスカッションの進行役を務めたり、学生の評価のために時間を割いたりした場合に評価を得られるようにする。 教育活動の質を教員同士で相互評価する仕組みをつくる。 教員の教育活動への姿勢と教育の質を記録し、所属学科長と医学校の学長に報告する。 試験プロジェクトの旗振り役になっている教員に特段の支援をする。

図4-9

集団レベルの強力な固定観念を検証するための実験

強力な固定観念	検証方法
学生の限界 複数の分野にまたがる学習は整然とおこなうのが難しいので、学生には自己評価と主体的な学習姿勢が求められる。しかし、学生たちはそういう学習環境に適応できず、質の高い学習ができない。 新しい教育・評価方法を導入し、新しいテーマを取り上げ、医師として必要な能力の育成を重視するようにすると、中核的な知識の習得がおろそかになる。 実技評価を導入すると、学生が萎縮する。	症例に関するディスカッションや学生の個人研究を試験的に増やすために、旧来型カリキュラムの時間を少しだけ減らす（具体的には、重複している科目を削減したり、さまざまな中核科目・臨床研修の間の連携を改善したりする）。 試験プロジェクトで追求する教育上の目的と、学生と教員の学習・教育に期待する内容は、狭い個別分野に限定せず、総合的なものにする。 試験プロジェクトを導入したあとで、学生の旧来型科目の成績と医師免許試験の成績がどう変わるかをチェックする。 改革に対して学生がどういう不満をいだいているかを調べ、問題点を是正する。 症例ディスカッションを担当する教員と緊密に連絡を取り合い、一般の担当科目や臨床実習の教育にどういう影響があらわれるかをチェックする。
教員の限界 教員たちは、新しい教育方法の実践、客観的な基準での実技評価、学生の学習を後押しするための講評の伝達、ほかの分野からの学習に、興味がないし、これらをおこなう能力もない。 教員は既存の仕事で手一杯で、少人数の学際的なディスカッションに同席したり、教員向けの研修に参加したり、カリキュラムの調整に協力したりする時間がない。	医師にふさわしい行動の習得度を測るために、学生の年次に応じた評価基準を設ける。その基準に従って学生の評価をおこなうように、教員を訓練する。そして、その評価の客観性と妥当性を検証する。 学際的なディスカッションの科目では、複数の教員が共同で進行役を務めるようにする。それをおこなう教員を選び、訓練する。議論の視野を広げるために、共同進行役を務める教員の経験と専門分野の組み合わせに留意する。 ディスカッションの進行役を務める教員向けの研修では、関連分野の重要な理論を取り上げ、教員が専門分野外の新しい知識を仕入れられるようにする。

教授たちの活動はやがて、強力な固定観念の妥当性を検証することから、持続的な改革を導入することへと移っていった。

試験プロジェクトを開始して一年後、教授会の投票により、旧来型の科目や実習に割く時間を減らし、学生の主体的学習にもっと力を入れることが決まりました。それにともない、一〜三年次で長期間の学際プロジェクトに割く時間を拡大し、学際系の必修科目も増やしました。そして、指導つきの臨床実習を二年次でも導入することにしました。試験的に実施していたプロジェクトを正式に採用しただけでなく、さらに新たなプロジェクトも開始しました。臨床研修前のさまざまな科目で取り上げる内容を統合し、一貫した臨床技術教育をおこなうことがねらいです。また、三年次に学際的な救急医療の臨床研修を導入しました。こうしたカリキュラム改革は、新任の医学教育担当上級副学長の支持も得ています。この人物は、医学校の未来について私たちがいだいている目標と共鳴する教育理念の持ち主なのです[12]。

ボウと仲間たちは、こう結論づけている。

〝変革をはばむ免疫機能〟のアプローチを実践したことにより、医学校の教育文化が様変わりし、新しい教育方針もおおむね受け入れられました。この二つの変化があったからこそ、最初に試験的に導入した改革が長続きし、教員主導の新たな取り組みの背中も押されたのです。教員たちは、基本指針となる目標（免疫マップの第1枠の内容）に沿って、学際的な教育、主体的な学習、さまざまな分野の統合といった面で改革を前進させていきました。おそらく最も大きかったのは、改革を目指す中心メンバーが強い決意をもって結束し続けたことでしょう。事務方のトップが次々と交代する状況では、この点がひときわ重要でした。へたをすれば、そういう状況が原因でカリキュラム改革が失敗していても不思議ではありませんでした。[13]

本章で見てきたように、集団レベルの変革が成功する場合はたいてい、中心メンバーが自分自身の個人レベルの〝変革をはばむ免疫機能〟を診断し、それを克服しようと努めている。では、そういう個人レベルの活動は、具体的にどのように進めればいいのか？　このあとの第5章と第6章では、二人の個人が自分の免疫機能をどのように克服していったかを詳しく紹介する。この二人が味わっていた苦しみは、多くの読者が共感できるものだと思う。第7章では、職場のグループ単位で活動の質を高めるために複数のメンバーがいっせいに個人レベルの変革に取り組むケースを取り上げる。このアプローチは、免疫機能を克服するための最も強力な手法なのかもしれない。読者が第2部を読み終えたとき、一つの強力な固定観念から解放されていれば、私たちはうれしい。その固定観念とは、人間の根本は変わらない、三〇歳代、四〇歳代になると人はもう変われない、という思い込みのことだ。

第5章 なぜ部下に任せられないのか？――個人レベルの変革物語①

経験豊富なマネジャーであれば誰でも知っているとおり、チームのメンバー全員の時間、技能、知識を最大限活用するためには、権限を上手に委譲することが不可欠だ。巧みに権限委譲をおこなえば、誰もが成長のチャンスをもっと得られるし、さまざまな才能の持ち主が関わることでチームの仕事の質も高まる。適切な権限委譲ができないと、現在いる人材は十分に活用されず、未来の人材は十分に育成されない。そして、一部の人だけが――とくに、権限委譲の苦手なマネジャー自身が――仕事を抱え込みすぎて燃え尽きてしまう。

マネジャー向けの書籍を読むと、上手に仕事を任せられるようになるために必要なのは、よき案内図と前向きな精神だけという印象を受けるかもしれない。ロバート・ヘラーの『権限委譲の仕方』[★1]（未邦訳）や、ジェラルド・ブレアの『マネジャー入門』[★2]（未邦訳）といった実践的なガイドブックの多くが記しているアドバイスは、権限委譲がその人にとって技術的課題であれば、きわめて有益だ。しかし現実には、ほとんどの人にとって、部下に仕事を任せるのは適応を要する課題、言い

★1 *How to Delegate* (New York: Dorling Kindersley, 1998).

★2 *Starting to Manage: The Essential Skills* (Piscataway, NJ: Institute of Electrical and Electrionics Engineers, 1996).

換えれば知性の発達が求められる課題であるように見える。[1]

世界規模でビジネスをおこなうエンジニアリング会社でめきめきと出世を遂げていたデーヴィッドの場合は、間違いなくそうだった。上級幹部になって以来、部下への権限委譲を試みてきたが、うまくいっていなかった。本章では、このデーヴィッドの経験を詳しく見ていく。

権限委譲ができない原因を探る

私たちがはじめて会った半年前、デーヴィッドは三〇歳代半ばの若さでゼネラルマネジャーに昇進した。直属の上司がCEOという重要ポストである。滑り出しはおおむね順調だった。新しい役職に就任して、やる気がみなぎっていた。社内で尊敬を集めていたし、昇進もみんなに歓迎されていた。しかしその半面、仕事の世界に入ってはじめて強烈なプレッシャーに押しつぶされそうになっていた。どういう点で自分を変えたいかは、最初からはっきりしていた。その目標は、免疫マップの第1枠に記す内容に求められる条件（たとえば、「自分自身にとって非常に重要なものであること」）をすべて満たしていた。

デーヴィッドがそこに記した目標は、「いくつかの重要課題に時間とエネルギーを集中的につぎ込む」というものだった。それまで数カ月にわたり、この目標を明確に意識し、時間管理の方法論を取り入れてそれを達成しようと試みていたが、いくらかの進歩はあったものの、慌ただしく仕事に追われる状況は変わらなかった。問題を抜本的に解決するカギを握るのが権限委譲だということはわかっていた。具体的に、仕事のやり方をどう変えたいかもはっきり認識していた。たとえば、自分がどのような結果を望んでいるかをもっと明瞭に部下に伝えたいと思っていた。多様な仕事の仕方をもっと受け入れたいという思いもあった。それに、部下たちの思考様式を揺さぶりたかった。部下が小さな失敗をすることを許し、そこから学習するよう背中を押したいと思ってもいた。端的に言えば、もっと上手に権限委譲をおこないたいと、デーヴィッドは願い続けていた。

本章でデーヴィッドの事例を紹介しようと思った理由の一つは、読者のなかにも同じ目標をいだいている人が非常に多いはずだと思ったからだ。「部下にもっと権限を与えたい」「一歩うしろに下がった場所からリーダーシップを振るいたい」「部下にもっと自信をもたせたい」「フィールドで活躍する花形選手から、サイドラインに立つコーチに変身したい」「自分以外のメンバーにもっとリーダーシップを発揮してもらいたい」……こうした願望すべてに共通する要素、それは権限委譲なのである。

しかし、権限委譲をおこなうことは、口で言うほど簡単ではない。デーヴィッドは、「いくつかの重要課題に時間とエネルギーを集中的につぎ込む」という目標に反して自分がどういう阻害行動（第2枠）を取っているのかもすぐに思い当たった。その行動とは、以下の三つである。

- すぐに新しいことに手を出して、仕事を増やす。
- 大量の仕事を抱え込みすぎて、睡眠、家庭、趣味など、仕事以外のことを犠牲にする。
- 課題の緊急性と重要性に応じた時間配分ができない。

ひとことで言えば、「力を貸してほしいと頼めない」ことがデーヴィッドの問題だった。

次のステップは、第2枠の行動が第1枠の改善目標とは別のどういう目標（第3枠）を実現する役に立っているのかを検討することだ。この点もデーヴィッドはすぐにピンときた。次々と仕事を増やし、誰にも助けを求めないという行動パターンは、自分が「他人に依存していない」「万能である」「自己犠牲の精神の持ち主である」と感じたいという目標を達成するためにきわめて賢明な行動だった。これらの目標を実現できなければ、自分がほかの人に依存していて、利己的な人間だと感じるという、大きな代償を払わされるのだと気づいた。

どうして、こうした代償を払いたくないと強く感じているのか？　言い換えれば、どのような強力な固定観念（第4枠）が背景にあるのか？　デーヴィッドは、もしほかの人に依存したり、利己的な人間になったりすれば、自尊心を失い、薄っぺらで取るに足らない人物（彼はそういう人間が大嫌いだった）に成り下がり、貴重な人材でなくなると思っていた。

図5－1は、デーヴィッドが最初に描いた免疫マップだ。珍しいことではないが、これを数日後に見直すと、新たに気づいたことがあった。裏の目標として第3枠に記した三つの要素はすべて、

図5-1

デーヴィッドの最初の免疫マップ

1　改善目標	2　阻害行動	3　裏の目標	4　強力な固定観念
いくつかの重要課題に時間とエネルギーを集中的につぎ込む。 ● 権限委譲をおこなう。 ● 部下に望む結果をはっきり示す。 ● 異なるアプローチを容認する。 ● 小さな失敗を学習の機会として受け入れる。 ● 部下の思考様式を揺さぶる。	すぐに新しいことに手を出して、仕事を増やす。 大量の仕事を抱え込みすぎて、睡眠、家庭、趣味など、仕事以外のことを犠牲にする。 課題の緊急性と重要性に応じた時間配分ができない。 力を貸してほしいと頼めない。	他人に依存せず、万能でありたい（チャンスを逃したくない。後れを取りたくない）。 自己犠牲の精神の持ち主でありたい（チームのメンバーを見殺しにしたくない。自分を優先させれば、自分が利己的な人間に思えて、罪悪感がわいてくる）。 つねに問題の解決策を見いだしたい（未処理の課題を積み残したくない。なにかを断念するくらいなら、無理してでもやり遂げたほうがすっきりする）。	ほかの人に頼ったり、多くのことを上手に実行できなかったりすれば、自尊心を失う。 自分を最優先にして行動すれば、薄っぺらで取るに足らない人間に──自分が大嫌いなタイプの人間に──なってしまう。 課題をやり遂げる方法を見いだせなければ、価値ある人材でなくなる。

同じことを別の形で表現していると思いいたったのだ。デーヴィッドが思うに、この三要素は、終業時間まで機械的に仕事をこなすだけの「給料泥棒」にならずに、「本物の」働き手であり続けるための条件だった。そこで、次の記述を第3枠に書き加えた――「ブルーカラー労働者という原点を忘れたくない（本物の働き手でなくなることが怖い）」。これは、本人も気づいていない点だった。非常に重要な発見だったと言えるだろう。これをきっかけに、権限委譲することを「自分のやるべき仕事を他人に押しつけること」と同一視する思考様式が自分の根底にあるとわかったからだ。そのような発想をいだいていれば、権限委譲を怠け者や利己主義者のすることだと思うのも無理はない。この思考様式の原点を探ることにより、デーヴィッドは最終的にいっそう大きな学習をするための重要なカギを手にすることになる。

デーヴィッドは、ブルーカラー労働者としての原点を忘れたくないという思いに照らして、第4枠の強力な固定観念をあらためて検討してみた。すると見えてきたのは、自分が「有能な働き手」の条件に関する多くの信念を束ねて、強力な暗黙の理論を構築しているという点だった。それは、あるべきリーダー像についての理論と言ってもいい。その考え方は明らかに、家庭や地域社会で尊敬していた人たちから吸収したものだった。具体的には、どのような理論だったのか？　まず、デーヴィッドはブルーカラー労働者とホワイトカラー労働者の間に明確に線を引いていた。ひとことで言えば、ブルーカラー労働者とは（物理的な意味でも比喩的な意味でも）自分の手を汚して仕事をする人たち。一方、ホワイトカラー労働者とは、いくらでも替えの利く、見かけ倒しの「給料泥棒」で、そのくせ多くの場合、不当にふんぞり返っている連中だった。さらに自己分析をすると、このような区別をする根底には、自分の体を使って働くことのほうが頭で考えることよりも尊いという発想があると思い当たった。そこで、第4枠にこう書き加えた――「会社の本質的な業務を直接おこない、新たに価値を生み出せなければ、会社の役に立っているとは言えない。給料泥棒になってしまう」

つまり、デーヴィッドの強力な固定観念を要約すると、こうなる――「自分自身でなにも実行しないリーダーは、無価値な給料泥棒でしかない。もし自分で仕事をすることをやめれば、私は自分の原点を捨てることになる。自分さえよければいいと思っていて、怠け者で、地位にあぐらをかいた人間に成り下がってしまう。そんな自分には自尊心をいだけない」。こういう思考体系を前提にすれば、デーヴィッドの行動はことごとく納得がいく。この自己イメージが権限委譲という目標の達成を妨げていることもはっきり見て取れる。すなわち、デーヴィッドの免疫システムは、自分が利己的で、怠惰で、ぬるま湯につかっていると感じずにすむように、きわめて効果的に自分を守っている。ブルーカラー労働者の仲間たちを裏切って「あっち側」に転向し、自分や仲間たちが忌み嫌うような人間になることを防いでいる。そして、いまは管理職になったけれど、自分でも仕事をし、ブルーカラー労働者たちの目をまっすぐ見られる人間であり続けさせてくれている。

このように考えると、デーヴィッドが目指す自己改善の目標は、適応を要する課題にほかならない。それは本人の自我にかかわる問題だからだ。もっとうまく権限委譲をするという課題は、少なくともデーヴィッドにとっては、ほかの人に仕事を割り振るための新しい技能なりコツなりを学ぶだけで達成できるものではない（なかには、そういう方法でこの目標を達成できる人もいるだろうが）。権限委譲の専門家の助言に耳を傾けても進歩がほとんどなかった理由はここにあった。聡明で意欲的なデーヴィッドが部下に仕事を任せられない根本的な原因は、実践的なノウハウによって解決できるものではなかったのだ。

さらに自己分析を進めるうちに、権限委譲を積極的におこなわないことが自己イメージと自尊心の中核と結びついていることに気づいた。「すべての仕事を自分で片づけ、自分が重要で貴重な人材だと感じる」ことが自分にとってきわめて重要なことだとわかったのだ。「そういう働き方をすれば、社内の人々と接点をもてます。それに、バリバリと仕事をこなして、スーパースター的な存在でいるのは気持ちがいいものです」。まわりの人間が自分を見るまなざしも大きな満足感を与えてくれた。「賢くて、問題を解決できる人物だと思ってもらえます。みんなに尊敬の目で見てもらえる」

こうした発見を通じて、第3枠に記す内容を充実させることができた。デーヴィッドが守りたい自己イメージ、それは、重要で貴重な人材で、スーパースターである自分だった。とりわけ、工場の第一線で働くブルーカラー労働者たちにそういうふうに見られたいと思っていた。この人たちに対して、彼は最も強い仲間意識をいだいているからだ。

以上で、デーヴィッドの抱える「問題」（裏を返せば、そこには成長のチャンスもひそんでいるのだが）の全体像が浮かび上がってきた。彼は権限委譲の必要性を理解していた半面、それをおこなうと、自己の一部を捨て、好ましい自己イメージを放棄せざるをえないという板挟みの状況にあった。自己認識の土台をなす価値観や信念や好き嫌いの感覚が権限委譲という行為と相容れないせいで、深刻なジレンマに陥っていたのだ。要するに、あらゆる課題を自分で処理し、権限委譲をあきらめるか、それとも権限委譲をおこない、自分の原点に忠実であることをやめるのかという二者択一を強いられていたのである。

ジレンマを抜け出すには、このどちらでもない新たな選択肢をつくり出せばいい。ただし、それをおこなうためには、技術的な解決策ではなく、適応を要する解決策が求められる。自己認識の前提をなす思考の枠を広げて、「ほかの人に仕事を任せる自分」を許容しなくてはならない。言い換えれば、これまでより一段高い段階に知性を発達させ、権限委譲が自己認識と矛盾しないようにする必要がある。そのカギを握るのは次の問いだ——「自尊心と自己に肯定的な感情を失わず、自分の原点に忠実であり続け、同時に、適切に権限委譲をおこなうことは可能なのか?」。免疫マップを見るかぎり、デーヴィッドは当初、そんなことはぜったいに不可能だと考えていたようだ。しかし一年もたたないうちに、言葉と行動を通じてこの問いにはっきりと「イエス!」と答えるようになっていった。

変革後——部下の能力を引き出すリーダーへ

デーヴィッドがどのような方法論を用いたかはあとで説明するが、その前にまず、彼がどういう変化を遂げたのかを見ておこう。本人の言葉を借りれば、それは「職人から設計者・開発者への転換」だった。その変化にともない、チームのメンバーとの関わり方が大きく変わり、その一環として権限委譲をおこなえるようになった。いまデーヴィッドは、勤務時間の半分以上をビジネスの設計に費やしている。仕事に対する考え方が変わったことで、戦略立案や人材マネジメント、資源の配分を「正しい」仕事とみなせるようになった。

心がけたのは、自由闊達な議論を促すこと、そして、みんなが仕事に当事者意識をもてるようにすること。また、チームとしてどのような方向を目指すかを伝えるために、コミュニケーションに費やす時間も増やした。「(メンバーの一人ひとりが)自分の仕事の内容と背景を理解すれば、正しい方向に進むためになにが必要かを各自が自分で判断できるようになります」。とりわけ、オープンなコミュニケーションを重んじている。「状況を率直に報告させるためです。そうすれば、私がなんでもかんでも自分でやらなくても、状況を正しく把握できます」。「この仕事をいちばんうまくできるのは誰だろう？　私はその人をどのように支援すればいいのか？」といった問いを自問することを通じて、権限委譲が仕事のスタイルの一部になっていった。ほかの人の仕事のやり方を受け入れつつ、仕事の質に対する要求水準を維持する方法もわかってきた。

デーヴィッドが部下のやり方を受け入れるようになると、目覚ましい成果が生まれた。「メンバーの既存の思考パターンを揺さぶり、上司である私に異論を唱えてもいいのだとわからせると、みんなの仕事の質が高まりました」。しかも、メンバー自身も自分の部下への権限委譲を上手にできるようになった。「メンバーは組織の基本的な方針に沿って的確な判断をくだし、目標の達成に有効なアイデアを生み出せるようになりました……なによりも素晴らしいのは、もっといい方法があると思えば、私に提案してくれるようになったことです。とても充実しています。あらゆる仕事を自分で片づけていたころとは、比べものになりません」

「職人」だったときは自分の仕事の成果だけを考えていればよかったが、「設計者」になってからは、部下を成長させ、会社の目標に貢献する能力をはぐくむことを考えなくてはならなくなった。そのように変わるのは簡単ではなかった。部下の能力をはぐくむのがうまくなって、「以前よりメンバーの能力を引き出せるようになったのはうれしかったのですが、ショックなこともありました」と、デーヴィッドは言う。「光り輝くチャンスを与えると、部下はそれまでより質の高い仕事をやってのけました。つまり、誰よりもうまく仕事ができるのは私だと思っていたのは、間違った思い込みだったと思い知らされたのです」。この発言は、デーヴィッドが遂げた知性の発達の本質を浮き彫りにしている。要するに彼は、自分が職場のスーパースターでなければ納得できないという段階を卒業し、次の段階に進んだ。ほかの人たちを光り輝かせることにより、自分も光り輝くという道を見いだしたのだ。そのような思考様式が自我の新たな一部となり、いまではそれを通じて満足感を味わえている。

デーヴィッドはいまも、本人が「正しい」と思う仕事をおこない、光り輝いている。自己変革を成功させるうえで大きかったのは、なにが「自分の仕事」なのかという点について考え方を変えたことだった。本来は自分がすべきだと思っている課題をほかの人に割り振っているかぎり、権限委譲は他人に仕事を押しつけることを意味する。それは倫理的に許しがたく、恥ずべき行為だ。自分が利己的で、怠け者で、「給料泥棒」の背広組の一員になってしまったと感じずにいられない。そしてなにより、ブルーカラー労働者たちとの深い絆を断ち切ることになる。このような発想をすれば、権限委譲は仲間への裏切り行為だということになる。変節して、ものづくりの現場から遠ざかることが好ましい出世なのだと思うようになった証拠、と自分で自分を責めてしまう。

しかしいま、デーヴィッドはそんなふうに考えていない。自分の思考と行動に影響を及ぼす免疫システムを掘り下げて検討した結果、部下に仕事をゆだねることを仕事の押しつけだとは思わなくなった。部下に割り振る仕事は、あくまでもその部下自身の仕事。それは自分がやるべき仕事ではない。自分の仕事は、部下が新しい目標や課題に取り組む過程で成長するのを助けることだと、いまでは思っている。「部下がいい仕事ができるように後押しする方法を見つけることに誇りをいだき、そういう自分に価値を感じるようになりました。気がつくと、自分がなにをするかより、部下がなにを成し遂げるかに目が向くようになっていました」

自分に誇りをもちたいと思わなくなったわけではない。しかし、どのような自分に誇りをいだくかが変わった。その変化の土台になったのは、どのようにリーダーシップを振るいたいかという考え方の転換だった。デーヴィッドは、チームの仕事の指揮を執り、チームの目標を達成するために資源、人材、資金を最適に割り振ることができるリーダーであることに、誇りをいだくようになった。「以前より明確にリーダーシップを振るうことにより、充実感を味わえています。現場でなにが起きているかを把握するために行動する必要はないけれど、指揮を執るために、現場でなにが起きているかを知る必要があるのだと感じるようになりました」と、デーヴィッドは述べている（強調部分は筆者による）。「私が最も大きな成果を生み出すために必要なのは、細かい仕事を自分自身でおこなうことではないと気づいたのです。それよりも、知恵を絞って計画を立て、現場の状況を正しく理解し、目標達成のためにすべての資源を活用できるように最善の方法を見いだすべきなのです」

　この最後のくだりは、デーヴィッドが自分の強力な固定観念を修正したことのあらわれと言える。あらゆる仕事を自分でやらなければ、自尊心を失い、自分の原点との結びつきを失い、自分が価値ある人材だと感じられなくなるとは思わなくなった。チームの仕事のやり方をどのように変えるべきかを知っていれば、価値を生み出せるとわかったのだ。こうして古い固定観念を改め、次のような考えにいたった。「私に必要なのは、自分でものごとをおこなうことではなく、状況を正しく知ること。組織全体として取り組むべき課題をうまく実行するために、ものごとの全体像と細部の関係を理解する必要があるのです。大事なのは、仕事をおこなうスキルをもっていることより、詳しい情報をもっていることなのかもしれません」

　デーヴィッドが新しいタイプの自尊心をいだき、自分の新しい価値を見いだせたのは、それまでより高度な思考体系をもつようになったからだ。自分の原点を捨てたわけではない。自分でものごとを実行してやり遂げ、自己犠牲の精神を発揮することを尊ぶ考え方は、いまもいだき続けている。しかし、もっと大きなストーリーを紡ぎ上げ、そのなかにこれらの中核的価値観を位置づけ直したのだ。それにより、「よき権限委譲者」であることと「よきリーダー」であることが両立しうると考えられるようになった。デーヴィッドが元々いだいていたストーリー（彼の思考と行動を「支配して」いたストーリー）によれば、リーダーとはホワイトカラーの同義語だった。それは、「役立たず」の「給料泥棒」で、「自分でなにも実行しない」「口先だけの人間」を意味した。それに対しブルーカラーは、ことごとく好ましいものの象徴だった。彼が生まれ育ったのもブルーカラー労働者の家庭だった。ブルーカラー労働者は「実行の人」であり、重要で価値ある人間だった。彼は聡明で知識豊富な人物だったが、心の奥底ではこのような二項対立の発想にとらわれていた。その考え方に縛られていたと言ってもいいだろう。彼は免疫機能を克服することを通じて、こうしたストーリーを少しずつ書き換え、ブルーカラー家庭で身につけた価値観を「自分を支配するもの」（＝主体）ではなく、「自分が支配するもの」（＝客体）に転換させていった。

注目すべきなのは、一連のプロセスを通じてデーヴィッドが当初の目標以上に大きな成果をあげたことだ。上手に権限委譲をおこなう方法を学び、部下に仕事をゆだねることに喜びを見いだせるようになっただけではなかった。最も大きな変化は、勤勉な家族や尊敬してきた人たち、すなわち「よき働き手」のお手本になってきた人たちに対する愛情と忠誠心をないがしろにすることなく、仕事に対する考え方を転換させたことだったのかもしれない。このようなケースは珍しくない。免疫機能を克服すると、手が届くと思っていなかったものまでつかみ取れる場合が多い。最終的には、最初の改善目標よりはるかに大きなことを成し遂げられる。最初に掲げる目標がいわばトロイの木馬のように、人を既存の強固な思考様式の外に引っ張り出すのだ。

最後に会ったとき、デーヴィッドはうれしい知らせを受けたばかりだった。きわめて野心的な新プロジェクトの提案が認められたのだという。計画に盛り込んだ予算もすべて拠出してもらえることになった。「大成功を収めてみせますよ！」と、デーヴィッドは私たちに言った。そして、こうつけ加えた。「私が知恵を絞り、計画を立てることによって、それを実現させるのです」

変革を導いた2つの手法

デーヴィッドはどのようにして、これほど大きな変革を成し遂げたのか？ 以下では、私たちが一緒に課題に取り組んだ日々のなかのいくつかの重要な転機に光を当てる。デーヴィッドの内面の変化は、新たに高い地位に就いたことをきっかけに始まったようだ。過去に経験したことのない難しい課題に直面するようになり、それまで管理職に就いてから実践してきた選手兼任監督型のやり方では対処できないとすぐに気づいた。本人の説明によると、そのあとで取ったとくに重要なステップは、第一に、自分の〝変革をはばむ免疫機能〟を理解したこと（「これが最も大きな進歩だった」とのことだ）、そして第二に、自分のどういう部分を変えたいのかを周囲の人たちに公言したことだった。「自分の改善目標をみんなに話すことによって、私が適切に権限委譲をおこなえていない場合には率直に指摘していいのだと、みんなに伝えたかったのです。自分に任せてくれたほうがうまくできると思う仕事があるときは教えてくれ、と言いました」

デーヴィッドは、自分の改善目標をみんなに理解させるために二つの手法を用いた（第10章で、免疫機能を克服するために役立つ一連の手法のおさらいをおこなう）。まず着手したのは、「目標への道のり」と私たちが呼んでいる表を完成させることだった。**図5−2**がデーヴィッドの作成した表である。

このエクササイズは、まず免疫マップの第1枠に掲げた改善目標を確認することから出発する。そして次に、その目標を達成するために取る初期の行動をリストアップする。続いて、自己改善に取り組めば、どのような際立った進歩があらわれるのかを思い描く。そして、最終的にどのような

図5-2

デーヴィッドの「目標への道のり」

1　目標	2　最初のステップ	3　際立った進歩	4　成功の指標
ほかの人に任せる仕事を増やし、自分が抱え込む仕事の量を減らしたい。	チームのメンバーに、自分のどういう点を変えるつもりかを話す。どういう理由で、どういう方法でそれをおこなうかも説明する。 いくつかの実例をもとにシミュレーションをおこない、誰にどういう仕事や権限を割り振るかを決める。それぞれの部下がどのように権限委譲されることを好むのかも見極める。 難易度、重要性、部下の能力を基準に、権限委譲すべき課題の優先順位を決めて、実際に仕事をゆだねていく。 月例の部内会議で、私と部下たちのそれぞれがどの程度うまく課題をおこなえているかを確認する。必要に応じて、計画を修正する。 半年後、私が仕事であげる成果とリーダーシップの振るい方にどのような長期的影響があらわれたかを検討し、事前に期待していた結果と比較する。	チームのメンバーが変化に気づく。私が自分でおこなっている仕事の中身が変わり、その結果、自分たちに任される仕事が増えたとわかる。 チームのメンバーが、自分自身も部下にもっと権限委譲したいと思いはじめる。私から任される仕事をおこなうために、自分も仕事を手放す必要があると気づく。それを通じて、メンバーはこれまでより自分に誇りを感じ、自分が信頼されていると思うようになる。 私が長期計画の策定に力を入れるようになったことに、チームのメンバーが気づく。私たちが明確な方向性をもって活動していて、長期的なゴールに向かってコースをはずれずに歩んでいるのだとわかり、みんなが安心する。	持ち上がる課題の一つひとつについて、自分自身で対処すべきか、もし部下に任せるべきだとして、誰にどのように任せるべきかを明確に判断できるようになる。 部下たちが自信をもって大きな責任を担うようになり、はじめから部下たちの責任範囲内で発生する仕事が多くなる。その結果、そもそも「権限委譲」が必要なケースが減る。 時間的余裕ができて、市場の動向や、自分たちの作戦、市場での成績をいつも把握しておけるようになる。

成功を手にしたいのかを記す。デーヴィッドが記した「最初のステップ」がもっぱらチームのメンバーとの関係に関わるものだったことに注目してほしい（具体的には、部下とコミュニケーションを取ること、部下に力を貸してもらいやすい状況を生み出すこと、自分と彼ら自身の成功のために部下たちを行動させること）。「目標への道のり」を作成した二、三週間後、デーヴィッドはもう一つの手法を実践した。「免疫機能克服アンケート」の用紙をチームのメンバー全員に配ったのだ。このアンケートをおこなう場合はたいてい、「証人」となる人物を何人か選ぶ（六〜八人程度の場合が多い）。選ばれるのは主として、本人が改善目標の達成に向けて本当に進歩したときにすぐ気づく人たちだ（仕事の関係者の場合もあれば、無関係の人の場合もあるだろう）。アンケートは簡潔なもので、匿名方式でおこなわれる。デーヴィッドのアンケート用紙を**図5－3**に示した。

一般的に、アンケートのとりまとめは、変革を助けるコーチ役の人物がおこなう。本人には、回答者による数値評価の集計値と、コメントを無作為に並べたものだけが示される。アンケートは二回おこなう。最初は、自己変革に着手するとき。もう一回は、数カ月後の締めくくりの時期だ。ねらいは、改善目標に向けた進歩の度合いを他人の視点で評価すること。一回目のアンケートは、その改善目標が最も重要なものかどうかを確認する手段として、二回目のアンケートは、成果を過大評価することを防ぐ手段として機能する。

また、アンケートをおこなうことで、自分の進歩を見守る人たちの存在を意識できるようになる。目標をまわりに公言し、進歩の度合いについてほかの人たちの評価を受けるのだと思えば、自己変革の取り組みを放棄せずに継続する確率が高まるだろう。組織全体に及ぶ好影響もある。アンケートをおこなうことで、幹部が自分自身の問題を改めようとしているのだというメッセージを組織全体に発信できる。回答者のなかには、この活動に興味をいだき、自分も同じことをやって

図5-3　デーヴィッドのアンケート用紙

デーヴィッドの現状調査

デーヴィッドは、もっと上手に権限委譲をおこないたいと思っています。もちろん、彼が直接関わることが非常に有効な場合もありますが、すべてを自分でやろうとして弊害を生み出すケースを減らしたいと考えているのです。

これは匿名のアンケートです。あなたは、デーヴィッドに回答者の1人に選ばれました。できるだけ率直に回答してほしいというのが本人の願いです。言うまでもなく、以下の問いに対して本人は現時点でかなり低い自己評価をしています。

誰の回答かは、本人にはわからないようになっています。6～8人の回答を匿名化したうえで集計して示します。回答のために15分の時間を割いてくださったことに、デーヴィッドに代わって感謝申し上げます。また半年後にアンケートをお願いすることになります。

1　デーヴィッドの目標は、もっと上手に権限委譲をおこなえるようになることです。では、現在はどの程度上手に、あなたに権限を委譲できていますか？　10段階評価で採点してください。

非常に悪い　1　2　3　4　5　6　7　8　9　10　非常に良い

2　あなたの目から見て、デーヴィッドはほかの人たちにどの程度上手に、権限を委譲できていますか？　10段階評価で採点してください。

非常に悪い　1　2　3　4　5　6　7　8　9　10　非常に良い

3　ここで少し時間を割いて、以上の点について簡単なコメントをお願いします。たとえば、上記の回答の理由や実例などをお聞かせください。

4　権限委譲の面でデーヴィッドが大きな進歩を遂げることは、どの程度重要だと思いますか？　10段階評価で答えてください。

まったく重要でない　1　2　3　4　5　6　7　8　9　10　非常に重要

5　どうして、そう思うのですか？　どういう理由で重要、もしくは重要でないと考えるのですか？　この質問に答えるためには少し時間がかかると思いますが、デーヴィッドとコーチたちにとってはあなたの意見がとても役に立ちます。具体的に書いていただけるほど、助かります。

ご協力ありがとうございました！

みたいと思ったり、自分たちのチームで似たような活動を実施したりする人も多い。さまざまなタイプの組織でこのアンケートを実施してきたが、多くの人がきわめて積極的に協力し、真剣に考えて、充実した回答を寄せてくれることに、いつも驚かされた。

デーヴィッドの場合、一回目のアンケートを実施したのは、自己変革に着手してしばらくたってからだった（こういうパターンもときどきある）。そのため、「最初のステップ」の欄に記した行動など、実践しはじめた活動が実を結んでおり、このまま続ければいいのだと確認できた。ほかにも重要な発見があった。「さまざまな仕事のやり方を受け入れるという点でも、私は進歩したと思います。スタッフとの関わり方がどう変わったかについて、二つの点がアンケートで言及されていました。一つは、出発点と到達点をはっきり示すようになったこと。そしてもう一つは、仕事の文脈を理解させるようになったことです。これまでうまくいかなかった理由の一つは、部下に文脈を示していないことにあったのだと思います。いま考えると、部下に適切な指示を与えないことで、逆に自分を賢く見せようとしていたのだと思います。部下のみんなが解決できない問題を自分が見事に解決して、尊敬のまなざしで見られる。それが快感だったのです」

〝変革をはばむ免疫機能〟のアプローチは認識の死角を克服する手段になりうると、私たちはよく説明する。どのような行動パターンを無意識に実践していたせいで、自分の望む結果を妨げていたかが見えてくるのだ。デーヴィッドの場合は、いわば「八百長」を仕組んでいた可能性が浮かび上がってきた。（明確に意識してはいないにせよ）部下のために不十分な準備しかしてやらず、わざと部下を苦境に立たせ、そこへ自分がヒーローのように颯爽と登場して問題を解決してみせる舞台をつくっていた。この点に気づいたことで、デーヴィッドは第3枠の裏の目標を「主体」から「客体」へ転換させることができた。裏の目標が猛威を振るうと、それがその人の内なる泥棒と化し、第1

枠の改善目標から成功の可能性を好き放題に盗み取ってしまう。しかし、その隠れた目標が目に見えるようになれば、泥棒を取り締まり、犯行を阻止できるようになる。デーヴィッドは、部下が失敗する環境をつくることをやめにして、部下が成功できる環境を整えるようになった。

自分の考え方の限界を知る

免疫機能の克服に乗り出して六週間後、デーヴィッドは自分の進歩についてこう述べた。

私が最初にいだいていた強力な固定観念は、次のいくつかの考え方を軸に形成されていました。まず、直接的に新たな価値を生み出せなければ、本当の意味でチームに貢献しているとは言えない、完璧に「給料泥棒」に成り下がってしまう、と考えていました。要するに、発生する仕事のほぼすべてを自分でおこなう意志と能力をもっているべきだという発想です。そしてそういう発想のもと、よきリーダーであるためには、自分たちのビジネスの核をなす活動に直接関わらなくてはならないというリーダーシップ観をもっていました。こうした強力な固定観念をいだいていたせいで、私は上手に権限委譲ができなかったり、権限委譲をしても部下と適切なコミュニケーションを取れなかったりしたのです。私はそういう自分の行動を変えたいと思い、いろいろなことを実践してきました。いま、「目標への道のり」の表を見て満足しています。このリストにある行動をいくつかすでに実践し、ほとんどの領域で際立った進歩を遂げつつあると確認できたからです。この自己評価は、アンケートの結果にも裏づけられています。チームのメンバーが変化に気づいて、思いがけず高い評価をしてくれたようです。私は以前より上手に権限委譲ができるようになりました。量よりも質の面で進歩があったと思っています。いまも私は、自分が日常的におこなっている業務のなかにほかの人に任せられるものがないか探し続けています。

デーヴィッドはこのようにして、自分の既存の思考様式の限界を深く理解していった。自分の思考様式のどのような点に胸を張れないかもわかってきた。部下に権限を委譲するときに自分がどのように感じるのかを検討したあと、彼は複雑な胸の内を述べている。

私があらゆる仕事を自分で処理したがるのは、スーパースターでありたいという願望のせいなのでしょう。ところが、一連の取り組みを通じて、これまで自分が二重の幻想をいだいていたことを思い知らされつつあります。一つは、自分自身でやるのが唯一の方法だという思い込み。そしてもう一つは、ものごとをいちばんうまく実行できるのは自分だという思い込みです。実際には、私よりほかの人のほうがうまくできる場合があったのです！　確かに、私も質の高い仕事をしてはいた。でも、ほかの人がもっと質の高い仕事をやってのけたのです。うれしくもあり、悲しくもありました。チームが大きな成果をあげられるようになったのはうれしいけれど、正直なところ、いくらかショックでもあるのです。それでも、部下たちに光り輝くチャンスを与えると、私以上に質の高い仕事をしたことは紛れもない事実でした。私のほうがうまくできるはずだという思い込みは、間違いだったのです。

デーヴィッドは、自分のリーダーシップ哲学にひそむ矛盾にもはじめて気づいた。

私のリーダーシップ哲学には、部下やチームに要求することはすべて自分でも実行できなくてはならないという発想があります。その一方で、自力で成長していける人物を選抜して登用し、成長を後押しするというのも、私のリーダーシップ哲学の一要素です。この理念を追求するのであれば、部下が私より劣っていては意味がありません！　卓越した人材へと成長できる人物を登用したのなら、その人物が自分より高いレベルの成果をあげることを受け入れなくてはならない。自分と同等のことしかできない部下ばかり集めているようではだめなのです！

デーヴィッドは次第に権限委譲が上手にできるようになり、自分でもそれを喜んでいた。早い段階で一つの大きな転換点になったのは、それまでの権限委譲のやり方のせいで自分の可能性を狭めていたと気づいたことだった。彼は以前、仕事を任せる部下の強みではなく、自分自身の強みを基準に権限委譲をおこなっていた。しかし自己変革に着手したとき、チームのメンバーである三六人全員に、各自の強みをリストアップし、それを仕事にどう生かせるかを考えるよう求めた。そしてそのうえで、「もし私から仕事を一つ任されるとして、そのときに知りたい情報はなんですか？」と尋ねた。

反響はとても大きかった。どういう情報を知りたいかは、人によってまちまちでした。顧客との関係づくりが上手なスーザンは、「文脈」の理解に強みがあります。自分がやるべき仕事を大きな文脈のなかに位置づけられれば、目覚ましい成果をあげられるのです。そんなスーザンが知りたいのは、どうしてその仕事をする必要があるのかという点でした。以前、「明日までに一〇件の電話をかけておいてほしい」と、指示したことがありました。ところが、言い渡した時間までに仕事をやり終えていなかった。私はてっきり、スーザンがサボっていたのかと思いました。ところが、どうしてその仕事が必要なのかを説明したうえで指示するようにしたところ、翌日どころか、当日の午後三時にはすべてやり終えるようになったのです！

この経験から、デーヴィッドはなにを学んだのか？

私が最初に越えなくてはならない山は、権限委譲をおこなおうという意志をもつことでした。その山を乗り越えると、次に待っていた山は、「権限委譲は本当に好ましい結果を生むのか？」という疑問でした。権限委譲がうまくいく場合ばかりではなかったからです。でも、いまはわかっています。うまくいかない場合があったのは、私が権限委譲の初心者だったからなのです。相手に伝わりやすい方法でコミュニケーションをおこなわなくてはならないのだと、私は学びました。一人ひとりに合わせたやり方が必要なのです。将来、もっと上手に権限を委譲できるようになったとしても、それぞれの部下やチームに応じた方法を選ぶことを忘れてはならないと思っています。

デーヴィッドは、権限委譲がうまくいったケースの共通点を明らかにすることを通じて、理想のリーダー像についての考え方を修正していった。

私が最も大きな価値を生み出せるのは、仕事の範囲が非常に曖昧なときに、それを明確化させる場合です。部下に権限委譲をおこなおうと思えば、その人物になにを求めるのかを明確にしなくてはならない。そのためには、私自身が仕事の範囲をよく把握しておく必要があります。その仕事がどのような要因に足を引っ張られるのかも知っておくべきです。チームのメンバーを集めて、次年度の計画を説明するとします。そういうとき、現実離れした高い目標を示したり、部下に判断をゆだねたりすることもできるでしょう。でも、そういうやり方をすれば、部下を混乱させてしまいます。そこで、なにをすべきかを明確に示したところ、部下たちはそれを見事にやり遂げました。また、複数の人物に権限を委譲するときは、ことのほか明確に、なにをしてほしいかを言い渡す必要があるとわかりました。私のリーダーとしての価値は、誤解しようがないくらい明瞭に仕事の範囲を示すべきなのです。権限委譲をおこなうこと以上に、なにをすべきかをはっきり示すことにあるのだと感じるようになりました。

新しいリーダーシップへ

部下が自分の仕事に当事者意識をもてるようにした結果、次のようなことが起きはじめたと、デーヴィッドは言う。「部下が私のところに来て、『どうすべきだとお考えですか？』と尋ねるようになりました。独裁者の顔色をうかがうという感じではなく、方向性について判断を仰ぐためです。このような質問に答えることもリーダーとしての役割だと感じています」。リーダーシップの振るい方がどう変わったかと彼に尋ねると、三つの「正しい」行動を取るように心がけるようになったという返事が戻ってきた。その三つの行動とは、以下のとおりだ。

● 優れた人材を引きつけ、育てること。ビジネスを成長させるためにはそれが欠かせない。もし明日、自分が交通事故にあったとしても、すぐに代役を務められる人が二人は必要だ。そういう体制を築けていなければ、リーダーの役割を適切に果たしているとは言えない。

● 部下に方向性を示すこと。

● 予算などの資源を獲得するために戦うこと。

デーヴィッドは権限委譲と並行して、この三つの課題を追求している。彼が免疫マップの第1枠（図5－1）に記した改善目標は、「いくつかの重要課題に時間とエネルギーを集中的につぎ込む」こと。その目標を達成しはじめたと言っていいだろう。注目すべきなのは、思考様式の転換が完了する前に、行動パターンの変化が始まったことだ。「意識が変わってから行動が変わるのか、それとも行動が変わるから意識が変わるのか？」というのは古くからある問いだが、私たちに言わせれば稚拙な問いと言わざるをえない。両者の関係はもっと相互補強的性格が強い。意識の変化が行動の変化を後押しし、行動の変化が意識の変化を後押しする。〝変革をはばむ免疫機能〟を克服するためのプロセスを実践することにより、既存の思考様式を揺さぶることができる。デーヴィッドが取った新しい行動は、仕事の成果を高めるうえで有効だっただけでなく、思考様式を少しずつ変えていくために必要な情報をもたらす効果もあった。新しい行動を取って、自分の内面に深く根を張っている規範、すなわちブルーカラーの価値観に対する深い忠誠心と向き合ってはじめて、「よき働き手とはどういう人物か」という自分なりの新しい定義を確立できるからだ。ただし、思考様式を転換させるのは簡単でないし、時間もかかる。いま、リーダーとして適切だと考える行動を取る際にどんなふうに感じるのかと尋ねると、デーヴィッドは内面の葛藤があることを率直に認めた。「そういう行動が絶対的に正しいと、頭ではわかっている。でも、それが本当に重要なことだと感じられません。皮膚感覚のレベルでピンとこない。胸に響いてこないのです。本能のレベルでは、自分が汗をかくべきだという思いがいまだに抜けていません。そういう発想が意識に深く刻み込まれているのです」

変革を推進するために——自分の行動を振り返る

このあとの二、三週間で私たちがおこなったのは、デーヴィッドが居心地の悪さを感じずに前述の三つの「正しい」行動を取れるか、自己点検する機会をなるべくつくること。そこでまず、この三つの行動を取るときに直感レベルでどう感じるかに注意を払うよう指示した。また、過去半年間のスケジュール帳をチェックして、三つの行動以外の行動をすべて洗い出すように求めた。この作業をおこなうことにより、「適切な行動と不適切な行動の比率はどうなっているのか?」「その比率は、時間がたつにつれて変化してきたのか?」「不適切な行動に共通するパターンはあるのか?」「そういう行動は、どのような目的を達しているのか? どのようなメリットがあるのか?」といった問いに答えられるようになった。

スケジュール帳の確認作業は、デーヴィッドにとって再度の大きな転換点になった。まず、すべての時間の七五%が以下の三種類の活動のいずれかに割かれているとわかった。とくに、戦略立案と人材マネジメントに多くの時間を費やしていることが確認できて、デーヴィッドは満足だった。以下は、本人の自己分析の結果である。

● 戦略立案・事業計画=二五% ただしその半分の時間は、意見のすり合わせに、つまり実際の問題解決ではなく、合意を形成するために費やされていた。

● 人材マネジメント＝二五％　メンバーの個人単位の成長を実現する計画について、一人ひとりと話し合うために、多くの時間を割いている。また、チームの構成を考えることにも時間を費やしてきた。具体的には、チーム全体と個々のメンバーの強みを把握したうえで、事業計画を実現するために適した人員配置を考える。このような活動が自分のやるべきことだとよくわかっている。

● 課題処理＝二五％　私が個人でおこなう仕事や分析の時間。幹部会議でおこなうプレゼンの準備や顧客との商談など、私自身がおこなうべき仕事に割く時間もここに含まれる。おおむね、非常に中身が濃い時間だ。この半年間で多くの仕事を部下に任せるようにしたおかげで、これらの課題に集中して取り組みやすくなった。

● 浪費している時間＝二五％　いまだに、部下のほうがうまくできる仕事や、部下に任せても問題のない仕事に時間を使っている。それをやめれば、優先順位が高い上記の活動にもっと時間を割けるのだが。つい脱線して、計画外の魅力的なアイデアに首を突っ込んで時間を浪費する場合もある。そのときは楽しいけれど、そのアイデアがあとで役立つことは少ない。そのほかに時間の無駄になっているのは、やり直しの仕事だ。私自身やチームの誰かが忘れていたことや、失敗したことの後始末をしなくてはならないケースがしばしばある。そういう問題をリストアップして、やり直しが必要になる根本原因を明らかにしたい。製品の品質管理と同じアプローチで臨めばいいと思う。

この作業を通じて、自分の意識に深く刻み込まれた固定観念を修正できたことも大きかった。自分の新しい行動パターンと新しい思考様式を客観的に観察し、自分の新しい価値（部下との絆が強まったことなど）を理解し、実感できるようになった。デーヴィッドはこう述べている。

「戦略立案・事業計画」に分類した活動の多くは、コミュニケーションを通じておこなわれるものでした。ほかの人たちの同意を得るために、それが必要なのです。この種の活動に多くの時間を割いていることは、自分でも意外でした。変革の方向性を大勢の人にいっせいに伝達する仕組みがないので、一人ひとりと言葉を交わし、各自がどういう目標を目指しているかを把握するように努めています。堅苦しい面談ではなく、肩の凝らない会話をする。そういうコミュニケーションが非常に大きな効果をあげています。それが私なりの部下とのつながり方です。アシスタントと一緒に、メンバーと触れ合う機会を意識的につくり、調子はどうかと水を向ける。これは仕事の一環ではあるけれど、プライベートな関わりという面もあります。いま、私が取り組んでいる大きな課題の一つは、オープンなコミュニケーションを実践することです。実際の状況を率直に聞かせてもらいたいからです。そのために大切なことの一つは、「責任は私がもつ」という姿勢。私がそういう姿勢で臨んでいることを部下に信じてもらわなくてはならない。そしてもう一つ大切なのが、部下に信用されて、正しい状況を話してもらえるようにすることです。

こうして、リーダーとしての自分の価値がどういう面にあるかについて考え方が変わった。デーヴィッドは、自分が自己主導的になるにつれて、部下が自分でものごとを決めることを後押しするようになっていた。

メンバーが自分の仕事の内容と目的をよく理解していなければ、チームを正しい方向に歩ませ続けるうえで適切な意思決定などできません。そこで、一人ひとりに仕事の内容と目的を理解させるために時間を割くことにしたのです……そうすると、なにもかも自分でやっていたころより大きな価値を生み出せるようになりました。部下たちは、ものごとの全体像がわかるようになったことを歓迎しているようです。私がみんなに言っているのは、自分で判断して決定をくだせばいい、私に許可を求める必要はない、ということです。そして、どういう決定をくだしたのかあとで聞かせてほしい、それについて一緒に話し合おう、と。その話し合いのとき、部下からこんな言葉を聞くようになりました。「なぜ、あなたがああいう目標を目指そうとしているのか納得がいきました。私たちに自分で決めさせてくれているのも、本当に素晴らしい。昔は指示を待つだけでしたからね」。そればかりか、部下が私のところにやって来て、別のやり方を提案してくれるケースすらあります。とても充実しています。一つひとつの仕事をすべて自分でやっていたころとは、比べものになりません。

この段階で私たちはもう一度、「リーダーとして適切と考える行動を取るとき、どんなふうに感じますか？」とデーヴィッドに問いかけてみた。すると、今回はこんな答えが返ってきた。「膨れ上がっていた（思い込みの）風船が弾けるような感じがします。一枚の絵の全体像が見えてきた、と言ってもいいでしょう」。デーヴィッドは、自分自身の絵の中から抜け出し、絵の中で自分に与えられた役割を演じるのではなく、絵を外から見られるようになったのだ。

　これまで述べてきたように、〝変革をはばむ免疫機能〟は、なんらかの打撃から人を守る役割を担っている場合がある。デーヴィッドにとって、その打撃とは、愛する人たちにまつわる記憶を傷つけてしまうことだった。自分を変えることによって権限委譲という課題に取り組んだデーヴィッドの経験は、自分にとって大切な要素を保持し続けつつも、自分の既存の思考様式を組み換えなくてはならない場合があるという実例と言える。しかし、思考様式の転換は理性だけで成し遂げられるものではない。最初は、自分の精神の骨格をなす絆や忠誠心を揺るがされるように感じる場合もあるだろう。

　しかしデーヴィッドは一連の取り組みの結果、自分の原点から遠ざかるのではなく、むしろそれとの結びつきをいっそう強めることになった。自分の原点に拘束された囚人であることをやめて、それをいとおしみ、進化し続ける思考様式のなかにそれを組み込めるようになった。リーダーシップ観も変わった。以前は、リーダーになれば「仕事をしているふり」をして過ごす「敵」の一員になるのだと思っていた。リーダーとは、スーツを着込んで実際の仕事をしない「給料泥棒」だという考えにとらわれていた。しかしいまでは、リーダーになることは、ブルーカラー労働者に敬意を払う機会を手にすることなのだと思うようになった。ブルーカラー労働者だった親や親族たちが受けてしかるべきだった敬意、それを自分の部下たちに示せるようになったことに気づいたのだ。一般に現場の労働者が上司に対していだく不満の典型は、「話を聞いてくれない」というものだ。それは、現場に最も近い場所にいる人間の貴重な視点を活用しないことへの批判であり、同時に、自分がないがしろにされていることへの悲しみと怒りの表明でもある。しかし、デーヴィッドがこのような不満を向けられることはなくなった。彼は、話を聞くリーダーへの変貌を遂げたのだから。

第6章 自分をおさえることができるか？

――個人レベルの変革物語②

キャシーは才能豊かで、エネルギッシュな女性だ。仕事も愛している。世界有数の製薬会社のマーケティング部門で大きな成功を収めている。ただし、問題が持ち上がったり、障害にぶつかったりすると、不機嫌になったり、ピリピリしたりしがちだ（本人の表現を借りれば、張りつめて、感情がたかぶる）。同僚たちは、キャシーがチームにとって貴重な財産だとわかっているが、その「財産」を活用するために自分たちが払う代償が大きすぎると感じてもいる。スター級の社員に成長できる可能性は十分にあるが、そのためにはもっと「セルフマネジメント」を身につけるべきだというのが上司の評価だった。

前の章で紹介したデーヴィッドと同様、キャシーの抱えている自己変革の課題は、多くの人が直面しているものだ。私たちが自己変革を手伝ってきた何千人もの人たちのなかにも、似たような人が大勢いた。「自分の感情にもっとうまく対処したい」「感情をむき出しにしすぎないようにしたい」「被害妄想的な発想をしないようになりたい」「広い視野でものごとを見られるようになりたい」

い」「情熱や熱意をもっとうまくコントロールしたい」「過剰反応しないようになりたい」「感情と理性のバランスを取りたい」「プロフェッショナルらしく冷静に振る舞いたい」「感情のまま行動しないようにしたい」……具体的な目標はまちまちに見えるかもしれないが、すべてに共通するのがセルフマネジメントと感情抑制という課題だ。

キャシーはチーム単位の変革プロジェクトの一環として、自己変革に取り組んだ。次章で述べるように、集団レベルの変革を目指すなかで自己変革に乗り出せば、やる気が一段と高まり、力強い支援を得られる場合がある。しかしここではまず、キャシーが職業生活で大きなストレスをみずから生み出し、そのストレスにがんじがらめになっていると気づくまでを見ていこう。

感情をコントロールできない原因を探る

キャシーが免疫マップの第1枠に最初に記した内容は、以下のとおりだった。「仕事や人間関係の問題が持ち上がったときに、精神の動揺をほかの局面に飛び火させない。問題に正面から向き合い、ほかの仕事やほかの人との関係にいらだちを持ち込まない。そうすれば、自分の感情面の状態をもっとコントロールし、自分が幸せになり、結果としてチームのバランスもよくなる」

これは非常に手ごわい課題だった。なにしろ、まわりの人たちは気づいていない場合もあったが、キャシーはしばしば強い焦りを感じ、ほとんどいつもストレスに苦しめられていた。そういう内面の緊張のせいで心身ともにダメージをこうむっているという自覚もあった。肉体的には疲労し切って体調がすぐれなくなり、精神的には明晰な思考が妨げられる。やがて自分が燃え尽き、大きなツケを払わされるのではないかと心配だった。とくに、チームが何百万ドル規模の新製品発売に向けたマーケティング戦略を練っているときに、その足を引っ張ることは避けたかった。

キャシーの自己変革の取り組みはチームの組織変革の一環としておこなわれたので、免疫マップの第1枠にはチーム全体の改善目標（メンバー同士の関係をもっと良好にすること）と明確に結びついた目標を記した。キャシーは、自分がときおり感情を爆発させるせいで同僚たちを困らせていると思っていた。しかし、同僚たちも同じように考えているのか？　そういう部分を改めることが自分の最も重要な改善目標だと同意してくれるのか？　こうした点をキャシーは知りたいと思った。

そこで、デーヴィッドと同じようにアンケート調査をおこなった。回答はチームのメンバーに依頼した（全員が依頼に応じた）。チームのために最も有意義な目標を設定できているかを確認し、さらには周囲の評価を聞くことにより、この目標に関する自分の現状を把握することが目的だった。

アンケートの回答は、自己分析の結果を裏づけるものだった。しかしそれだけでなく、持ち前の感情的なエネルギーの強さが好影響を生んでいる場合もあると知ることができた。以下は、アンケートに回答者が記したコメントだ。

「おおむね、厳しい局面にうまく対応していると思う。でも、明らかに重圧に押しつぶされているときも少なからずある。そういう状態になると、しばらくはその問題に精神と人格を乗っ取られてしまうように見える。彼女が感情的になったり、冷静さを失ったり、不安になったりするのは、たいていもっともな理由があるけれど、そういう心の動きが言動にあらわれ、しかも制御不能に見える場合があるので、職場ではそれが彼女の際立った特徴だと思われている」

「キャシーが感情的にならず、ある問題で感情がたかぶってもそれをほかの仕事に持ち込まないとわかれば、みんなはもっとリラックスして彼女と仕事の話ができるようになると思う。そして、彼女の態度ではなく、発言の内容に関心を払うようになるだろう。そうなれば、ほかの部署の同僚も含めて誰もが彼女をもっと評価し、文句なしに経験豊富で有能なマーケティング専門家と認めるようになるにちがいない。出世の可能性も高まるのでは？　ただし強調しておきたいのは、前向きの感情と言動まで捨てる必要はないということ。それはキャシーの個性の一部だし、チームにとっても貴重な財産なのだから」

「とても有意義な目標だと思う。キャシーは本当にたくさんの仕事をこなしているし、仕事の質も高い。高い能力の持ち主であることを実証し、数々のプロジェクトをやり遂げてきた。同僚の仕事まで引き受けることも多い。そうすればみんなに喜ばれるけれど、彼女自身がバランスを崩しかねないし、ほかのメンバーが成長しないという弊害もありうる。自分が率いるプロジェクトのメンバーに、なにを求めるのかはっきり述べ、率直な評価を伝え続けるべきだと思う。はじめのうちは、時間がかかるかもしれない。でも長い目で見れば、むしろ時間の節約になるはずだ」

「キャシーは自分の仕事に、そしてチームに強い情熱をいだいている。素晴らしいことだと思う。みんなが楽しい気分になれるし、やる気がわいてくる。好ましい影響は、チームのメンバー以外の人たちにも及んでいる。感情抑制の仕方を改善しようとするのなら、自分自身や同僚に悪影響を及ぼすような面だけを改めてほしい。感情が好ましい影響をもたらすケースでは、感情をおさえ込む必要などない。それは彼女の大きな魅力なのだから」

自己改善の対象として選んだ側面が自分の強みでもあるという、同僚たちの評価を知り、キャシーはうれしかった（実は、自分でもそう思っていたのだ）。その一方で、自分がまわりの同僚にとって近寄りがたい存在になっていることも知った（この点も自分でわかっていたことだった）。彼女はアンケート結果に目を通したうえで、第1枠の改善目標を次のように要約した――「自分の感情と感情表現をもっとうまく管理すること」。**図6－1**は、キャシーの描いた免疫マップである。

読者のみなさんはどう思うかわからないが、私たちは正直なところ、この免疫マップに目を通すだけで少し疲れてしまった。完璧主義者の本領発揮と言うべきだろう。キャシーは免疫マップの作成にも一五〇％の努力をつぎ込んだようだ。

キャシーの掲げた改善目標が適応を要する課題であることを理解するために、免疫マップの内容を検討してみよう。まずは第2枠。どのような行動を取り、あるいはどのような行動を取っていないせいで、第1枠の改善目標の達成が妨げられているのか？　よく見ると、第2枠に記された要素は三つのカテゴリーに分類できる。第一は、感情的になること（強い感情をいだきやすく、瞬時に強烈な反応を示しがちだ。自分のいだいている感情にすぐに気づかない）。第二は、大量の仕事を抱え込むこと（ほかの人に助けを求めず、他人の求めに「ノー」と言わず、処理すべきだと思う課題は、すべて自分でやろうとする）。そして第三は、基準が厳しすぎること（必須でないものも含めて、あらゆる課題を高い水準でやり遂げたがる）。「オーバーペースで働いてしまう」のは、第二のカテゴリーと第三のカテゴリーにまたがる要素だ。ここで、いったん免疫マップから目を離して考えてみてほしい。これらの要素がどのように作用する結果、「自分の感情と感情表現をもっとうまく管理する」という目標を達成することが妨げられているのだろうか？　この問いの答えは、キャシーの免疫マップの第3枠に記されている。

第3枠に適切な内容が記されているかどうかを判断するための一つの基準は、それが自己防衛的

図6-1

キャシーの免疫マップ

1　改善目標	2　阻害行動	3　裏の目標	4　強力な固定観念
自分の感情と感情表現をもっとうまく管理すること。たとえば―― 仕事や人間関係で問題が持ち上がったときに、精神の動揺をほかの局面に飛び火させない。問題に正面から向き合い、ほかの仕事やほかの人との関係にいらだちを持ち込まない。そうすれば、自分の感情面の状態をもっとコントロールし、自分が幸せになり、結果としてチームのバランスもよくなる。	強い感情をいだきやすい。 ものごとに感情的に反応してしまう。速く、強烈な反応をしがちだ。 自分の感情を自己点検しない。 ある局面でいだいた感情を別の局面に持ち込み、その感情が言動にあらわれていても、よほど激しくないかぎり自分では気づかない。 ほかの人に助けを求めない。 「ノー」と言わない。 処理すべきだと思う課題は、すべて自分でやろうとする。 取り組む課題のすべてを110%の質でやり遂げようとする。 必須課題とそうでない課題の区別をしない。 オーバーペースで働いてしまう（頻繁に、しかも長期間ぶっ通しで）。	いかなる代償を払ってでも、あらゆることにベストを尽くす。そうしないことは、自分自身とチームに対する裏切りだからだ。 いざというときに頼りになる人間だと思われたい。課題を適切にやり遂げられる存在として信用されたい。たとえそれが非現実的で、私自身が大きなツケを払わされることになっても、この点は譲れない――やがて私が燃え尽き、チームに迷惑をかけることになるとしても。 他人に弱みを見せたり、他人の気分を害したりしたくない。「ノー」と言ったり、助けを求めたり、「無理です」と認めたりはしない。 以上の「裏の目標」の数々に、完璧な仕事をしようという強い情熱が結びつく結果、感情が張りつめた状態になってしまう。それでもしばらくは自分をコントロールできるが、やがて破綻する。肉体的には疲労し切って体調がすぐれなくなり、精神的には頭が働かなくなって、仕事の質が落ちる。こうして燃え尽き状態に陥り、その苦しみの感情を噴出させてしまう。	チームのメンバーの期待を裏切れば、頼りになる仲間という評価が傷つきかねない。チームのよきメンバーだと思われなくなる恐れがある。 自分がいだく要求水準に達しない行動を取れば、自分が仕事に手を抜いているという思いにとらわれる。 チームのよきメンバーとは、100%を越えて、110%の努力をする人間である。 上記の点について、チームのメンバー全員が同じ基準をいだいている。 私自身に関しては、150%の努力をしてこそ自分を評価できる。 110%の努力をしないくらいなら、燃え尽きる危険を冒すほうがまだましだ。 同僚に頼られる存在でなくなれば、チーム内での地位が脅かされる。 私のチーム内での評価は、困ったときにいちばん頼りになる人間だと思われているかどうかにかかっている。 一度でも同僚に「ノー」と言うことは、自分の行動基準に反する。 いかなるときでも――たとえ張りつめた状態にあるときでも――自分の感情をコントロールできなくてはならない。

性格を帯びているかどうかだ。本人が第3枠に記した内容によれば、キャシーはたとえ過剰なストレスを抱え込むことになろうと、自分自身とチームの期待を裏切りたくないと思っている。そして彼女の基準によれば、そのためには、すべてにベストを尽くし、チームで最も頼られる人間であり続け、頼り甲斐がないと思われるような行動をいっさい取ってはならない。読者のなかには、どうしてこれが自己防衛的な態度なのかと首をかしげる人もいるかもしれない。こういう裏の目標に従って行動すれば、自分の健康を脅かし、仕事の質も低下させかねない。キャシーは、むしろ自己防衛が不十分なのではないか？

確かに、キャシーはもっと自分を大切にすべきだろう。しかし、まわりの人たちの目に映る自分のイメージと好ましい自己イメージを守るという面では、紛れもなく自己防衛的な行動を取っているのである。そのような行動を取るために払わなくてはならない代償が、健康への悪影響や仕事の質の低下なのである。それらの代償については第3枠の末尾にはっきりと記されている。キャシーは、自分がいだいている裏の目標を見事に洗い出し、それがどのように感情爆発の原因になっているかをありありと描き上げたと言っていいだろう。また、この免疫マップには、典型的な〝変革をはばむ免疫機能〟が表現されている。彼女は感情をうまく管理するという目標と、つねに完璧に仕事をこなすという目標の両方を本気で目指しているが、後者の目標を追求しようとすれば、感情が張りつめて前者の目標がそこなわれてしまう——そうした矛盾が明瞭に描き出されているのだ。

第3枠の記載が適切であれば、第2枠の阻害行動が第1枠の改善目標を妨げると同時に、なんらかの形で自己防衛的な目的を達していることも浮き彫りになるはずだ。キャシーの第3枠の記述を見ると、第2枠の行動のうちで第二と第三のカテゴリー（大量の仕事を抱え込むことと基準が厳しすぎること）が自己防衛の目的を達していることは明白に思えるが、第一のカテゴリー（感情的になること）

と自己防衛の関係ははっきりしない。もし感情的でなくなると、仕事で成果をあげ、成功を収めるための自分の「武器」や才能が鈍りかねないと恐れているのか？　自分が自分でなくなると思っているのか？　大切な誰かとの関係にヒビが入ると心配しているのか？　彼女は最初、自分が感情的になる背景にどういう不安があるのかわからなかった（自分が感情的になるのはおそらく、ものごとをきちんとさせ、はっきりした行動を取りたがるからだろうと考えていた。そういう傾向は、難しい課題に取り組むときにとりわけ強くあらわれるとのことだった）。このように不明瞭な点もあったが、彼女はおおむね非常に説得力のある内容を第3枠に記せたと満足していた。

第4枠の強力な固定観念に目を移そう。そこには、免疫システムの土台をなす基本認識が記されているはずだ。ここに書かれた内容を見て気づくのは、「もし第3枠の内容と逆のことをすれば……である」という形で表現されているものと、直接的になんらかの認識を記しているものの二種類があることだ。キャシーの掲げた改善目標（第1枠）が適応を要する課題である理由を理解するうえでは、後者のタイプの記載のうちの二つがとりわけ重要に思える。いずれも基準の厳しさに関する記載だ。一つは、「私自身に関しては、一五〇％の努力をしてこそ自分を評価できる」（ほかの人たちが満たすべき基準より厳しい基準を自分自身に課しているのだ）。もう一つは、「一一〇％の努力をしないくらいいなら、燃え尽きる危険を冒すほうがまだましだ」。このような厳しい基準をいだくと、どうしてもきわめて大きなストレスを（自分で自分に課しているとはいえ）抱え込む羽目になる。強烈なストレスにさらされているとき、人間は感情の制御が難しくなる。自分に対して厳しい基準を課すと、あらゆることが潜在的な地雷原になるのだ。

目標が（技術的な課題ではなく）適応を要する課題だと理解できれば、その目標を達成できる可能性が高まる。運動や呼吸法、ヨガといったストレス軽減のための方法論を実践するだけではおそらく成果があがらないとわかるからだ。本人の性格を考えれば、そういう方法論にも一五〇%の努力で取り組んでしまうだろう。キャシーが自己変革を成し遂げるためには、自分を縛っている固定観念そのものを修正しなくてはならない。適応を要する課題に取り組む結果として、既存の思考様式のどのような側面がどの程度変わるかを事前に予測することは不可能だが、免疫マップを見れば、キャシーが見直すべきなのは、自分自身に課している基準と、それが生み出すリスクに関わる領域だとわかる。

変革後――同僚が認めた進歩

最終的に、キャシーはどの程度、自己変革を実現できたのか? 時計の針を六カ月早回しにして、二度目のアンケートでチームのメンバーがどのようなコメントをしたかを見てみよう。

「キャシーは、感情をコントロールすることに関して一段高いレベルに到達した。それは私の目には明らかだし、ほかのメンバーも気づいていると思う。変化はさまざまな局面で見て取れたが、とくに印象深かったのは『ロールアウト・プロジェクト』での振る舞いだ。あのときは、事業計画上の問題が原因で状況がコントロール不能に陥っていた。そういうときでも、おおむね感情をよく管理していた。いつも第二、第三のプランを用意していて、そのときに必要な行動を取り、その間ずっと自分の目標に向けて努力していた。見ていてそれがよくわかったし、本当に感心した。どうしても感情を吐き出さずにいられないときは、時と場を選び、信頼できる同僚と一対一で話すときに限ってそうしていた。そういう姿勢は、『ロールアウト・プロジェクト』のリーダーという新しい役割を担い、さまざまな問題が目に入って感情をかき乱されただろうに、とてもうまく対処していた。いつも冷静に、スタッフに『質問を投げかけて、あとは待つ』という効果的なアプローチを実践していた。自分の考えを一方的に吐き出すことはしなかった。そういう態度のおかげで、チーム内でのキャシーのイメージがよくなり、チームは大きな成果をあげられた」

「キャシーは、この面で明らかに成長した。ほかの人の行動が原因で不愉快な思いをするときもあるはずなのに、そういう感情に過度に影響を受けなくなった。いつも建設的な態度を貫いている。会議を欠席してばかりいるメンバーがいたにもかかわらず、プロジェクトを大成功に導いた。そのメンバーには、彼がどういうふうに期待を裏切ってきたかを具体的に話す一方で、その人の評価すべき点も忘れずに指摘した。このように、彼女は問題と感情を区別できていた」

「私とキャシーは、一緒に難しい局面を乗り切った。『ロールアウト・プロジェクト』に関して彼女の大きな構想ははっきりしていたが、問題は、その構想を実現するためにどうしたいのかが一貫しなかったことだ。彼女の要求も次々と変わったし、私がその言葉をどう解釈するかも頻繁に変わった。このような状況では、いさかいが生まれてもおかしくない。しかも、プロジェクトの締め切りは延ばせなかった。それでも、私たちは冷静さを失わず、率直に意見交換して、態勢を立て直そうとした。彼女の構想をテーマにしたワークショップをおこない、お互いの敬意を深めていった」

キャシー自身はどう感じているのか？　第1枠に掲げた改善目標について進歩を遂げたことは自覚していた。「どんなに過酷な時期にも、感情が疲弊しなくなりました」「どういうときに自分の感情が張りつめてしまうのかを理解し、状況が悪化する前に歯止めをかけられるようになりました」と述べている。しかし、それだけでなく、自分自身と世界に対する見方全般が変わったと感じてもいた。「恐怖を感じながら生きることがなくなりました」と、彼女は言っている。「自分の上にのしかかっていた重しが取れた気分です」

変革を導いた「事件」

話を戻して、キャシーがどのように自己変革を成し遂げたのかを見ていこう。一回目のアンケートにより自分の改善目標が適切なものだと確認できると、デーヴィッドと同様、「目標への道のり」の表を作成することで、最初のステップと成功の指標を明確にしようとした（**図6－2**参照）。しかし、この表は完成しないままになった。後述の「ヒューストン事件」が起きて、中断せざるをえなくなったのである。

キャシーは、作成途中の表の最初のステップに従い、自分が目指す目標を同僚たちに公表し、自分が感情的に振る舞いすぎているときは指摘してほしいとはっきり伝えた。それから一週間もしないうちに、誰の目から見ても極度に感情が張りつめているとしか言いようがない状態に陥ることになろうとは、この時点では思ってもいなかった。

ヒューストン事件

私たちは〝変革をはばむ免疫機能〟の克服を目指す人たちに対して、強力な固定観念をあぶり

図6-2

キャシーの「目標への道のり」

1　目標	2　最初のステップ	3　際立った進歩	4　成功の指標
自分の感情と感情表現をもっとうまく管理すること。たとえば—— 仕事や人間関係で問題が持ち上がったときに、精神の動揺をほかの局面に飛び火させない。問題に正面から向き合い、ほかの仕事やほかの人との関係にいらだちを持ち込まない。そうすれば、自分の感情面の状態をもっとコントロールし、自分が幸せになり、結果としてチームのバランスもよくなる。	自分の目標とそれを達成するための計画をチームのメンバーに公表する。そうすれば、同僚たちが私のことをもっとよく理解できるようになるだろう。 私が目標に反する行動を取っているときに指摘してほしいと、メンバーに頼む。 自分がどういうプロセスで感情が張りつめた状態になるのかに注意を払う。自分に起きる変化を分析して、どういうステップでその状態に陥るのかを解明する。 感情が張りつめた状態に陥るパターンを途中で断ち切るために、どのように協力してほしいかをメンバーに教える。 自分の感情面の状態について、まわりの人たちにコメントしてもらう。 感情的に振る舞いそうになったとき、冷静さを取り戻すために自分に言い聞かせる言葉をいくつか用意する。		自分が張りつめた状態に陥りかけているときは、それに気づいて、そのプロセスを途中で断ち切れるようになる。 そのプロセスを遮断するための有効な方法をいくつか確立する。肉体的な方法（深呼吸をしたり、ストレスをやわらげる効果のあるボールを握ったり）、感情的な方法（冷静さを取り戻すための言葉を唱える）、知的な方法（「この件で冷静になるために、なにができるだろう？」と自問する）を活用できるようになる。 自分の感情が張りつめていることに気づいたときは、なにかの行動を起こす前に、深呼吸をしてワンクッション置くようになる。 感情が張りつめてくると、まわりの人たちがなんらかの合図を送るなどして、気づかせてくれるようになる。 その合図に気づいて、冷静さを取り戻すよう努められるようになる（上記の有効な方法を活用する）。

出すために、まずは比較的安全な場で小規模な実験をおこなうよう勧めている。しかし、キャシーは意図せずして、小規模で安全とはとうてい言えない形で実験をおこなうことになった。「ヒューストン事件」が大規模で劇的な実験の機会になったのだ。キャシーとチームのメンバーは、テキサス州ヒューストンで開かれる会議で会社の最高幹部たちにマーケティングプランのプレゼンをおこなうことになっていた。準備万端で臨むとしても、きわめて大きなストレスを感じずにいられない場だ。なにしろ六カ月前、同じ面々にプレゼンをおこない、問答無用で却下されていた。このようにただでさえ緊迫した状況なのに、当日まで一週間を切っても準備がまだ完了しておらず、不運なトラブルもいくつか持ち上がっていた。ヒューストンに乗り込んだキャシーは、二日間休みなしで準備に励んだ。短い休憩を取り、少しうたた寝する以外は、ひたすら働き続けた。

頑張りの甲斐あって、どうにかすべての準備が終わった。そしてプレゼン当日の朝、チームのメンバーと一緒に最後の微調整をしていたとき、キャシーは失神した。誰かが呼んだ救急車で病院に運ばれる間、彼女は病院に行くことに抵抗し続けたという。病院まで付き添った人物によれば、救急車の中でこう言い続けていた。「プレゼンに遅れちゃうわ」

この発言自体は覚えていないが、自分がなにを考えていたかははっきり記憶していると、キャシーは言う。このとき考えていた内容は、自分が強力な固定観念の支配下にあったことを如実にあらわしていると、いまでは思っている。本人の言葉で回想してもらおう。「ずっと思い続けていたのは、なんとしてでも会場に駆けつけてプレゼンをしなくてはならない、ということでした。準備したものをすべて発表できなければ、チームの仲間たちに対する重大な裏切りになると感じていたのです。そのような価値観をこれほど強くいだいていたのは、自分でも驚きでした。なにしろ、そのとき私は失神して病院に担ぎ込まれる最中だったのですから！　すべてが自分の手からすり抜けていくように感じていました。この一回の会議に出席しそこなうだけで、すべてを失うのだと思っていたのです」

キャシーはさらにこう述べている。「あとでみんながお見舞いの電子メールをくれたときも、余計な手間をかけさせて申し訳ないと感じました。救急車に乗って病院に行くのがいやだった。みんなに迷惑をかけてしまうと思ったから。とくに、私の代役を務めることになるテリーサに」

あくまでもプレゼンをしたいと言い張るキャシーに、親しい同僚が異を唱えた。「あなただって、ほかの人が同じことを言えば、正気でないと思うはずだ。まともな考え方でないと、本当は自分でもわかっているのでは?」。なんとしてでも現場に戻らなくてはとばかり考えていたキャシーの思考が(ほんの一瞬だったかもしれないが)中断したのは、この同僚に次のように問いかけられたときだった。「なにを恐れているの?」。この問いに対して、キャシーは少し考えてからこう答えたという。「失敗することが怖いのよ。それに、私をチームに加えたことを、ましてやリーダーに据えたことを(上司の)チェトが後悔するような事態になるのが怖いの」。キャシーはあとでこう振り返っている。「理性的思考のレベルでは、自分の言っていることが常軌を逸していることくらいわかっていました。でも感情のレベルでは、本当は自分が有能でなくて、そのことが明るみに出てしまうのではないかという恐怖が抜けなかった。いまは違います。能力があることは、自分がよく知っている——そう思えるようになりました。きっとチェトも私のことを評価し、能力を認めてくれているはずだと信じています」

しかし、病院に運び込まれた時点では、強力な固定観念がなにものにも邪魔されずに猛威を振るっていた。自分が燃え尽きつつあると肉体がはっきり告げているのに、強力な固定観念の命令どおりに行動しようとしていた。ここまでのキャシーの回想は、その固定観念を自己観察した言葉と言えるだろう。しかしその後、彼女はつらい経験を通じて、固定観念を「観察」するだけでなく、否応なくその妥当性を「検証」していくことになる。どうして、そういうことになったのか？

一つには、本人にとっては不本意だったが、強力な固定観念に従えばぜったいに避けなくてはならない行動を取らざるをえなくなったからだ。一一〇％の仕事ができなかったのである。それに、当時のキャシーの視点からすると、プレゼンができなければチームのメンバーを裏切ることになる。これも許されざることだった。もっとも、このような行動を取るだけで固定観念を検証できるわけではない。固定観念が検証にさらされるのは、本人が固定観念に反する行動を取ることに加えて、その行動がどういう結果をもたらしたのかという点と、その結果が固定観念の妥当性に関して、なにを意味するのかという点に十分に注意を払った場合である。

では、キャシーを待っていたのはどのような結果だったのか？　プレゼンは彼女がいなくても非常にうまくいき、マーケティングプランは無事承認されたのだ（退院を許されたのは二日後。過労が原因という診断だった）。あとでチームのメンバーと最高幹部の一人から聞かされた話によると、承認の決め手になった要素の一つは、キャシーがつくり上げた提案の骨格だったという。自分が無理してプレゼンをおこなう必要などまったくなかったのだ。彼女の築いた骨格に基づいてチーム全員でプランに磨きをかけてきたので、ほかのメンバーでもプランの論拠と利点をしっかり説明できた。チームのメンバーを裏切ってもいないとわかった。プレゼンはできなかったけれど、プロジェクトの最大の功労者であることに変わりはないと、みんながはっきり認めてくれたからだ。のちに上司が別の重要なプロジェクトの責任者に指名してくれたとき、この認識は確信に変わった。しかしおそらく最も重要だったのは、入院騒動を通じて、大量に仕事を抱え込むせいで自分を傷つけているという事実を明確に認識できたことだろう。燃え尽きるリスクを背負ってまでたくさんの仕事をするのは割に合わないと、断言できるようになった。
一般的には、強力な固定観念の妥当性が否定される経験を一回しただけで免疫機能がくつがえされることはあまりない。しかしキャシーにとって、ヒューストン事件の影響は絶大だった。この経験を通じて、自分の免疫システムの根底にひそんでいた要素をさらに発見できたからだ。もっと早い段階で、どうして自分が一連の固定観念をいだくようになったかを探ろうとしたときは、とくに説得力のある原因は思い出せなかった。しかしヒューストン事件のあと、「上司がどういう言葉をかけてくれていれば、自分が評価されていると思って安心できていただろうか？」と尋ねられたとき、あることに思い当たった。昔の出来事を思い出して、彼女は涙を流した。ヒューストン事件の前は、誰がなにを言ってくれてもけっして安心できなかっただろうと気づいた瞬間、過去のつらい経験の記憶が一気によみがえってきた。それは、一〇年前、医学校への入学に失敗して激しく打ちのめされた経験だった。

最も奥底に隠れた「裏の目標」

キャシーは一〇年前の心の傷を思い出したとき、自分がその経験から強烈な影響を受け続けてきたことに気づいた。

子どものころ、私はあまり勉強をしない女の子でした。勉強家の兄とは大違いだった。とくに勉強しなくても「B」の成績を取れていたので、それで満足していたのです。とりたてて興味をもてる教科はなかったし、両親にもそれほど強く言われなかった。それでも、やがて医学校に入学したいと思うようになり、ようやく真剣に勉強に打ち込みはじめました。大学は、医学大学院への優先入学制度のある学校を選び、たくさんの科目を履修し、実務研修にも参加した。医学校に入学するという夢を実現するために、すべてを捧げていたと言ってもよかった。一心不乱に勉強に励みました。「どうして、そんなに不安に駆られたみたいに勉強するの?」と言われたものです。医学校に出願するとき、私は自分にふさわしいと思う学校を受験しました。そして、不合格にされた。予想もしていない結果でした――私にとっても、ほかのみんなにとっても。私は深い心の傷を負いました。大学時代にすべてをなげうって勉強したのに、それが報われなかったのですから。あまりにショックだったので、この経験に正面から向き合うことを避け続けて、そのまま今日まできてしまいました。

数週間後、キャシーは「医学校問題」を記憶の中から掘り起こしたことの効果を語った。

私は一〇年間、その記憶に蓋をし続けてきた。大切な人が死んだのにその事実を認めようとしない、そんな感じでした。でも、あの出来事について言葉に出して話すことで、その経験と向き合うことができた。それがどれほどつらく、きまりが悪く、不愉快で、ショックで、苦しい経験だったかを受け止められたのです。当時は、大したことではないと自分に言い聞かせていました。でも、いまははっきり認められるようになった。あのとき、私の一部が死んだのだ、と。……単に夢が破れたというだけではない。一つの目標のために人生の一部を捧げ、その目標に手が届かなかったのです。問題は恥の意識でした。不合格という結果そのものより、その結果により、なにを失う恐れがあるのかが問題だったのです。私がどれほど頑張っていたかは、家族や友達、同級生など、まわりのみんなが知っていた。だから、「いったい、どうしちゃったの?」とみんなに言われる羽目になった。そういう言葉の一つひとつを屈辱と感じていました。

この経験がもたらしたもの、それは自己不信だった。ヒューストンで病院に運び込まれるまで気づいていなかったが、医学校への入学に失敗して以来、キャシーはいつも不安にさいなまれていた。一〇年前の出来事がずっと重荷になっていたのだ。その不安のせいで、たえず自分の価値を自分自身と他人に対して実証し続けなくてはならないという強迫観念が抜けなくなっていた。本人の言葉を借りれば、「大切なものを奪い取られるのではないかと不安だった」。キャシーはこれに続いて、自分自身について発見した事実がもう一つあった。それは、医学校に入学できなかったことがどれほど自分を苦しめていたかを再認識した結果として、見えてきたことだった。その二つ目の発見とは、自分の価値を実証するためには、いつも「イエス」と言い続けなくてはならないと思い込んでいた、ということだ。まわりの人たちの求めに応じていれば、「欠かせない人物」だと思ってもらえるという発想をしていたのだ。

デーヴィッドもそうだったが、〝変革をはばむ免疫機能〟を掘り下げて検討すると、その人の知性の段階が浮き彫りになるケースが多い。キャシーの場合は、自己主導型知性の「台地」の上にしっかり乗っているとは言いがたかった。自分自身の方針とアイデアに基づいて自分の能力を活用するのではなく、他人の否定的な評価によって傷つきやすい状態に陥るのを防ぐために――要するに、環境順応型知性の段階に滑り落ちないために自分の能力を用いていたからだ。完璧主義的な傾向、他人に助けを求めない態度、弱みを見せまいとする警戒心……これらはすべて、一つのきわめて強い決意（つまり、裏の目標）から派生したものと考えられる。それは、自分と他人に対して、「消えることのない根深い欠陥」の持ち主である自分を価値ある人間だと思わせたいという強い意志だ。キャシーが免疫機能を克服するためには、そういう否定的な自己評価を抜本的に変える必要があった。

ヒューストン事件後の展開を通じてキャシーが気づいたのは、自分の本当の価値が「行動」より「思考」の面に、問題を分析し、課題を定義し、チャンスを見いだす力にあるということだった。こうして、仕事に復帰する前に早くも新しい自己認識をいだきはじめていた。彼女はまず、この新しい自己認識を自分の内面でしっかり受け入れることを試みた。ヒューストン事件以前の自己と、いま新たに生まれつつある自己の折り合いをつけようとしたのだ。そうすると、医学校に入学できなかったことも悪くなかったと思えるようになった。

あのこと（医学校に入れなかったこと）にはしかるべき理由があったのだと思います。いまは、その結果に満足しています。違う結果になっていたらよかったのに、とはまったく思いません。あの経験があったからこそ、私はこのような人間になり、このように行動するようになったのです。いま私を仕事のチームに加えたいと思ってくれる人がいるのも、あのときの経験があってこそ。医学校に入るために勉強したおかげで、ほとんどの人が学ばなかったり、忘れたりしている基礎的な科学の知識が身につきました。それに、いま仕事をするうえで、当時鍛えた記憶力が大きな財産になっていることにも気づきました。

退院後の二、三週間、職務時間を減らして在宅で仕事を再開したとき、キャシーはこの新しい自己をいっそう確認することになる。プロジェクトにパートタイムのメンバーとして参加したこの経験を通じて、自分がチームにどのように貢献できるかがよく理解できたのだ。このときは日々の業務をおこなうのではなく、ほかのメンバーに助言と講評を送る役割だけを担った。資料を読むと、「チームがなにをすべきかが明確にわかった」ので、電話会議で意見を伝えたところ、「すごい！いいアイデアだ。あなたの言うとおりだと思う」といった反応が戻ってきたという。やがて職場に復帰すると、そのプロジェクトのリーダーになるよう求められた。

職場復帰したときの思いを本人はこう振り返る。「自分がなにをすべきか、それをどのように実行すべきかがはっきり見えてきました。ここが自分の居場所だと思いました。それまでチームになにが足りなかったのかもわかりました」

〝変革をはばむ免疫機能〟を克服すれば潜在能力をもっと開花させられると、私たちはよく説明する。このときのキャシーの経験はその典型だ。二つの目標の間でジレンマに陥らなくなり、エネルギーが解き放たれる結果、行動のレベル（たとえば、それまで以上に精力的に長時間働けるようになる）と感情のレベル（たとえば、重圧から解放され、もっと自由に、自分をすり減らさず、窮屈に感じなくなる）だけでなく、知性のレベルにも変化が起きる。まわりの人から「頭がキレる」と評価されるようになるのだ。不安を感じなくなることが知性に及ぼす効果はきわめて大きい。実験で被験者に強い不安を感じさせると、ＩＱテストの点数が悪化することからも明らかなように、不安が急激に高まったとき、一時的に行動の質が低下することはよく知られている。それと同様に、慢性的な不安にさいなまれている人は、概して慢性的に自己防衛のために知性を浪費し続ける。その点、自己防衛に費やす知的エネルギーが少なくてすめば広い視野をもてる。その感覚は、目の前の霧が――そこに垂れ込めていることに気づいてすらいなかった霧が――晴れるのに似ている。キャシーは言う。「以前の私のように、恐怖を感じながら行動していて、しかもそのことに自分で気づいていないというのは、生産的な環境とは言えません。精神が疲れ果ててしまいます。いまの私は、そんなことがなくなりました」

なにが必要かが見えてきたことで、上司にも堂々と提言できるようになった。「ある上司には、新たに取り組むべきプロジェクトが八つあると指摘し、さらに、すでに発足している別のプロジェクトに私を加えてほしいと述べ、その理由も訴えました」。自分がチームに貢献できているという自信がわいてきた。本人は、以前との違いをこう語っている。「昔も自分のアイデアをみんなに披露してはいたのです。でもそのとき、自信の乏しさも暗に伝えていた。いまは、自分の知識と視点の価値を自覚しています。私はデータを押さえたうえで、ほかのマーケティング専門家とは違う角度でものごとを見ている。新しい価値を生み出すのは、私の行動ではなく、そういう視点の違いなのです」。以前、上司から言われた謎めいた言葉の意味がようやく理解できた。「(上司の)チェトに言われたことがあります――『どうして、きみはもっと自分に自信をもたないんだ?』。そのときは、不思議なことを言うものだと思いました。当時私は、自信がないどころか、態度が偉そうだと批判されてばかりいたのです。自分の意見を述べるのを躊躇したこともなかった。でも、いまは、チェトがなにを言おうとしていたのかがよくわかります」。態度が大きいことと強い自信をいだいていることは、けっしてイコールではない。前者は、周囲の評価に振り回されないために長時間労働するのと同様の態度、後者は、自己主導型知性の「台地」の上にしっかり乗っている人間の態度だ。

ヒューストンでの入院騒ぎは、おおむね好ましい結果につながったように見える。しかし、まだ検討していない点がある。この事件以降、社内でキャシーに対する評価が下がることはなかったのか? この点には、きわめて明瞭な答えが出ている。評価が下がるどころか、上司は高い評価を伝え、どういう点が素晴らしいかを伝えてくれた――「それは、どういう行動を取るかとは関係がない。きみを価値ある存在にしているのは、ほかの人間にはない独特の発想だ。きみという人間そのものに価値がある。きみらしい方法で行動することが大事なんだ」と。

ここで、ヒューストン事件からおよそ二カ月後の時点での状況を整理し、免疫機能克服のプロセスがどこまで進んでいたかを確認しておこう。ヒューストンで病院に運ばれた直後は、精神面で激動の日々だった。まず、既存の思考様式が強く揺さぶられて、いままでのやり方で仕事ができなくなった。しかし勇気を奮って、蓋をしていた過去の経験と向き合い、それを前向きに乗り越えた。それにより、新たに手にできたエネルギーと自信を武器に、戦略づくりと計画立案に優先的に取り組むように転換しつつある。それまでいだいていた強力な固定観念は、ことごとく根拠の乏しいものだとわかった。さまざまな観察と検証作業（意図しておこなったものもあれば、意図せずにおこなう羽目になったものもあった）を通じて、自分の強力な固定観念についてなにがわかったのか、キャシーは示唆に富んだことを述べている。とくに注目すべき点は、検証作業の結果、他人の評価にびくびくするのではなく、自分の内面の安定に関心を払うようになったことだ。

ほかの人たちや自分自身の「期待を裏切る」とはどういうことなのか――その点に関する自分なりの定義が変わりました。以前はどういう行動を取るかが問題だと思っていましたが、いまはどういう人間であるかが問題だと思っています。発言しなかったり、意見を伝えなかったりすれば、期待を裏切ることになるのです。重要なのは、知恵を提供すること。だから、提供できる知恵がなくなったり、自分のアイデアや分析に価値を見いだせなくなったりしたときは、自分にがっかりすることになるでしょう。

私がいだいていたもう一つの強力な固定観念は、「チームのよきメンバーとは、一〇〇％を越えて、一一〇％の結果を出す人間である」というものでした。この点について、考えは変わっていません。変わったのは、すべてを完璧に完了させられたかを基準にして、一〇〇％だの一一〇％だのということを考えなくなったことです。完璧であるとは、いっさいの欠落なしに課題を完了させることではない。重要なのは、構想やアイデアの質、そしてそれらを生み出すための思考の質なのだと思うようになりました。

「私自身に関しては、一五〇％の努力をしてこそ自分を評価できる」という固定観念もいだいていました。この考え方も間違っていないと、いまも思っています。ただし、この言葉の意味づけが若干変わりました。自分の判断に基づいて、必要だと思う時間とエネルギーをつぎ込むようになったのです。ときには、行動するために費やす時間は三分にすぎない場合だってある。卓越した仕事ができるかどうかは、思考の質と量で決まるのです。

私がいだいていた最も大きな固定観念は、「一一〇％の努力をしないくらいなら、燃え尽きる危険を冒すほうがまだましだ」というものです。この発想に関しては、そもそも間違いだったと、いまでは思っています。

ここまでの段階でキャシーが経験したプロセスは、大半のケースより劇的で短期間に凝縮されていた（免疫機能を克服するためには、かならずしも入院する必要はない）。思考様式の変化がきわめて急速に進んだことは、ヒューストン事件の恩恵と言っていいだろう。「入院を経験してよかったと思っています。あの出来事がなければ、いまも自分の本当の声に耳を傾けていなかったでしょう」と、本人は述べている。しかし、もしこのようなドラマチックな形で固定観念を検証しなかったとしても、もっと時間をかけて同じ結論に達しただろう。もっと体系的に、段階を追って実験を重ねることにより、強力な固定観念をくつがえして免疫機能を乗り越えた人が大勢いるのだ。

変革を継続させる新しい行動パターン

おそらく、あまりに急激に免疫機能を克服したせいだろう。キャシーは、職場に復帰したあとも新しい認識を保ち続けられるか心配していた。数々の固定観念を改めたとはいえ、感情がかき乱されて元の状態に逆戻りする落とし穴は山ほどあると気づいていたのだ（職場には、キャシーに以前のような行動を取らせるきっかけをつくる人が大勢いた。しかも当然ながら、指揮していたプロジェクトは過酷な締め切りを課されていたし、不安材料もいくつもあった）。それに、期待を裏切らないこと、新しい価値を生み出すこと、完璧であることについての新しい考え方を実際の行動に反映させていかなくてはならない。そのためには、まわりの人たちとの接し方を変え、時間の使い方やスケジュールの組み方も変える必要があった。要するに、改善目標を実現するためには、まだ進歩しなくてはならなかった。

そこで、キャシーは職場復帰に先立って新しいスケジュール表をつくった。勤務時間数の上限を決め（とくに夜間の勤務を制限した）、体を動かす時間を予定に組み込んだ。また、第2枠の内容を見て、どうして自分が過剰な量の仕事を抱え込んでいたのかを確認し、それに基づいて、どのように行動を変えるべきかを考えた。誰に助けを求めればいいか、どの仕事をほかの人に任せればいいかも決めた。そして、職場のデスクとコンピュータに付箋を貼り、「その仕事はどれくらい大切か？」という言葉がいつも目に入るようにした。以前のキャシーは、あらゆる課題を無条件に最重要事項と判断して行動する結果、過度に感情的になってしまった。その落とし穴に再び陥らないようにするのがねらいだった。さらに、ヒューストン事件の前に作成していた「目標への道のり」の表を再確認し、最初のステップの項に記した内容をすべて実行した。

ストレスを軽減するためには、自分の仕事の質に自信をいだき続けることも必要だ。そのため、新しい行動パターンを実践しながら、「行動を変えた結果、新しい自己認識の当否についてなにがわかったのか?」と、自分に問いかけるようにした。たとえばキャシーは、スケジュールに詰め込む活動の量を制限する一方で、自分が価値を生み出せているという感覚も失いたくなかった。そこで勤務時間を減らしたうえで、次のように自問した。自分で意図したとおりに時間を使えているか? 自分はチームにどういう貢献をしているか? そして数週間後、こんな自己評価に到達した。「スケジュールづくりはうまくできているし、退社予定時間も守れている。仕事の仕方を適切に変えられていると思います。しかも、それでもなおチームに貢献できているという自信も感じられています」

この過程で、自分が価値を生み出す新たな方法もいくつか見つけた。たとえば、キャシーが属しているマーケティングチームは、顧客に対してなにを言ってよくて、なにを言ってはいけないのかについて、社内のさまざまな部署から矛盾する指示を受けていた。とくに問題だったのは、研究開発チームと法務チームの意見対立が長期化し、敵対的な雰囲気が生まれていたことだ(すでに述べたように、キャシーは大手製薬会社のマーケティング部門で働いていた)。「ロールアウト」と銘打ったプロジェクトの責任者に指名されたキャシーとしては、この状況を解決する必要があった。マーケティング上のメッセージをつくり上げることが難しい理由は、なかなか消費者目線で考えられないという点だけではない。社内のさまざまな部署の調整をおこない、ほかの部署の了解を得るのが簡単でないのだ。社内の個人的対立に足を引っ張られることも珍しくない。

結局、キャシーは対立を解消できた。この結果には誰もがほっとした。もし自分が対話をうまく促せていなければ、対立はまだ続いていただろうと、キャシー自身も思っている。「この成果は、私が自分の交渉技能を再三にわたって活用してはじめて実現できたものだと思っています。関係者を一堂に会させて、実のある対話を促す必要がありました。合意を妨げている要因を明らかにする能力も必要でした」

自分の貢献を振り返るうちに、もう一つ気づいたことがあった。以前なら、このような状況にぶつかれば動揺して感情的になっていただろうと思いいたったのだ。なにしろ、この件では最初から誰もが感情をたかぶらせていた。それに、きわめて大きな問題でもあった。マーケティングチームにとって、研究開発部門と法務部門の対立を解消することは非常に重要だった。セールスチームに新しいマーケティングメッセージを通知できるのは、あらかじめ決められた年に数度の機会だけ。その貴重な機会をふいにすることは許されなかった。これ以上ないくらい厳しい状況だ。以前のキャシーだったら、誰かに怒りをぶちまけ、ほかの人たちとの関係にもその感情を持ち込んだ挙げ句、なんとか仕事をやり遂げようとして過剰労働に陥っていたにちがいない。しかしこのときは、そういう行動を最後までいっさい取らなかった。それは目を見張るべき変化と言えた。というのも、結局は期限内にマーケティングメッセージをまとめられなかったからだ。古い思考様式をいだき続けていれば、感情のコントロールができなくなっていた可能性も十分あった。

このように先が見えず、強いストレスを感じる局面で、どうして冷静さを保てたのか？　本人の説明によれば、自分でコントロールできているものはなにかと自分に問いかけ、その答えを基準に意思決定をおこなったのだという。この時期にキャシーがくだした数々の小さな決断のなかから、実例を二つ紹介しよう。一つ目の事例は、チームのメンバーとの関係でくだした決定にまつわるものだ。ようやくマーケティングメッセージの基本的な方向性に了承が得られて、細部の詰めに取りかかろうとしていたときのことだった。「強く意識したのは、なにが正しいかという自分の判断をおろそかにしないということでした。あるとき、最新の修正案を見てこれはひどいと思いました。そこで、チームの全員を集めて言いました。『データをすべて精査したいと思います。そのうえで、一人ひとりがこの修正案について冷静に考えてみてほしい。果たしてこの案は、説得力のあるストーリーを語っているのだろうか』。すると、誰もがこれはひどいという結論に達しました。その結果、その案の採用を見送り、最終的に現在の案に落ち着いたわけです」

二つ目の事例は、自分の時間の使い方と締め切りに対する考え方にまつわるものだ。受け取った一通の電子メールについて、キャシーはこう振り返っている。

その電子メールを読んだとき、私はこう思いました。「明日、プレゼンをしろと言うわけ？　もう夜の九時よ」。腹を立て、キツイ言葉づかいで返信メールを書きはじめたのですが、途中でその手を止めて自分に問いかけました。「この問題で、私にコントロールできることはなんだろう？」。すると、すぐに気づきました。「彼は、状況がわかっていないのかもしれないわ」。私は返信を書き直し、状況を説明することにしました。「プレゼンで紹介する視覚資料もメッセージもまだ承認を得られていないのです。早くても次の金曜まで承認は下りません。プレゼンが必要なのはわかっています。別の日程でお願いできませんか？」。すると、とても協力的な内容のメッセージが返ってきました。

キャシーが自分でものごとをコントロールできていると思えるようになったことは、一連の活動の最後におこなうエクササイズに対する回答に最もよくあらわれている。そのエクササイズとは、古い行動パターンに引き戻されるきっかけになりそうな状況をリストアップし、そういう状況になったときにどういう対策を講じるつもりかを答えるという作業だ（詳しくは第10章参照）。キャシーの回答を紹介しよう。

おおむね、以前より自分の状態を把握し、自分をコントロールできるようになりました。昔に比べれば、どういうときに自分の感情が張りつめてしまうのかがわかり、そういう危険があるときに気づけるようになったと思います。悪いサイクルに突入することを避けるために、あるいはサイクルに入ってしまったあとで歯止めをかけるために、以下のような行動を取ることにしています。

- 「私は冷静だ」という言葉を繰り返し唱える。
- ストレス軽減効果があるボールを握りしめる。
- 感情が張りつめていると気づいたときは、行動する前に深呼吸してワンクッション置く。
- 誰かの言葉にカッとなったときは、自分にこう言い聞かせる。「相手への敬意を忘れないこと。そして、冷静さを失わないこと。別に世界が滅びるわけではないのだから。私は状況をしっかりコントロールできている。礼儀正しく話を聞いて、そのあとで丁重に異論を唱えればいいのよ」
- まずいことが起きていると思ったときは、自分にこう問いかける。「原因は私？　それとも、私以外に原因があるの？」

● ストレスを感じていると思ったときは、自分にこう問いかける。「この問題で私がコントロールできていることはなんだろう？　コントロールできていないことは？」。そのうえで、自分がなにをコントロールできているかに基づいて意思決定をおこなう。

● 自分にこう問いかける。「これは、病院送りになる覚悟でやる価値があることなの？」

● 手持ちの時間でできることとできないことを区別する。

● スケジュールが詰まっているときに、締め切りの厳しい仕事を頼まれた場合は、「その締め切りに間に合わせるのは無理です」と相手に告げる。あるいは、その締め切りまでにできることとできないことをはっきり伝える。もしくは、スケジュールが詰まっていることを説明し、締め切りを延ばせないかと提案する。

● 優先順位を考えれば、課題Ａはできるけれど、課題Ｂはできない、というふうに確認する。

● 課題の締め切りが近づいてきたとき、自分にこう問いかける。「締め切りに間に合わせるために、なにが必要なのか？」

● 勤務スケジュールを守れているかをチェックする。退社時間を自分で決めて、それを守るようにする。いくつも会議が続くときは、「本当にすべてに出席する必要があるのか？」と自分に問いかける。

● 自分が決めた退社時間をどうしても守れないときは、上司に連絡して、翌日は出社しないと告げる（上司も了承してくれている）。

● 自分がどのような価値を生み出し、どのような貢献をしているかを意識する（自分の価値は、目に見える行動を取ることにはないと思っている）。

● 新たにいだくようになった自信を強く意識する（不安の感情から解き放たれたことで、自分が価値を生み出せていることに気づけた)。

状況をコントロールし、自分で選択をおこなうという発想は、自己変革を実現できた理由を本人が説明した言葉にもあらわれている。キャシーにとって、変化が「訪れた」という表現は正しくない。以下の回想からも明らかなように、彼女は主体的に変化の筋書きを書いたのである。

最も大きかったのは、強力な固定観念の根にあるのが不安だと気づいたことでした。大切なものが奪い取られるのではないかと、不安でたまらなかった。いまの仕事を取り上げられないようにするために、自分がこの仕事を上手にできると実証し続けなくてはならないと感じていたのです。もう一つ大きかったのは、医学校への入学に失敗した経験のせいで不安に苦しめられ続けていたのだと、はじめてわかったことでした。私は心の奥底であの経験を自分の汚点とみなしていて、あんなことになったのは自分に欠陥がある証拠だと決めつけていた。でも、そういう思いを口に出すことはありませんでした。同じ経験を二度と味わわないように、ひたすら大量の仕事をこなし続けただけだった。いまはその負担から解放されて、本当に気持ちが楽になりました。とても感情が消耗する日々だったのです。

自分の価値は目に見える行動を取ることにはないと、いまは思っています。どういうマーケティングを実行するかがすべてではないのだと思えるようになりました。この点は、自分でもいちばん意外だった変化です。一連の経験を通じて気づいたのは、自分が本当に質の高い仕事をできているということ。また、私の仕事の質を高めているのは、私が取る行動だけでなく、私という存在そのもの、そしてほかの人にはない独特の視点なのだということでした。ほかの人たちもそのように見てくれていることもわかりました。

ヒューストン事件は、私が自分自身についての見方を変えるきっかけになりました。テリーサが私の代わりにプレゼンを成功させたことで、別に私自身がものごとを実行しなくてもかまわないのだということ、そして、私のもっている技能、知識、視点こそが私の価値なのだということを確認できたのです。テリーサがプレゼンをやり遂げられたのは、私が適切に準備をし、提案の内容を明確に磨き上げておいたからです。ほかの人にはない私の価値とは、プレゼンを実行することではなく、プロジェクトの計画立案の面にあったのだとわかりました。こうして新たな自信が深まったことで、自己変革の取り組みにいっそう弾みがついたのです。

私は科学的な考え方をする人間です。証拠がなければなにも信じません。その点、ヒューストン事件により、私は不本意ながら実験をおこなう羽目になりました。その実験でテリーサがプレゼンを成功させた結果、自分で実行しなくても私の目標と構想を実現することは可能なのだという証拠が得られたわけです。

世界認識の方法が変わる

私たちが第5章とこの第6章でデーヴィッドとキャシーの事例を紹介したのは、二人が突出して素晴らしい成果をあげたからではない。むしろ、誰でもこの二人と同じくらい大きな変化を遂げられると思っているからだ。その点は、あなたがどういう組織に属していようと関係ない。自分や同僚を根本から変えることなど不可能だと思っている人は、デーヴィッドとキャシーを「生きた証拠」と考えてほしい。私たちは、二人のように自己変革に成功した人たちをたくさん目の当たりにしてきた。国もさまざまだし、業種もさまざまだった。男性もいれば女性もいた。キャリアを出発させたばかりの人もいれば、働き盛りの人やキャリアの終盤に差しかかっている人もいた。要するに、誰にでも自分を変えられる可能性はある。ただし、一つ強調しておきたいことがある。そのような変化はひとりでに起きるわけではない、ということだ。自己変革を成し遂げようと思えば、知性を発達させなくてはならない。人が知性を発達させるためには、それにふさわしい学習の環境が必要だ。これまでの学習方法——技術的な課題にしか対応できない場合が多い——によって、適応を要する課題に取り組もうとしても、期待するような結果は得られない。失望し、幻滅する羽目になるだろう。

自己変革のために大きな努力を払うほど、大きな見返りを得られる可能性が高い。現にデーヴィッドとキャシーは、最初に自分で掲げた目標をはるかに上回る成果を手にした。適応をともなう変化の際立った特徴は、普通に手を伸ばして届くよりも遠くのものまで手に入るようになることだ。「良い問題は人を育てる」と、私たちはよく言う。そういう問題と向き合うことを通じて、知性の発達の新しい段階、言い換えれば自己認識の新しい段階に達したり、その段階での足場を固めたりすることができるのだ。デーヴィッドやキャシーに起きたのは、そのような変化だった。

キャシーは、感情をコントロールできるようになりたいという目標を掲げた。そしてその目標を達成し、その過程でほかの人たちに仕事を任せられるようにもなった。しかし、単にさまざまな面で仕事のスキルが向上しただけではなかった。〝変革をはばむ免疫機能〟を克服することにより、以前より高度な知性の段階に到達できた。第1章で述べたように、知性のレベルがある段階に達した人は、それまでものごとを見る際のフィルターだったものを客観視できるようになる。ある認識アプローチの囚人だった人が、その認識アプローチと距離を置き、その全体像を見られるようになるのだ。その結果、それまで見えていなかったものが見えてくる。

キャシーの場合は、自己主導型知性への完全な移行に向けて背中を押された。彼女は、自分に対して課す基準（非常に厳しい基準だった）がはっきりしていて、ものごとを解釈するための自分なりの枠組みやフィルターも確立できているように見えた。しかし、免疫機能の克服に取り組むことを通じてはじめて、そういう自分なりのシステムの土台に、「自分には重大な欠陥がある」という基本認識があることが見えてきた。「私には欠陥がある。それがみんなに知られて、大切なものを奪い取られることを防ぐために、要するに自分を守るためには、いまのように自分という人間を規定し、世界を認識することが不可欠だ」。このような思い込みは免疫マップの第4枠には記されなかったが、キャシーの最も大きな固定観念だったと言えるだろう。

キャシーが成し遂げた自己変革は、きわめて大きなものだった。その点は、「あらゆる重圧から解放された」「不安に苦しめられなくなった」「木だけでなく、森も見られるようになった」「以前は見えていなかったものが見えるようになった」といった本人の言葉によくあらわれている。こういう大きな変化を実現できたのは、視野を広げ、世界認識の基本的なアプローチを転換できたからにほかならない。いまのキャシーは、以前よりはるかに開放的でゆとりがあり、自分を守ることばかりを考えなくなった。自分という人間と自分の思考に自信をもてるようになり、さまざまな面で束縛から解き放たれたのである。自分の価値を実証するためにすべてのことを自分でやる必要などないとわかれば、実のある権限委譲をおこない、ほかの人に助けを求め、ほかの人たちを光り輝かせることができる。自分の恥ずかしい秘密が発見されないように、たえず監視塔で見張りに立ち続けなくてよくなると、もっと有望な選択肢が目に入り、それまで縁のなかった深いやすらぎを味わえるようになるのだ。

第7章

うまくコミュニケーションが取れないチーム
――集団を変革するために、個人レベルで自己変革に取り組む物語

第4章ではさまざまなグループの、第5章と第6章ではデーヴィッドとキャシーという二人の個人の免疫機能を克服するための活動を紹介した。第6章の冒頭で述べたように、キャシーの自己変革の取り組みは、職場のチーム全体の活動の一環としておこなわれたものだった。本章では、そのキャシーのチームの活動を詳しく検討し、個人レベルと集団レベルの両面で並行して変革を推し進めるために有効な仕組みを見ていきたい。その方法とは、チームの変革を目指すなかで、個々のメンバーが自己変革に取り組むというものである。

前述したとおり、キャシーが勤めているのは世界有数の製薬会社だ。以下では「ネイサント製薬」という仮名で呼ぶことにする（ネイサントとは英語で「生まれたての」という意味）。この会社で新たな上級マーケティングチームが組織され、チェトという男性がリーダーに指名された。キャシーもこのチームの一員となった。新チームに課されたのは、旧チームが失敗した課題をやり遂げること。具体的には、同社の戦略的成長目標のカギを握る新薬を売り込むために、明確で説得力ある

マーケティングプランを考案することが要求された。成功すれば得るものが大きい半面、きわめて手ごわい課題でもあった。この使命を果たすためには、早い段階でチームを一つにまとめ上げることが不可欠だった。

リーダーのチェトは精力的に陣頭指揮を執ることで定評があるマネジャーだったし、メンバーは有能で経験豊富な人ばかりで、誰もがプロジェクトを成功させたいという強い意欲をいだいていた。しかし私たちが最初に会ったとき、成功の可能性はあまり高くないように思えた。

新チームのメンバーの半分は、以前からチェトが率いていたチームにいた人たちだったが、残り半分は別のもう一つのチームから合流した。二つのチームの流儀には際立った違いがあった（この時点では、違いがどれほど大きいかは誰も理解していなかったのだが）。チェトは、実務に深く関わり、こと細かに指示を出すタイプのリーダーだったが、もう一つのチームでリーダーを務めていた人物は、カリスマ性があるタイプで、放任主義的な傾向が強かった（この女性リーダーはチェトと同じく、社内で高い評価を得ているが、新チームには参加していなかった）。二つの旧チームのメンバーは誰もが新チームにとって欠かせない技能や経験の持ち主だったが、問題は二つのグループの間に深い亀裂があるように見えたことだ。新チームが力を合わせて目標を達成するには、どうすればいいのか？

新チームの人数は八人にすぎなかったが、二つのグループを融合させるのは簡単でないだろうと、チェトは覚悟していた。企業などの合併は、たいてい一筋縄でいかないものだからだ。とはいえ、与えられた時間は限られていた。しかもこのプロジェクトはネイサント社の未来を大きく左右するものだった。そこでチェトは、チームが一体になるために外部のコンサルタントの力を借りることにし、誰に依頼するかをメンバーに決めさせることにした。

そのコンサルタント候補として招かれて、チームづくりのプランを提案したなかに、私たちもいた。[1]私たちは、あらかじめチェトの意図と願望を詳しく聞いたうえでチーム全体と話し合い、チェトの考える問題点について意見を交わし、私たちなりのプランを示した。

私たちが提案したのは、チーム単位で取り組む密度の濃いプログラムだった。個人レベルと集団レベルで〝変革をはばむ免疫機能〟の克服を目指し、その両方の取り組みを互いに関連づける。期間は半年。最初にチーム全体で二日間のワークショップをおこない、その後さらに丸一日のワークショップを二回実施する。ワークショップとワークショップの間には、個人ごとにコーチングをおこなう。新たに浮上してくる問題があれば、臨機応変に対応する。また、現状でのメンバー同士の関係を把握することと、半年の進歩の度合いを確認することを目的に、プログラムの開始前と半年後に質的調査と量的調査の両面で「現状調査」をおこなう。さらに、プログラムが終了した三カ月後に、全員と個別面談をおこない、その後の状況とプログラムの効果を点検する。以上の簡単な説明でも明らかなように、時間もエネルギーもかかるプログラムだ。それでも、それだけの努力――メンバーは「投資」という表現を用いた――に見合う価値があると、彼らは結論づけた。もっと協力して仕事ができるように個人レベルと集団レベルで変われるのであれば、やってみようと考えたのだ。こうして、このチームは、私たちの支援のもとで変革に向けた取り組みに乗り出すことになった。

現状の「自画像」を描き出す

まず、最初のワークショップに先立って、メンバー全員の個別面談とアンケート調査をおこなった。それにより明らかになったのは、チーム内に信頼関係が著しく欠如しているということだった。[2]

どうして、そのような状態に陥っているのか？　その原因としてメンバーが挙げた問題点は、チェトの直感を裏づけるものだった。メンバーの見るところ、このチームは旧所属チームごとに二つの派閥に分断されていて、それぞれの派閥内では励まし合い、信頼し合う文化が形づくられていたが、派閥間の信頼感が弱かった。とくに、一部のメンバーは対立派閥に対して深い猜疑心をいだいていた。その証拠に、「裏切り」という言葉が頻繁に用いられた。

ほぼ全員の意見が一致したのは、チェトが明確な構想と目標を示し、プロジェクトを成功させるために戦略を練り、現実的に行動し、精力的で、強い意志をいだいているという点だった。その半面、予想どおり、以前もう一人のリーダーの下で働いていた人たちは、仕事をしづらいと感じていた。最も手厳しい評価は、チェトが「マイクロマネジャー」（過剰に細部まで管理したがるマネジャー）になっているというものだった。新たに部下になった人たちは、「過剰に指図」され、「細かいことまで頻繁に報告」させられていると感じていた。チームの士気やメンバーへの評価など、チームで仕事をするうえで重要な人間的側面に十分注意を払っていないという不満も聞かれた。また、以前から部下だった人たちも含めて多くのメンバーが指摘したのは、チェトが自分自身のワーク・ライフ・バランスを修正すべきだという点だった（いまは「ワーク」一辺倒になっていると、メンバーは感じていた）。彼の仕事のペースに、多くのメンバーは音を上げていた。

現時点でのチームの好ましい点として両グループのメンバーがそろって挙げたのは、強い勤労倫理と献身的な姿勢があること、そして、豊かな才能と専門知識の持ち主がそろっていて、技能面での人材の多様性も確保できていることだった。その半面、改善すべき点としてメンバーが指摘した側面が二つあった。チーム内に適度な信頼関係をはぐくむうえで、その二つの問題が大きな妨げになっていると、メンバーは感じていた。それは、「仕事のスタイルの多様性」と「コミュニケーション」の問題である。仕事のスタイルに関しては、あるメンバーの言葉が全員の思いを代弁していた――「仕事のスタイルの違いが尊重されていません」

また、好成績を残せるチームの土台をなすのは高度なコミュニケーション能力だと、すべてのメンバーが考えていた。うまく意思疎通ができていないチームは、好き勝手に行動する個人の集合体以上の存在になりえず、最終的には誰かが（たいていはリーダーが）自分の主張を押し通すことになりやすい。良好なコミュニケーションを重ねてきたチームは、どういう問題点を解消すべきかさえはっきりすれば、たいてい自力でそれを乗り越えられる。しかし、チームが誕生して間もなかったり、つまずいていたりする場合は、外部の専門家の力を借りたほうがうまくいくケースがある。この点を理解していたからこそ、彼らは私たちのプログラムを試してみようと考えたのだ。

このチームは、実にさまざまな面でコミュニケーションのあり方を改善する必要があった。その点は、以下に紹介したメンバーのコメントを見ればよくわかる。

「なにか言っても、誰も真剣に聞いてくれていないように感じる」
「誰に、なにを、どのくらいの強さで主張すればいいのかわからないときが多い」
「一部の同僚が送ってくる電子メールのニュアンスがわからない。その人は腹を立てているのか？　それとも、単に私の手を借りたいだけなのか？」

半分以上のメンバーは、チーム内で間接的にしかコミュニケーションがおこなわれていないと指摘した。意見や感想、主張をほかのメンバーに直接伝えず、リーダーであるチェトを介してコミュニケーションを取っていたのだ。また、直接的なコミュニケーションがおこなわれる数少ない機会には、具体的な事実や数字ではなく、決めつけと思い込みに基づいて他人に対する意見が述べられる傾向が強かった。

私たちは、このチームのコミュニケーションに関して好ましい点を三つ挙げるようメンバーに求めた。回答はまちまちだったが、全員が少なくとも一つ以上の長所を指摘した。いくつかの回答を紹介しよう。


「チーム全体として、コミュニケーションの改善に取り組んでいる」

「電子メール、ボイスメール、会議など、あらゆるコミュニケーション手段を活用できている」

「プレゼン技能のレベルが高い」

「高度な情報共有がおこなわれている」


コミュニケーションを改善するうえで役立つ強みがチーム内に二つあるという点で、メンバーの意見は一致した。その二つの強みとは、「プロジェクトとチームの成功を目指す献身的な姿勢」と「さまざまな問題に取り組もうという前向きな姿勢」だ。では、逆にコミュニケーションの改善を妨げる要因として全員が挙げた要素は？　お察しのとおり、「メンバー同士の信頼感が不十分なこと」だった。

本章でここまでチームの状況を説明するにあたり、リーダーであるチェトのことをメンバーがどう思っているかを紹介してきたが、諸悪の根源が彼だと言いたいわけではない。私たちはチームの変革の手伝いをするとき、チームとは個人の集合体であり、メンバー全員がなんらかの形でチームの問題の原因になっているという前提から出発する。それも、一人ひとりの影響が積み重なるだけでなく、誰もがシステム全体に影響を及ぼすことにより問題を増幅させていると考えている。

たとえば、チェトが細かいことまで指図し、頻繁に報告を求めたがるという点では、全員の認識が一致していた。以前から部下だったメンバーや当のチェト自身も、この点には異論がなかった。しかし、彼のそういう行動をどのように解釈し、それに対してどのような感情をいだき、どのような反応を示すかは、人によってまちまちだった。「古株」のメンバーは、そういうリーダーシップのスタイルを歓迎しているとまでは言えないにせよ、それを受け入れていた。いろいろ指示されることで自分の成長が後押しされ、たえずものごとを改善しようとする組織文化が形成されていると感じていたのだ。それに、チェトが細かく報告を求めるのは、プロジェクトを成功させたいという思いと、自分もそのために貢献しようという意志のあらわれだとみなしていた。しかし、「新顔」のメンバーたちの受け止め方はまるで違った。チェトのリーダーシップの振るい方を不愉快に感じていて、改善してほしい点としてそれを挙げていた。

私たちの見るところ、新しいメンバーがこのような反応を示すのは、チェトの言動が自分に対する評価を反映していると解釈していたからだ。その結果としてチーム内の信頼関係がむしばまれていった過程は、容易に想像がつく。彼らの頭のなかでは、こんな言葉が渦巻いていたのだろう。「またチェトが指図してきた。たぶん、私が状況を把握できていないと思っているのだろう。私がきちんと仕事をやり遂げられると、信じていないにちがいない。ひっきりなしに報告を求めるのも、私を信頼していない証拠だ。そうでなければ、こんなに細かいところまで管理しようとするはずがない」

このようにメンバーによって受け止め方が際立って異なることからも明らかなように、一人ひとりの世界認識の違いが大きな意味をもつ。ある人にとってなにが「現実」かは、その人がものごとをどのように受け止めるかによって決まる。この意味で、チェトにすべての責任があるわけではない。

責任がまったくないとは言わない。チームの雰囲気と組織文化に大きな影響を及ぼすのは、誰よりもリーダーだ。しかし、ほかの全員にも責任の一端がある。そこで、私たちは個別面談で次の問いを全員に問いかけた。「あなたは、自分がチームのコミュニケーション上の問題の原因を生み出している面があると思いますか？　もしそう思うのであれば、どういう面で自分が原因をつくっていると思いますか？」。この問いは、メンバーの一人ひとりに個人レベルの免疫マップを作成させるための準備という意味を含んでいた。

この問いに対して、チームの面々は目を見張るほど率直に自分の問題点を認めた。たとえばこんな感じだ。

「私はすぐに結論に飛びつくことを自制すべきです。ほかのメンバーのことを知るために、もっと時間を割く必要があります」

「一部のメンバーに対して言いたいことを直接言わず、自己保身志向の組織文化を生み出す一因をつくっています。そのくせ、他人が同じような態度を取ると、傲慢で、同僚への敬意に欠けると決めつけがちです」

「ほかの人を巻き込むような意思決定をするときは、もっと慎重でなくてはなりません。たとえば、『この決定はまわりの人にどういう影響を及ぼすのか？』と自問すべきです」

「ある人にしっかり話を聞いてもらいたいときに、伝え方をもっと工夫すべきです。いまは思っていることをストレートに言ってしまうので、相手に受け入れてもらいにくい場合があるようです」

「ほかの人に意見を述べたり、ほかの人の意見に耳を傾けたりするために時間を割いていません。強硬な態度を取って、まわりの人を不安にさせがちです」
「着信した電子メールを読んでいらだったり、腹が立ったりしたとき、ついけんか腰で返信を書いてしまいます。もっと冷静に対応すべきだと思っています」

全員が自分の問題点を少なくとも一つ以上回答し、さらには、好ましいコミュニケーションの妨げになっていそうな言動のパターンも挙げた。こうした自己評価が正しいかどうかはさておき（その点は、プログラムのあとの段階で検討する）、このような回答は、自分自身が変わる必要性を認める姿勢のあらわれとみなせる。〝変革をはばむ免疫機能〟を克服するうえでは好ましい兆候と言えた。

個別面談でメンバーが述べた内容は、アンケートを集計した数値データによって裏づけられていた。ひとことで言うと、「ビジネス」の領域（ビジョンと方向性、戦略の絞り込み、目標の設定）がチームの最大の強みで、「対人関係」の領域が最大の弱みだとメンバーは認識していた。改善が必要な点として挙げられた項目の上位三つは、コミュニケーションを改善すること（ここには、ほかの人の仕事のスタイルを尊重することも含まれる）、チーム内に信頼関係を築くこと、そして、チームとしての学習を促すことだった。一方、このチームには、状況を改善するために役立つ強みもたくさんあった。たとえば、自分が問題の一因だと自覚していること、強力な勤労倫理をいだいていること、プロジェクトのために献身的に努力する意志があること、そして、才能と専門知識、技能の面で人材の多様性があることなどである。

以上がプログラム開始前のチームの「自画像」である。この現状認識を前提に、私たちは最初のワークショップをおこなった。

改善目標を設定する――第1回ワークショップ

プログラム全体の雰囲気を決し、その後の活動の土台を築くのは、最初に全員参加でおこなう二日間のワークショップだ。そこで、このワークショップの内容を詳しく紹介することにしよう。加えて、メンバーが個人レベルでおこなった免疫機能克服の取り組みについても言及したい（第二回と第三回の一日完結のワークショップについては、あとで手短に触れるにとどめる。この二回のワークショップの内容は、第一回ワークショップとその後の個人単位の活動の延長線上にあるものだからだ）。

第一回ワークショップでは、以下の三つのゴールを目指した。第一は、アンケート調査と個別面談の結果に基づいてチームとしての改善目標を設定し、それを全員で共有すること。第二は、チーム全体の目標と密接に結びついた個人レベルの改善目標を定めること。そして第三は、このあとの個人単位のコーチングと残り二回のワークショップの日程を決めることである。加えて、このワークショップの場で好ましいコミュニケーション（とくに、上手な聞き方）を実践し、メンバーが安心してリスクのある行動を取れるようにし、相互の理解を深めさせたいと考えた。できれば、みんなで一緒に声をあげて笑える場面が一度か二度あればいいと、私たちは思っていた。

アンケートと個別面談の結果にはチェトのリーダーシップの振るい方について否定的な評価が含まれていたので、私たちはまず、それを彼にだけ示した。そして、本人の了承を得たうえで、全員の前で調査結果の骨子を発表した。それに基づいてみんなで話し合ったところ、チームの最優先課題がコミュニケーションの改善だという点で合意に達した。メンバーがとくに重要だと考えたのは、次の二つの点だった。一つは、メンバー同士が直接、明快なコミュニケーションを取ること（チェトを介さずに、直接コミュニケーションを取り合うべきだと考えていた）。もう一つは、お互いに助け合い、信頼し合える環境をつくることだ。では、具体的にどうすれば、チーム内の信頼感を高められるのか？　全員が以下の行動を取るべきだと、みんなの意見が一致した。

- ほかのメンバーが善意で行動しているとみなす。
- 自分とは異なる仕事のスタイルを受け入れる。
- お互いを信じる。
- ピリピリしない。
- 質問されたときは、非難されていると思わず、前向きに受け止める。

情報の送り手と受け手が守るべきルールも決めた。

- [情報の送り手の義務]　オープンに、直接的に、嘘をつかずに、適切なタイミングで情報を発する。相手のやる気をかき立てることを心がけ、ものごとを決めつけないよう気をつける。
- [情報の受け手の義務]　情報の送り手が善意で行動していると想定する。最後まできちんと話を聞く（メッセージを読む）。わかりにくい点があれば質問する（とくに、送り手の感情のトーンに関して、理解を曖昧なままにしない）。前向きに学習する姿勢をつねに忘れない。
- [両方の義務]　自己分析をおこたらない。「私はほかの人にどういう印象を与えているのか？」と自問するよう心がける。自分の長所と短所を把握し、「私はどのようにコミュニケーションを阻害しているか？」と、（言葉と、言葉以外の方法の両方で）同僚に問いかける。

次に、ワークショップでの話し合いが漠然としたものにならないように、有効なコミュニケーションとはどういうもので、コミュニケーションの質を高める目的はなんなのかという点について認識を共有することを目指した。議論の結果、チームとしての学習と生産性の向上をコミュニケーションの中核的な目的と位置づける一枚の概念図ができあがった。それが**図7―1**である。

図が完成したあと、私たちは「コンセンサー（共感度）チェック」をおこなった。これは、どの程度強い合意が形成されているかを手っ取り早く確認するための手法だ。私たちが知りたかったのは、次の二つの点だった。一つは、この図が自分たちの目的を達するうえで適切なものだとメンバーが思っているか（具体的には、「この図のとおりにコミュニケーションをおこなえば、チームの学習と生産性がどの程度改善すると思いますか?」と尋ねた）。この問いに前向きな答えが得られれば、次の問いに移る。一人ひとりのメンバーがこの図をコミュニケーションの設計図として受け入れる意志があるかと尋ねる。この問いには、その意志の強さを「強」「中」「弱」の三者択一で答えてもらった。すると、この図に従って行動するという強い意志があると全員が回答した。

以上の二つの点に関して強力な合意が形成されたことにより、このあとにおこなう集団レベルと個人レベルの活動の土台が築かれた。完成した図自体は、とりたてて目新しいものではない。挙げられている要素の多くは、好ましいコミュニケーションの実践方法としてよく指摘されるものだ。それでも、みんなで共有する一枚の絵が描かれて、それに全員が合意したというのは、それまでにないことだった。メンバーは一枚の絵を描き上げることを通じて、コミュニケーションの方法と目的に関して明確な合意を形成するための最初の一歩を踏み出した。なにを好ましい行動とみなすかという基準ないし規範と、チーム全体として取り組む学習の目的を共有できたのである。

この合意は重要なものではあったが、確固たる行動原則というよりは免疫マップの第1枠に記す

図7-1　ある製薬会社のマーケティングチームの場合

有効なコミュニケーションとは？

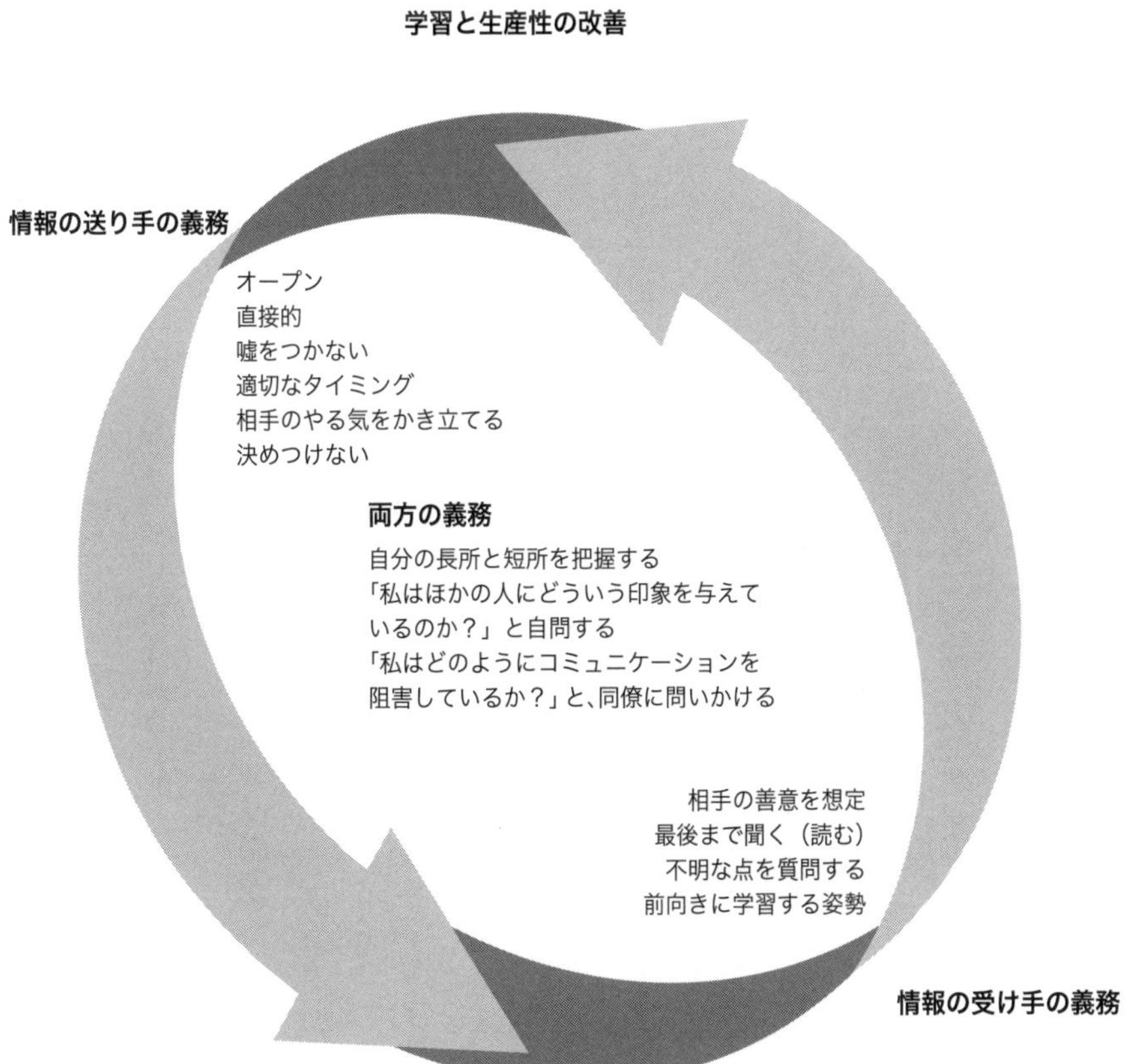

改善目標に近いものと言うべきだろう。なぜなら、これらの合意を実際に守ることはおそらく難しいからだ。そもそも、裏の目標によって好ましい意図の実現が妨げられる可能性がなければ、コミュニケーションの問題についてわざわざ話し合い、実践すべき行動パターンをみんなで約束するまでもない。しかし現実には、約束を三日坊主で終わらせたくなければ、メンバーがどういう免疫システムをいだいているかを知っておかなくてはならない。守るべき規範を最初に明確化させるのは、そうすればその規範が守られるからではなく、免疫システムを解明する出発点になるからだ。規範に反して取られる行動は、免疫マップの第2枠に記すべき阻害行動とみなせる。

そうした阻害行動を検討すれば（ここで重要なのは、その種の行動を非難するのではなく、原因を掘り下げようという姿勢で臨むことだ）、第1枠の改善目標とぶつかり合う第3枠の裏の目標が見えてくるかもしれない。それは、規範に反する行動を合理的な行動にしている要因と言ってもいい。この作業をおこなうと、自分が抱えている矛盾が浮き彫りになる場合もあるだろう。たとえば、「ほかのメンバーが善意で行動しているとみなす」という目標をいだいていると同時に、「古い仲間たちとの絆を大切にしたい」という目標もいだいていて、後者の目標を実現するために親しい同僚に過度に肩入れし、それほど親しくない同僚に警戒心をいだきすぎるときがあると気づくかもしれない。

みんなで合意したとおりに行動する妨げになる要因は、人によってまちまちだ。その点は頭に入れておく必要がある。同じ技能を習得するにしても、あっさりマスターできる人もいれば、適応を遂げないとマスターできない人もいる。そこで、コミュニケーションを改善するというチーム全体の目標を追求するために、自分がどのような自己変革を達成しなくてはならないかを各自に割り出させたいと考えた。

具体的には、チームとして目指すべきコミュニケーションのあり方に照らして自己分析をおこない、チームの目標を達成するために自分のどういう点を改善したいか、あるいは、すべきかを検討するよう全員に求めた。ワークショップではいつも、参加者が自分の改善目標を見いだすきっかけをつくるために、「自分のどういう点を改善したいか?」と尋ねる。ネイサント社のケースでは、チーム全体の目標を前提に、この問いを投げかけたのである。私たちはメンバーに時間を与えて考えさせ、免疫マップ作成用のワークシートに答えを書き込ませた。

そのあと、メンバー同士で意見交換をさせた。まず、ここでの発言内容の秘密が守られることを約束したうえで、ペアをつくるよう指示し、二人の対話で聞き手と語り手がどのように振る舞うべきかを説明した(ペアは、職務上の指揮命令関係にない人物同士で組むものとした)。そしてペアができると、二人で話し合い、第1枠に記入した内容をお互いに披露するよう促した。[3] どのペアも自由に意見を交わしているようだったので、頃合いを見て全員に自分の第1枠の内容をチーム全体に発表させた。

続いて、さらに別の課題を課した(この活動をおこなう利点とリスクを秤にかけたうえで、実施することを決めた)。メンバー同士が改善目標に関してコメントし合う時間を設けたのである。このとき、「トントン・ルール」というルールを導入した。同僚にコメントしたいときは、自分の言いたいことを言い渡すのではなく、問いかけの形で発言することを心がけ、しかも相手の部屋のドアを「トントン」とノックして入室の許可を得るみたいに、コメントを聞かせることへの同意を得なくてはならない。ドアをノックされた側には、「いいえ、けっこうです」と断る自由が全面的に認められている。とはいえ、一緒にワークショップをおこなっている面々は、もっとうまくコミュニケーションを取りたいと思っている相手にほかならない。改善目標について講評し合うには、これ以上理想的な顔合わせはないだろう。彼らが同僚たちへのコメントを考える際に指針としたのは、次の問いだ

——「もし、あるメンバーがその人の第1枠の目標に向けて進歩を遂げたとして、それがチーム

内のコミュニケーションを、そしてチームの学習と生産性を大幅に改善させると思いますか？」

意見交換は盛り上がり、非常に大きな成果が得られた。メンバーはふざけ合ったり、一緒に笑ったりしながら、お互いに心からの助言を送り合った。最初に同僚にコメントをしたいと名乗り出たのは、リーダーであるチェトだった。同僚に直接意見を言うことのお手本を示し、オープンなコミュニケーションを尊重する姿勢を印象づけようとしたのだ。このワークショップで誰もが同僚にコメントや質問をしたわけではなかったが、全員が同僚からのコメントを聞いた。コメントとそれに対する本人の返答がほかの全員の前でおこなわれたことも注目すべきだ。こうして、メンバーの間でそれまでになく率直なやり取りがなされた（チェトが選択した改善目標の一つをあるメンバーが絶賛する一幕もあった）。

具体的には、一人ずつ順番に、まず自分で考えた改善目標を大きな紙に書き出し、ほかのメンバーの講評を受けてそれに修正を加えていった。一人ひとりが自分自身について率直に語り、ほかのメンバーも積極的に議論に参加した。ワークショップの雰囲気を知ってもらうために、二人のメンバーがどのように第1枠の改善目標を改訂していったかを見てみよう。

アントンというメンバーは、最初に次のような改善目標を考えた。

自分がほかのメンバーにどのように接しているかをよく理解し、それを改善する。いまの私は、他人の意見に耳を貸さない、傲慢な人間だという印象を与えているので。

これに対して、どうしてこの目標を選んだのかという質問がされた。要するに、ほかの人との接し方を変えると、どのような好影響が生まれると期待しているのか、というのである。それに本人が回答し、さらにほかの数人がコメントしたあと、アントンは次のように改善目標を修正した。

チームの一員として、ほかのメンバーともっと力を合わせて行動できるようになりたい。そのために、チーム内で誤解（ほかのメンバーが私に対していだく誤解と、私がほかのメンバーに対していだく誤解の両方）が生まれる過程に自分がどう関わっているのかを理解し、その原因となる行動を積極的に修正する。そして、ほかの人の意見を積極的に引き出し、それに価値を見いだし、それに基づいて行動する（そのために、否定的な評価に冷静に対処する）。

一方、ニールというメンバーが最初に考えた改善目標は次のとおりだった。

聞き上手になり、とくにマーケティングに関して同僚たちの知恵と経験を活用する。自分のセールス経験を通じて形づくられた固定観念を捨てたい。

ほかのメンバーのコメントを受けたあとの修正版は、以下のとおりだ。

簡潔明瞭にコミュニケーションをおこない、聞き上手になる。誰に伝えたいのかに応じて、コミュニケーションの量とスタイルを調整する。とくにマーケティングに関して同僚たちの知恵と経験を活用する。

さらに、二人のメンバーの改善目標を紹介しよう。一人目の目標には見覚えがあるだろう。これは、第6章で紹介したキャシーの改善目標だからだ。そしてもう一つは、このチームのリーダーであるチェトの改善目標だ。

仕事や人間関係で問題が持ち上がったときに、精神の動揺をほかの局面に飛び火させない。問題に正面から向き合い、ほかの仕事やほかの人との関係にいらだちを持ち込まない。そうすれば、自分の感情面の状態をもっとコントロールし、自分が幸せになり、結果としてチームのバランスもよくなる。

ほかの人の言動に反射的に反応しない。まず相手の思考を理解し、話をよく聞いたうえで、上手なコメントを返すようにしたい。そのために、相手に質問を投げかけるようにも努める。状況が許せば、そういう場面をコーチングの機会にもしたい。メンバーとのやり取りを通じて、その人がどうして有効な行動を取れないのかを自分で理解する手助けをしたいと思う。

このように、コミュニケーションを改善するというチームの目標と結びついた自己改善の目標を各自が設定したあとは、免疫マップの残り三つの枠を埋めていった。その後押しをするために、私たちが指示を与えたり、事例を紹介したり、一人で考える時間やペアで話し合う時間を設けたりした。そうやって全員が個人の免疫マップを完成させると、そのマップをみんなで回覧してはどうかと誰かが提案した。これは、私たちが予定していなかったステップだ。事前の自己評価によりメンバー同士の信頼感が弱いと判断できたので、それは避けたほうがいいと思っていたのだ。

個人の免疫マップを回覧するというのは、ワークショップがここまで進んだ段階でも無茶な提案に思えた。本書で紹介してきた事例を見ればわかるように、マップに記される内容は、第1枠から第2枠、第3枠、第4枠と進むにつれて、ますます私的な領域に踏み込んでいく。いくらチーム内の自己開示のレベルを高めるといっても、第1枠の改善目標を披露し合うだけでも相当に思い切った活動だった。それよりさらに踏み込んで、もっと私的な部分をお互いにさらしても構わないとメンバーが言い出したことに、私たちは困惑した。それに、そもそも時間があまり残っていなかった。もし悪い結果になった場合、立て直す時間はほとんどない。私たちがこうした懸念材料を伝えると、彼らはしばらく話し合い、マップを公開するかどうかを一人ひとりの判断にゆだねることにした。ほかのメンバーにマップの公開を無理強いするような圧力はかけないようにしようと、みんなが合意した。また、この日の活動内容を正式な個人評価に反映させることはしないと、チェトが明言した。

すると、どうなったか？　全員が即座に、自分の免疫マップを公開することを選択したのだ。マップを公開するメンバーが増えれば増えるほど、残りのメンバーにプレッシャーがかかったという面もあっただろう。しかし見落とせないのは、一日の最後に一人ひとりが締めくくりのコメントをしたとき、「このチームはきっと成功するだろう」という趣旨のことを口々に述べたことだ。その点は、マップの公開を決断したのが比較的あとのほうだったメンバーも例外でなかった。彼らは、誰もがみずからの改善すべき点を率直に語ったことに感動し、自分の発言をみんなが真剣に聞いてくれたことに満足していた。

この日の最後の議題は、個人単位のコーチングと二度のワークショップなど、今後のスケジュールを確認すること。個人ごとの活動としては、四カ月間にわたって電話もしくは面接によるコーチングを一〇回ほどおこなう。それぞれのコーチングの前には、改善目標の達成に向けて前進するためのエクササイズを課す。一方、二度のワークショップは、個人レベルと集団レベルの進歩の度合いをチェックし、新たに浮上してきた学習上のニーズに対応することが目的だ。

以上が最初のワークショップのあらましである。二日間の活動で、どのような成果を得られたのか？　まず、チームとして優先的に取り組む課題を設定し、チーム全体で守るべき規範を明らかにできた。チーム全体の目標を達成するために、個々のメンバーがどういう点を改善すべきかも特定できた。個人単位のコーチングのスケジュールも決められた。しかし、成果はこれだけではない。メンバーは勇気を奮い起こして、自分の私的なことがらや思いをみんなの前で語りはじめた。免疫マップの内容を披露し、私たちとの事前の個別面談では「ほかの人には内緒にしておいてほしい」と言っていたことまで堂々と語るようになった。みんなで一緒に声をあげて笑う場面まであった。こうして自分の本音を語り、ほかのメンバーの言葉に真摯に耳を傾けることを通じて、メンバーの間の敬意が強まっていった。敬意は信頼関係の土台をなす要素だ。

どうして、こんな短時間でここまで大きな成果をあげられたのか？　以下の要因が好ましい影響を及ぼしたのではないかと、私たちは感じている。

- このチームが私たちのプログラムを試すことになったのは、彼ら自身の選択の結果だった（すでに述べたように、彼らはほかのコンサルタントたちの説明も聞いたうえで、私たちを選んだ）。
- チームが抱えている課題を解決するために、集団レベルと個人レベルの変革を並行して推し進めるアプローチを受け入れた（注目すべきなのは、トップダウンで特定のやり方を押しつけられるのではなく、自分たちで方針を決めたことだ。信頼関係は、こういうプロセスを通じて築かれていく）。

- 事前の個別面談で、一人ひとりにチームの強みと弱みを指摘させ、それに自分がどう関わっているると思うかを尋ねた。これにより、メンバー全員に責任の一端があることが確認できた。
- リーダーであるチェトが終始一貫して、チームの成長を実現するための活動の旗振り役であり続けた。アンケート調査の結果を検討したときも、自分の立場やメンツを守ることに汲々とせず、そこから学習しようという姿勢で臨んだ。そういう態度は、自分のリーダーシップの振るい方に対するメンバーの評価を知らされたときも変わらなかった。
- チームで目指す目標として、ビジネス上の成果と結びついた目標を設定した（チームの強みと弱みを分析して、業務上の使命を達成するためになにが欠けているかを明らかにし、どういう点を改善していくかを決めた）。
- メンバーは、チームを成功させたいという強い意欲をいだいていた。プロジェクトを大成功に導かずに満足するつもりなど、誰にもなかった。また、ビジネス上の目標を達成するためには、全員が積極的に参加することが不可欠だと、誰もがわかっていた。「一人でも失敗すれば、みんなが失敗する」という発想が浸透していた。本当のチームとはそういうものだ。

個人レベルの進歩を確認する——ワークショップ後の作業

次の段階では、ワークショップで変革への機運と好ましい雰囲気が高まったことを追い風に、一人ひとりの個人レベルの目標を追求しようと考えた。このあと四、五カ月間は、個人単位のコーチングを重ねて、一人ひとりのメンバーが個人レベルの免疫機能を克服していくことが活動の中心になった。その具体的なプロセスは、第6章で紹介したキャシーの事例にあるとおりだ。まず、周囲の人たちを対象にアンケート調査を実施し、免疫マップの第1枠の内容に関して現状調査をおこなった（アンケート用紙の具体例は、第5章のデーヴィッドの例を参照）。そのあと、「目標への道のり」の表を作成し、強力な固定観念を明らかにし、その妥当性を検証するための実験を計画・実施した。そして六カ月後に二回目のアンケート調査をおこなって変革の達成度を確認し、最後に、落とし穴と脱出ルートを発見する作業をおこなった（この一連のプロセスに関しては、第10章で整理して説明する）。

どうして、最初に個人ごとの現状調査のためのアンケートをわざわざ実施したのかと、疑問に思う読者もいるかもしれない。このチームの場合、アンケートをおこなうまでもなく、最初のワークショップですでにお互いの免疫マップの第1枠の内容について質問したり、提案したりしているからだ。それでもアンケートをおこなうことにした理由はいくつかある。

- 個人単位の取り組みは、プログラムのなかで比較的たっぷり時間をかけられるプロセスだ。そこで、個人の改善目標はできるだけ強力で有意義なものにしたかったが、ワークショップでコメントを求めても、ほかのメンバーが本音を語らない可能性もあった。[4]
- アンケート調査をおこなうことにより、出発点の状況を確認し、どういう目標を目指すかという正式な記録を残せる。また、本人が気づいていない行動パターンを明らかにできるうえ、改善目標がチームの成功に結びついているか、ほかのメンバーの意見を聞ける。

●このネイサント製薬では、評価・測定を重んじる姿勢が組織文化の一部になっているので、この種の正式な調査をおこなうことによって、個人レベルの成長を目指すことが重要課題なのだと印象づけられる。また、六カ月後に二度目のアンケートを実施することを予告する結果、私たちがメンバーの成功を信じているというメッセージを発信できる。

アンケート調査が以上のような効果をもてば、メンバーは自分の改善目標に向けて努力を続けようという意欲がいっそう高まるだろうと、私たちは考えた。

同僚のためのアンケートに、メンバーは真剣に回答した。回答率がきわめて高かったうえに、充実したコメントも多かった（このチームの場合、全員がほかの全員のアンケートの回答を依頼されて、負担は相当なものだったはずだが）。アンケートの結果に基づいて改善目標を微修正したメンバーもいたが、それ以上に有意義だったのは、自分の自己変革がチーム全体の重要な目標と直結していると確認できたことだった。

アンケートを通じて明らかになった重要な点の一つは、どのような仕事のスタイルを好むかがメンバーによってまちまちだということだった。これは、事前調査に対して「仕事のスタイルの違いが尊重されていない」とメンバーが指摘していたとおりだった。チェトのリーダーシップの振る舞い方が反発を買った根底にもこの問題があった。また、同僚から好意的なコメントを聞きたい人はそういう言葉を聞けないことに不満を感じていたが、相手がそのような欲求をいだいていることに気づいていない人は、好意的なコメントをしなければ否定的に受け取られるとは夢にも思っていなかった。この点も、メンバーがお互いの仕事のスタイルを理解し合っていないことのあらわれと言えた。

新たに浮上した問題に対処する――第2回ワークショップ

メンバーがお互いの仕事のスタイルの違いをもっと理解できるようになれば、チームの信頼感が高まるのではないかと、私たちは考えた。そこで、その点を二回目のワークショップのテーマに据えた。以下では、ワークショップ実施前の事前課題と当日の活動を説明したい。

メンバーがお互いの違いを理解するのを助ける道具として私たちが選んだのが、「マイヤーズ・ブリッグス性格指標（ＭＢＴＩ）」[5]だ。カール・ユングの考え方を土台に、人間の性格のタイプを明らかにしようというものである。コミュニケーション・スタイルの違いを理解するためには、性格タイプの違いを知る必要があるという考えのもと、これを取り入れた。重要なのは、ＭＢＴＩが性格の評価を目的としたものではないという点だ。性格タイプに優劣はなく、どの性格タイプにも強みと弱みがある。このような価値判断をともなわない指標を用いれば、自己防衛的発想に陥ることなく率直に自己分析ができ、性格タイプを理由にほかのメンバーを非難することも避けられる。

自分と他人の性格タイプの違いが理解できると、コミュニケーションがうまくいかないときに寛容になれる。それが自分や相手の落ち度ではなく、お互いのニーズや価値観の違いが原因なのだと思えるからだ。また、自分の優先事項が万人共通のものではないとわかるので、それをほかの人に押しつけなくなる。相手の優先事項を尊重し、意識的に相手の視点に立ってものごとを考えることを通じて、相手とのギャップも埋められる。要するに、ＭＢＴＩを活用すれば、自己理解を深めることを通じて、情報の発信と受信の能力を向上させ、同僚のコミュニケーション・スタイル（情報の優先順位など）に配慮して自分のスタイルを修正できるようになるのである。

私たちは二回目のワークショップに先立って、メンバー全員にＭＢＴＩの性格検査に回答させておいた。[6] 加えて、人と人との間で誤解が生じる原因を理解する手立てとして「推論の梯子」（**図7－2**）を紹介した。[7] これをMBTIの結果とあわせて考えると、ほかのメンバーの視点でものごとを考える背中を押せる。この梯子は、私たちがしばしば深く考えることなく他人に評価をくだし、不正確な思い込みをいだき、検証なしに結論を導き、それに適合するデータばかりに目を向け、誤った結論をますます信じ込んでいくプロセスを描き出すものだ。

推論の梯子は、個人レベルで用いても、不正確な思い込みを形成するプロセスを減速させ、性急に結論に飛びつくことを防ぐ役に立つ。しかし集団レベルで用いると、コミュニケーションの改善にいっそう大きな効果を発揮する。人は誰もがものごとを不正確に解釈しがちだという現実を浮き彫りにし、さらには、どのように自分の解釈を検証して、それを修正していけばいいかという基準と方法論を示せるからだ。

第二回ワークショップでもう一つ目指したのは、メンバーが自分の仕事のスタイルに関して発見したことを免疫機能の克服に生かせるようにすることだった。半分以上の時間は、メンバーが自分の性格タイプを理解し、それがコミュニケーションに及ぼす影響を知り、ほかの性格タイプの人たちと意思を通じ合わせられるように留意して話す方法を練習することに割いた。また、目標に向けた進捗状況を互いに報告し、「進歩への道のり」の表も見せ合うようにした（この日の活動をもとに、必要に応じて表の記載を改訂した）。私たちが目を見張らされたのは、盛りだくさんのスケジュールだったにもかかわらず、最後までメンバーの集中力とエネルギーが途切れなかったことだ。メンバーはこの一日の活動を通じて、自分の性格タイプを深く理解し、同僚たちの性格タイプを知って興味をそそられ、改善目標に向けた同僚たちの歩みを大いに称賛した。

キャシーの場合を見てみよう。第6章で述べたように、免疫マップの第1枠に掲げた改善目標は、「自分の感情と感情表現をもっとうまく管理すること。仕事や人間関係で問題が持ち上がったときに、精神の動揺をほかの局面に飛び火させない」というものだった。問題に正面から向き合い、ほかの仕事やほかの人とのやり取りにいらだちを持ち込まない。ＭＢＴＩに基づいて自分の性格タイプを知ると、彼女はすぐに気づいたことがあった。自分には、別の性格タイプの持ち主に過剰に反発する傾向があるらしいと思い当たったのだ。とりわけ、ＭＢＴＩで性格タイプを判断する四つの指標のうち、「外界への接し方」の指標――「判断的態度」か「知覚的態度」か――で自分と対極にある人の振る舞いに神経質になりやすいように思えた。「判断的態度」とは、計画的で予測可能性の高い生き方を好む態度、「知覚的態度」とは、柔軟に臨機応変にものごとに対応する生き方を好む態度を言う。

第６章を読んでお気づきかもしれないが、キャシーはここで言う「判断的」な傾向がきわめて強い。用意周到な計画のもとで仕事をするとき、最も快適だし生産性も高い。しかし、ＭＢＴＩによる性格タイプの違いを知り、最もいらだたしい同僚（その人のことを彼女は「無責任」で「ぐずぐずしていて、いつまでも仕事を仕上げない」と思っていた）が「知覚的」な傾向が強いことに気づいた。それがわかると、こう言えるようになった――「私があなたにいらだつ理由がわかったわ！　私たちは正反対のタイプなのよ！」。こういう発言を同僚たちが歓迎したことは言うまでもない。

キャシーはこれ以降、カッとなったり感情が張りつめたりしたとき、冷静さを取り戻すために、このワークショップで学んだことを思い返すようにした。第６章で述べたとおり、ストレスを感じにくくし、あるいはストレスが強まりはじめたときに歯止めをかけるために、「自分でコントロールできているものはなにか？」と自分に問いかけるようにしていた。このワークショップで、ＭＢＴＩの指標を用いて自分と同僚の性格タイプを知り、「推論の梯子」を通じて自分がいかにやすやすと

図7-2　推論の梯子

私たちは、限られた情報だけを見て、事実に反する前提を導き、間違った結論に達し、不正確な確信をいだく。

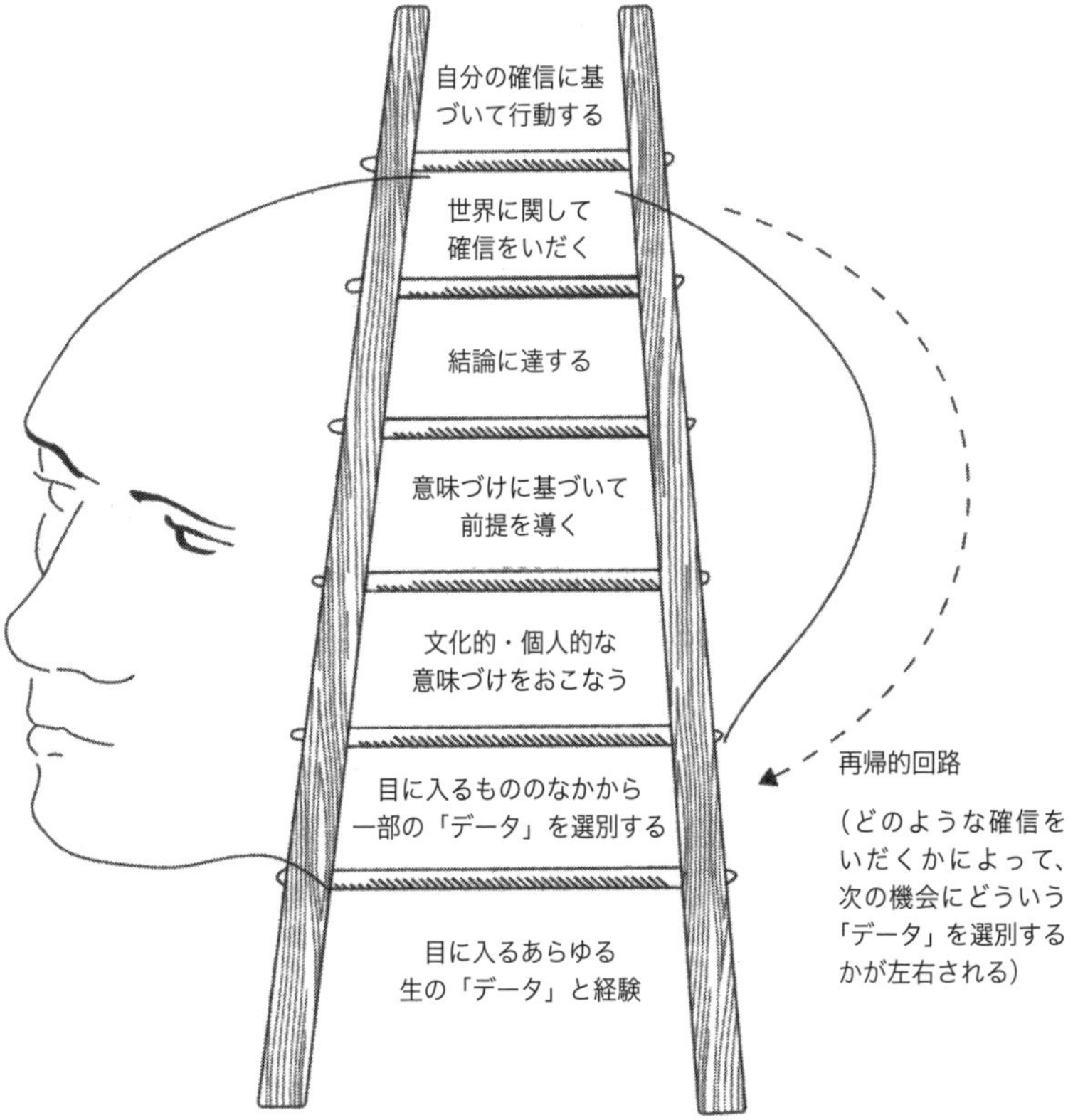

出典：R. Ross, "The Ladder of Inference," in P. Senge, A. Kleiner, et al., *The Fifth Discipline Fieldbook* (New York: Doubleday, 1994), 243［ピーター・センゲ他『フィールドブック 学習する組織「5つの能力」企業変革をチームで進める最強ツール』柴田昌治、スコラ・コンサルト監訳、牧野元三訳、日本経済新聞社、2003年］.

他人に対して否定的な思い込みをいだいてしまうかを理解したことで、彼女は「自分でコントロールできていること」がなにかをいっそう把握しやすくなった。

進歩の度合いをチェックする――第3回ワークショップ

最後のワークショップの目的は、チームと個人の目標達成状況を報告し合って意見を交わし、進歩を祝い、これ以降の取り組みの計画を立てることだ。つまり、このワークショップはすべての活動の締めくくりというより、学習の主導役を私たちからメンバーにバトンタッチし、一人ひとりが新しい段階に踏み出す場と言ったほうがいい。

メンバーには前もって二回目のアンケート結果を送付し、私たちの講評も伝えておいた（前回と同様、メンバーはほかの全員のアンケートに答えるよう求められたが、じっくり考えて充実した回答を返却した。キャシーのケースがそうだったように、二回目のアンケート結果は概して高評価だった。ほとんどの場合、メンバーは同僚たちが大きく変わったと感じていた）。また、ワークショップの一週間前には、全員がチームの進歩の度合いに関するアセスメント調査に回答した。これは一八項目からなる数値評価で、プログラム開始前に現状評価をおこなった際にも同じ調査に回答してもらっている。私たちは二回目のアセスメント調査の結果を集計して、チームがどのような進歩を遂げたかを明らかにし、今後どういう努力が必要かをワークショップで話し合うための出発点にしたいと考えた。

半年にわたる活動を通じて形づくられたチームの「自画像」は、活動に乗り出す前のものとはだいぶ違って見えた。**図7－3**は、一八項目の「事前」と「事後」の評価を比較したものだ（メンバー一人ひとりが五段階評価で各項目についてチームの現状を評価し、私たちがそれを集計した）。

事前の調査では、一八項目のうちの半分以上が平均レベル（五段階評価で「3」）に満たない評価にとどまった。評価が最も低かった項目は「有効なコミュニケーション」で1・93。下から二番目には、「チームの全体的な信頼感」「チームづくり」「組織学習」の三項目が2・21で並んだ。「自分がいだく信頼感」は2・71。平均レベルに満たない評価ではあるものの、「チームの全体的な信頼感」よりは高い評価だった。つまり、自分はほかのメンバーに比べて、同僚に対していだく信頼感が強いと、ほとんどのメンバーが考えていたのだ（例外は一人だけ）。一方、評価が高かった項目は、上から順に「戦略の絞り込み」（3・86）、「明確な目標の設定」（3・71）、「説得力のあるビジョンと方向性」（3・57）だった。

こうした事前調査の結果は、このチームがビジネススキルに関して優れている半面、組織学習と対人関係の面で改善が必要だという印象を数値面で裏づけるものと言えた。

半年後におこなった二回目の調査では、一八項目のうち一項目を除くすべてで評価が改善した（その一項目とは「戦略の絞り込み」。一回目の調査で最も評価の高かった項目である。評価は二回とも3・86だった）。大きく評価を伸ばしたのは、一回目の評価がとくに低かった「有効なコミュニケーション」「チームの全体的な信頼感」「チームづくり」の三項目だ。また、一八項目すべての評価が平均レベルを上回るようになった（四項目は4以上となり、残り一四項目も3を上回った）。

この二度にわたる調査結果は、チームの状況に対するメンバーの認識がどう変化したかを描き出すものだ。実際にチームがどこまで進歩したかを客観的に測定できるわけではないが、チームが正しい方向に進んでいるとメンバーが思っているかどうかを手っ取り早く把握できる。そこで、二度の評価の数字を見比べると、彼らは明らかに、チームがいくつもの側面で進歩を遂げていると感じていた。その認識は、最終ワークショップでメンバーが述べたコメントによっても裏づけられている。

「とくに大きく改善したのは、私たちがぜひとも改めたいと思っていた点でした。進歩を遂げられたことに、とても満足しています」

「ビジョンと戦略の絞り込みは最初からおおむねうまくいっていましたが、チームづくりに取り組んだことで、イノベーションとコミュニケーションの面でも大きく前進できたと思います。私たちは正しい方向へ歩んでいると言えるでしょう」

「チームの全体的な信頼感は大きく進歩しましたが、まだようやく平均レベルを上回ったにすぎません。実際、一人ひとりの評価を見ると、点数に大きなばらつきがあります。進歩がまだ不十分だと感じている人が二、三人います。チームの全員が信頼関係を実感できないうちは、一段高いレベルに達したとは言えません」

「私たちは強力なビジョンをもっている……でも、私たちは自分自身を見つめ直して学習することにもっと時間を割くべきです。そのような取り組みは、個人のレベル（たとえば、仕事から学ぶこと）と、チームのレベル（たとえば、仕事の能率を高めるために、組織のあり方をどのように大転換すべきかを考えること）の両面で必要だと思います」

ワークショップの冒頭で事前と事後のアセスメント評価の結果を確認したあと、メンバーはその時点で取り組んでいる業務との関係で自分たちになにが求められているかを検討した。最初に目標を設定してから六カ月が経過し、チームを取り巻く環境が大きく変わっていたからだ。メンバーは、どのような大きな変化があったかという認識をすり合わせると、その変化を受けてどのように行動や仕事の仕方を変えるべきかを話し合った。そして、チームとして今後どういう点で成長を目指すかを決めた。

図7-3

チームの強みと弱みに関するアセスメント評価（5段階評価）

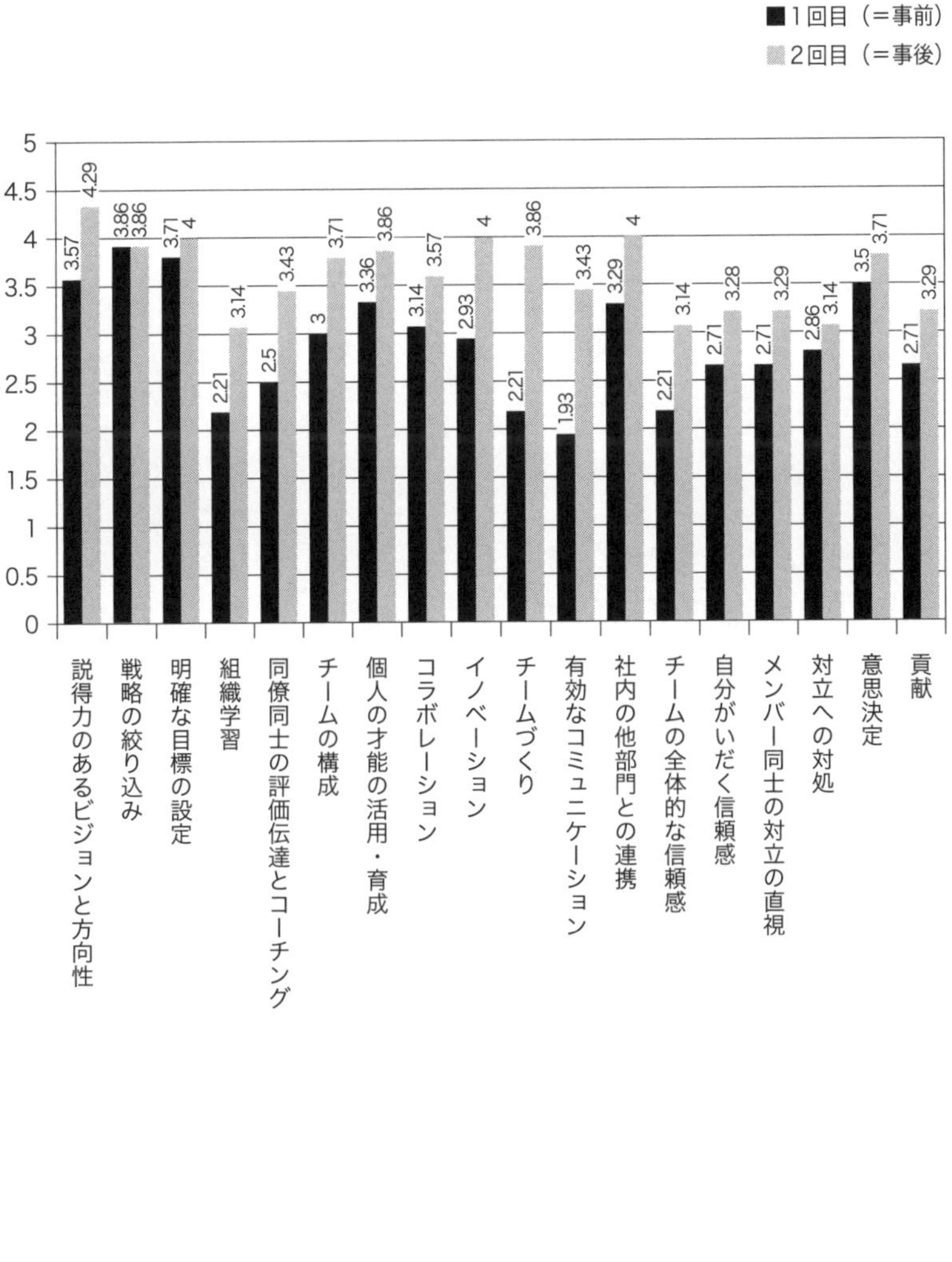

それに続いて、チーム全体の新たな目標を前提に、各自の新しい改善目標を明確化させた。メンバーは一人ひとり順番に、自分が遂げた進歩のどういう点が最もうれしかったかを語り、最も重要な教訓を披露した。そして、チームの目標を達成するためにどのような個人レベルの目標を掲げるかを公約し、自分が成長を続けるために力を貸してほしいとほかのメンバーに頼んだ。

まず、リーダーであるチェトの発言を見てみよう。

私の目標は、チーム全体の目標を達成できるように、みんなのやる気が高まる環境をつくること。そのために必要なのは、メンバーに自信をもたせることと締め切りを徹底することのバランスを取ることです。とはいえ、これは簡単なことではありません。私がどんなに大変な思いをしているかをみなさんにはぜひ——おっと、その話はやめましょう。ともかく、絶妙なバランスが求められるわけです。みなさんにもっと自信をもたせるために、今後も聞き上手になるように努め、先入観をいだかずに問いを投げかけるようにしたいと思います。また、メンバーに称賛すべき点があれば、電子メールやビデオメールでもいいのですぐに褒めるようにします。みなさんにお願いしたいのは、私から評価を直接聞かされることに前向きでいてほしいということです。私のコメントを受け止めるには忍耐が必要かもしれない。でも、私が善意で話しているのだと理解して、どうか耳を傾けてほしい。私の評価の伝え方に改善すべき点があれば、ぜひ教えてください。そういう指摘はいつでも大歓迎です。

ほかのメンバーの発言も見てみよう。

（もっと同僚のスタイルを意識してコミュニケーションをおこなうという）目標に向けて努力を続けることを約束します。いつも緊張感をもって、一対一で話すときも大勢で話すときもつねに一貫したトーンと態度で同僚に接するようにしたい。難しいのは、大勢で話し合うときです。問題の原因はおそらく、議論が堂々巡りになったときに議論を整理したがる傾向が私にあるからだと思います。どうやら、そういう態度が「偉そう」と思われてしまうようです。みんなのために議論を整理しているつもりなのですが、自分のやり方を押しつけようとしているという印象を与えています。そこで、「こういうやり方でどうだろう?」と問いかけるように心がけたい。私がああしろ、こうしろと言い渡すのではなく、チームのみんなに決めてもらいたいと思います。なにもかも自分でやる必要はないのだと気づいたのです。もし私が「命令モード」に入っていると感じたときは、ぜひ指摘してください。そのモードの深みにはまり込んでいくのに歯止めをかけられ、しかも指摘してくれた人が萎縮せずにすむような方法を見いだすことが課題です。みなさんにわかってほしいのは、私自身が指摘を歓迎しているということです。私が命令モードに入ってしまうのは、それに自分で気づいていないときなのですから。

私には、過剰にコミュニケーションを取る傾向があります。細かいことまで長々と説明しすぎるのです。それに、電子メールを送るとき、「ｃｃ」の機能を使って大勢に送りすぎる。これからは、誰にどういうメッセージを送るべきかを慎重に考えたいと思います。判断がつかなければ、誰かに聞くようにしたい。もし私から不要なメッセージを受け取ったときは、教えてください。あと、私はもっと簡潔にメッセージを伝える必要もあります。言いたいことをすべてくどくどと言わないほうがいい。私が簡潔明瞭なコミュニケーションを実践できていなければ、ぜひ指摘してください。「ひとことで言うと、どういうことですか?」という具合に。

このように全員が発言して、自分の改善目標を達成するためにどういう助けが欲しいかを述べ、同僚たちに協力を約束してもらった。協力を約束し合うことにより、有意義なコメントを直接伝え合う姿勢をさらに徹底することがねらいだった。すでに同僚とそういう会話をしているメンバーも多かったが、全員にその意識をもたせようと考えたのだ。この最後のワークショップ以降は、一人ひとりが各自の目標の達成に全面的に責任をもち、お互いの取り組みを支え合うことになるのだと、みんなに理解させたかった。

私たちは全員に、目標の達成を目指すうえでのパートナーを一人選ばせた。そして、あとでワークショップの内容に基づいて個人ごとの「学習契約書」を作成して送るので、パートナーとの活動で活用してほしいと話した。また、後日、あらためて日時を決めて最後の個別コーチングをおこない、そのときに、私たちの指導のもとでの活動からパートナーやチームのメンバーと一緒におこなう活動へどのように移行したいか、各自の考えをまとめることになると説明した。そのあと、メンバーはこの日の活動とプログラム全体を振り返り、内省を深めた。

私たちがチーム全員と顔を合わせたのはこれが最後だったが、三カ月後の個別面談によれば、彼らはこのあとも後戻りせず、努力を続けていた。

変化し続ける組織へ――事後の個別面談

最終的な個別面談を最後のワークショップよりあとに設定したのには理由がある。この面談の目的は、個人レベルとチームレベルでどのような変化が起きたかを確認することにある。そこで、成果が一時的なものではなく定着しているかどうかをチェックするために、あえてプログラム終了の三カ月後におこなうことにしたのだ。また、メンバーが遠慮なく発言できるように、面談は私たちがおこなわずに、ほかの第三者に依頼した。チームの面々はその面談で、チーム全体の目標と個人の目標両方で大きな進歩があったことを明らかにした。

このとき彼らが述べた言葉からは、チームとしての自己イメージが改善したことが見て取れる。いくつか紹介しよう。

「以前よりチームの結束が強まりました。忙しくて疲れ切っていた私たちは、このプログラムを経験しなければ一つになれなかったでしょう。変わりたいという気持ちは、以前からもっていました。心のなかのどこかにそのような意欲はあったのです。プログラムが始まると、私たちは瞬く間に、自分たちのそういう意欲に気づかされました。いったんその気になれば、目標を達成するためにどうすべきかはおのずと見えてきました」

「会議がどんどん充実しはじめました。みんなの反応が変わり、新たな絆が深まっていく場に立ち会うのは、気分がいいものです。最後には、誰もがオープンに問題を直視し、思っていることを率直に述べ合い、自分の悪いところも素直に認められるようになりました。いつも会議を欠席してばかりいるメンバーがいたのですが、その人物も、自分のそういう態度がチームに悪影響を及ぼしていることをみんなの前で認めました」

「いま私は、チームの仲間を信頼しています。私たちは以前より深く内省し、充実した対話ができるようになりました。チーム外の人たちからの信頼も高まりました」

また、誰もが自分の内面で重要な変化が起きたと感じていた。

「私はいろいろな面で変わりました。いまは、昔よりずっとほかの人とのやり取りに気を配り、自分が人に及ぼす影響に注意しています。自分をコントロールし、うまく人と接するようにしています。自分のコミュニケーション・スタイルを意識して、どういう状況でどの方法がうまくいき、どの方法がうまくいかないかを考えています。以前に比べて、ずいぶん意識的にコミュニケーションをおこなうようになったと思います。自分で決めた行動ルールを守れる場合ばかりではありませんが、そういうときはそれを自覚できるようになりました。このように内省するのは、精神的にしんどい面もあります。けれども、自分を批判的に見つめ直し、いわば鏡の中の自分の姿を点検することにより、自分で定めた目標どおりに行動できているかどうか、どういう面で進歩していて、どういう面で進歩していないかを把握できるのです」

「自分の心理状態が危険ゾーンに入りかけているとき、自分で気づけるようになりました。それが最も大きな成果です。私が掲げた改善目標は、ほかの人の提案にもっと耳を貸すことでした。私は以前、数人の同僚の仕事ぶりに不満を感じていて、毎週の会議ではどうしてもいらいらして、その人たちの言葉を聞こうとしなかった。でも最近は、自分の意見ばかりを通そうとせず、みんなが言いたいことを言える環境をつくるよう努めています。どうしても耐えがたい同僚がいたのですが、こういうことを心がけるうちに、その人のことがだいぶ好きになりました。昔は同じ部屋にいるだけでもいやだったのに、だんだんその人の別の面が見えてきたのです。いまでも、この同僚の仕事ぶりにいつも満足しているわけではありません。でも、コテンパンに叩きのめしたりしてはいけないと、自分に言い聞かせています」

「単に、自分の言動に注意を払うようになっただけではありません。自分が問題ないと思っている言動に、ほかの人がどういう反応を示す可能性があるかがわかってきたのです。なんらかの行動や発言をする前に、自分がいまどういうタイプの人物と接しているのかをよく考えるようになりました。小さいけれど、とても重要な変化です。振る舞いがガラリと変わったわけではありませんが、ささやかな変化が大きな意味をもつのです」

しかし、進歩を後退させず、成長し続けられるか、不安を感じていたメンバーもいた。

「自分の行動に対する理解が深まり、これまで自分の視点でしかものを見ていなかったことに気づきました。ほかの人にとってなにが問題なのかもわかるようになりました。でも、新しい行動パターンを貫くことにはいまでも苦労しています。忙しくて余裕がなくなると、つい緊張感なく行動し、昔の行動パターンに戻ってしまうのです」

「人との接し方に注意を払い、対人関係の面での自分の欠点を自覚するようにし、そういう悪い面が日々のやり取りであらわれないように気をつけています。自分を変えようと努めていますが、ストレスは相当なものです。つねに意識を制御するのは、並大抵のことではありません」

そして最後に、多くのメンバーは、自分の個人レベルの成長がチームの進歩に直結していると感じていた。

「私個人が進歩を成し遂げたことと、チーム全体に活力が生まれたことの両方に、非常に満足しています……私自身も職業上、大きく成長できたし、チームの状況も大幅に改善しました。この両方が一体となって、大きな力が生まれているのです。いまでは、自分のために行動するだけでなく、チームの力になることが自分の責任だと思っています。そういう思いが強まりました。私たちのチームは悲惨な状態から出発しましたが、いまはチームに貢献することを強く意識できるようになりました（自分のために行動していないわけではありませんが）」

「メンバーが助言を求めてくるのは昔からですが、そういうときに以前より有意義な対話ができるようになりました。それに、みんなが自分のやっていることに自信をもつようになりました。成長を続けることで、メンバーが充実感を味わえるようになったのです。この前、あるメンバーからアドバイスを求められたときに私が取った態度は、以前とは違いました。指図するのではなく、一緒に力を合わせて問題に臨むという姿勢で接したのです。私がそういう態度を取ると、メンバーは自分で問題の解決策を考えるようになります。私が正解を教えないので、思考を停止しなくなるのです」

「私たちはしばしば、目の前の課題を処理することで頭が一杯になり、成果をあげるうえで同僚と協力することの大切さを忘れてしまいます。私自身、自分がチームワークを発揮できているかを深く考えたことなどありませんでした。不思議な話です。自分の行動にもっと注意を払うべきだというのは、誰でもわかっていることなのに。でも、一連のプログラムを通じて、私たちは立ち止まって、そういうことを考える時間を取るようになりました。その結果、私はコミュニケーションとマネジメントの質を高め、チームのメンバーとの間の壁を破ることができました。時間を惜しまずに同僚に話しかけ、『いま私はこういうことに取り組んでいるんだ』と言えるようになったのです」

以上で、私たちがネイサント社（仮名）のマーケティングチームと取り組んだ活動の全容を紹介した。メンバーがどういう目標を掲げたかも理解してもらえたと思う。最終的に、このチームが業務上の重要プロジェクト（本章冒頭で述べたように、前任の旧チームが失敗した難易度の高いプロジェクトだった）を見事成功させたことは、第6章でキャシーの事例を紹介した際に述べたとおりだ。この成功を強く後押ししたのは、チームレベルで〝変革をはばむ免疫機能〟を克服できたことだったと、私たちは思っている。彼らはどうして変革に成功できたのか？　以下では、その点を考えてみよう。

どうして成功したのか？――学ぶべき教訓

ここで注目すべきなのは、信頼関係の要素だ。信頼関係の欠如は、このチームが抱える最大の問題だったと言っても過言ではないだろう。彼らは、互いの信頼感が希薄なせいで有効なコミュニケーションが取れず、異なる仕事のスタイルを受け入れ合えずにいた。

まずは、人と人の間に信頼関係が生まれる条件とはなにかを理解しておくことが有益だろう。確定的な理論とまではいかなくても、なんらかの仮説をもっておいたほうがいい。私たちはその点に関して、学術的な研究結果をもとに一つの仮説をいだいている。その仮説によれば、組織内で他人と信頼関係を築くために必要な要素は以下の四つだ。[8]

- 組織が大きな成果をあげるためにその人物の役割が重要なのだと理解し、その人を尊重すること。
- その人物が責任を果たせるだけの能力と技量をもっていると信じること。
- 同僚として、そして一人の人間として、その人物を気づかうこと。
- 自分の発言と矛盾した行動を取らないこと。

このチームの場合、四つの条件がすべて満たされることにより、成功が後押しされた。まず、チェトについて見てみよう。リーダーとして、チーム内に信頼関係を生み出すうえできわめて大きな役割を担っていたからだ。

リーダーが大きな役割を果たしたこと

新チームが組織されて最初の数週間、チェトはチームづくりの必要性を指摘する声を受けて、有効そうに思える方法を取り入れたり、「誰と一緒に組みたいか?」とメンバーに尋ねたりした。こうした姿勢は、メンバーに対する敬意のあらわれと受け止められた。チーム内の不満分子たちは、自分たちの主張にチェトが迅速に対応したのを目の当たりにして心を動かされた。「チェトはチームを崩壊させないつもりらしいぞ」と思ったのだ。変革への取り組みを支援するコンサルタントをメンバー自身に選ばせたことも好ましい結果を生んだ。これにより、メンバーがチェトと変革プログラムに対していだく信頼感が高まり、コンサルタント（つまり私たちのことだが）はチェトの「回し者」だと思われずにすんだ。それに、プログラムの出発点で意思決定に加わったことで、メンバーは強い当事者意識をいだけた。

さらにチェトは、事前アンケートと個別面談で指摘されたリーダーとしての問題点をみんなと話し合うことにし、最初のワークショップで自己弁護をせずにメンバーの言葉に素直に耳を傾けた。これでメンバーの信頼がいっそう強まった。細かいことまで管理し、過剰に指示を発するばかりで、ほとんど褒めない——そんな自分のやり方を強引すぎると思うメンバーが多いことに、彼は理解を示した。また、自分の弱みを隠さず、自分の個人レベルの改善目標——メンバーの言動に反射的に反応しないようにしたい、というもの——を発表した。相手の言葉をよく聞き、相手の考えを理解してから、感想や評価を伝えるなり、指示を言い渡すなりしたいと述べたのだ。

このような目標を表明したことは、メンバーの信頼を勝ち取るうえで大きな効果をもった。前述のように、相手の指摘に耳を貸すのは敬意のあらわれと言えるし、その指摘を受け入れて行動するのは、相手の考えに価値があると認めることにほかならないからだ。また、チェトは実際に行動する前にメンバーの意見を聞き、彼らの考えを理解しようと努めることにより、自分の公約が口先だけでないと実証してみせた。メンバーの指摘を自分の行動に反映させる意志を示した結果、自分と異なる仕事のスタイルを受け入れるつもりがあるとメンバーにはっきり伝わったことも大きかった。これまで述べてきたように、異なる仕事のスタイルを認め合えないことは、チーム内で信頼関係が乏しい主たる理由だった。

このチームが目指すべき目標は、メンバー全員がお互いの仕事のスタイルを理解し、尊重し合えるようになることだった（リーダーであるチェトのスタイルも尊重されるべきだ）。この目標に向けて前進するためには、まずチェトが率先してメンバーのニーズを大切にすることが有効な一歩となる。リーダーの言動はきわめて大きな象徴的意味をもつからだ。この面でも、チェトの取った態度は効果的だった。リーダーである自分もほかの人たちの仕事のスタイルをもっと尊重すべきだと、はっきり認めたのである。これにより、自分のスタイルを全員に押しつけようとは思っていないと理解してもらえた。彼が必要に応じてリーダーシップとマネジメントの技能を高めていく意志があることも明らかになった。

最初のワークショップのあとも、チェトは「行動する前にメンバーの意見を聞く」姿勢を貫き、さらに信頼を獲得していった。こうして信頼を築くことには、現実的な利点もあった。一つは、メンバーの意見を聞くようにした結果、メンバーの能力を信じられるようになったこと。もう一つは、メンバー（とそのアイデア）に心を開けるようになったことだ。そして気がつくと、チェトはメンバーを人間として気づかうようになっていた。そういう気持ちはメンバーにも伝わった。

さらに指摘しておくべきなのは、変革に取り組んだ数カ月間、チェトが一貫してメンバーとの約束を守り、ワークショップでメンバーが打ち明けた内容を（公式にも非公式にも）個人評価の材料にしなかったことだ。メンバーにとって、これほど大きな問題はない（もしチェトが逆の行動を取ったら……と考えれば、その点は理解できるだろう。約束を破れば、チェトは瞬く間にメンバーの信頼を失ったにちがいない）。

約束を守ることにチェトが苦労した印象はない。適切な機会を与えれば各自が改善目標を達成できるだろうと信じていたし、自己変革の取り組みを細かく記録したところで変革の足を引っ張りかねないと思っていたからだ。いずれにせよ、チェトは約束を守り続けることを通じて、個人の成長と職業上の「身の安全」に関してチームで共有した考え方を支持する姿勢を示していたのである。

このように、チーム内の信頼関係を築くうえでリーダーが果たす役割は大きいが、一人の力ではチームを成功に導けない。メンバー全員の積極的な関わりが不可欠だ。このチームが成功できた要因としては、ほかに以下の六つを挙げられるだろう。

- チーム全体で目指すことにした目標が、チームの成長を力強く後押しするものだったこと。
- 一人ひとりがチームの目標に沿った改善目標を掲げて、努力を続けたこと。
- チーム全体の取り組みに、チームの目標と関連のある「私的な要素」を持ち込んだこと。
- チーム全体が変革に向けた強い意志と意欲を共有していたこと。
- 一人ひとりの学習がチームの社会的構造によって支えられていたこと。
- 学習課題に適した学習方法を採用していたこと。

チーム全体で目指すことにした目標が、チームの成長を力強く後押しするものだったこと

コミュニケーションの改善を目指したことは、発足して間もないチームが成長するうえできわめて重要な意味をもった。とりわけ大きかったのは、コミュニケーションの質を高めるための取り組みを始めた結果、チーム内に信頼関係を築こうという意識が強まった点だ。まず、好ましいコミュニケーションとはどういうものかという点について明確な合意に達したことで、メンバーは早々に絆を深められた。過去には、一部のメンバーが傷ついたり、評価されていないと感じたりしたこと

もあったが、みんなで描き上げた「好ましいコミュニケーション像」は全員が気に入った。その結果、不満があれば、自分の立場を悪くしたり人間関係を壊したりする心配なしに建設的に主張できるようになった。

見落とせないのは、「なにをもって好ましいコミュニケーションとみなすか」をメンバー自身が決めたことだ。それにより、どういう目標をどのように目指すかという点にメンバーが当事者意識をもてた。彼らはチーム内で信頼関係を築くために「実践すべきこと」と「避けるべきこと」を明確にし、その指針に全員が従うだろうという期待をみんながいだいた。たとえばすでに述べたように、情報の送り手の義務として「オープンに、直接的に、嘘をつかずに、適切なタイミングで情報を発する。相手のやる気をかき立てることを心がけ、ものごとを決めつけない」こと、情報の受け手の義務として「情報の送り手が善意で行動していると想定する。最後まできちんと話を聞く（メッセージを読む）。わかりにくい点があれば質問する（とくに、送り手の感情のトーンに関して、理解を曖昧なままにしない）。前向きに学習する姿勢をつねに忘れない」ことを心がけるものとした。このように、あるべきコミュニケーションについて共通認識をもつことにより、好ましいコミュニケーションを妨げる一因を自分がつくっていることを誰もが意識し続けられた。実際、ルールどおりに行動した。

一人ひとりがチームの目標に沿った改善目標を掲げて、努力を続けたこと

プログラム終了後の個別面談で、個人の改善目標に向けた行動がチームの重要課題と結びついていたかと尋ねたところ、両者の間には明確な関連があったと全員が回答した。両者の関連性がきわ

めて重要だったと振り返ったメンバーも多かった。

「私たち一人ひとりが掲げた目標はすべて、もっと強力なチームを築き、お互いのことを、そして自分たちの仕事をもっと大切にするためのものでした。個人レベルの目標がチーム全体の力学に好影響を及ぼし、各自の取り組みが相乗効果を生み出しました」

「チームになにが足りないかを知り、チームの強みと弱みを明確に認識しておくことは、とても有益なことだと思います。そうすれば、自分の目標に向けて前進できるうえ、チームを前に進ませられます。また、自分の内面を見つめるのも好ましいことです。メンバーは誰でも、チームに好ましい影響を及ぼす場合もあれば、悪い影響を及ぼす場合もある。その点をよく頭に入れておく必要があるからです」

「チームの問題点が生まれる原因はメンバーにあるのだと思います。ある種の弱点をもつメンバーが大勢いれば、それがチーム全体の行動にも影を落とすからです。私たちのチームはコミュニケーションを改善する必要がありました。ということは、私たち一人ひとりが自分のコミュニケーションを改善すべきなのです。といっても、自分の目標を無理やりチームの目標に合わせたという感覚はありません。この両者の間には、そもそも密接な関係があるからです。二つを一体のものとして取り組まなければ、どちらの目標も達成できません。チーム全体の目標を他人事と感じているうちは、その目標に向けて行動することなどできないと思うのです」

コミュニケーションの改善が全員の目標だったので、ワークショップではそのための全員に役立つ方法論を紹介した。二回目のワークショップで用いた「マイヤーズ・ブリッグス性格指標（MBTI）」はその一つだ。この指標をもとに一人ひとりの性格タイプを知ったことで、メンバーは同僚に（とくに、自分と異なる性格タイプの持ち主に）おおらかな気持ちで接することができるようになった。MBTIと「推論の梯子」について学んだ結果、同僚のメッセージを誤解する一因が自分にもあるのだと知って、独善的な発想をやわらげ、他人との接し方やコミュニケーションの取り方のレパートリーを増やせたのだ（こうした認識の変化は、たとえば「自分の望みどおりに行動しない相手に、そこまでつらく当たっていたとは、自分でも気づいていませんでした」といった発言によくあらわれている）。このようなメンバーの個人レベルの学習がチームの進歩を促進した。

チーム全体の取り組みに、チームの目標と関連のある「私的な問題」を持ち込んだこと

メンバーの「私的な問題」はチームの問題と切り離せない関係にあったので、メンバー同士が私的な問題を語り合うことは理にかなっていた。どういう問題をチームの場で語るべきかもはっきりしていた。最初のワークショップ以降、私たちはメンバー一人ひとりの個人としての側面に光を当て続けた。まず、彼らは個人の改善目標をみんなの前で発表した。みんなに自分の弱みを見せたのである。この経験を通じて、彼らはお互いを「人間」として、つまり自分と同じようにときに過ちを犯す人間として見られるようになった。すると、彼らは自発的に、免疫マップの全容をお互いに見せ合おうと言いはじめた。マップの第3枠（改善目標とぶつかり合う裏の目標）と第4枠（強力な固定観念）に記される内容は、いっそう私的な領域に踏み込むもので、自分の自己防衛的な思考様式を

浮き彫りにするものであるにもかかわらず、である。

　この活動は、チーム内の信頼関係をはぐくむうえで目を見張る直接的な効果を生み出した。どうして自分たちが理想的なコミュニケーションを実践できていないかについて、彼らはそれまで予想もしていなかった理由に気づかされたのだ。その結果、同僚の言動に気分を害することが少なくなり、それまでよりおだやかな気持ちでお互いを気づかえるようになった。ほかのメンバーが仲間の私的な情報を良心的に扱うのを目の当たりにするうちに、お互いのことをいっそう信頼し合えるようになった面もあった。このチームのメンバーは、同僚の進歩を目にとめて称賛しこそすれ、同僚の私的な情報を悪用することはけっしてなかったのだ。

　一人ひとりのメンバーが自分の「私的な要素」をチームの活動と一体化させ、自分のコミュニケーション上の目標を妨げている要因の核心に切り込まなければ、個人レベルでもチームレベルでもこれほど大きな進歩は成し遂げられなかっただろう。では、私的な要素をチーム全体の活動と一体化させるためにはなにが必要なのか？　不可欠なのは、内省の能力だ。その点、このチームのメンバーはみな、鏡に映った自分の姿をしっかり見つめ、そこに見えたものから目をそらさなかった。キャシーが自分のいだいている裏の目標（第3枠）と向き合い、免疫機能を乗り越えていったプロセスは、第6章で紹介したとおりだ。すべてのメンバーがキャシーと同じように、チームのみんなの前で自分の免疫システムを明らかにし、強力な固定観念の検証をおこなった。そして、進歩を遂げ、それを同僚たちに褒めてもらえた。こういう場が形成された結果、チーム全体のニーズと個人単位の学習を密接に結びつけることが可能になった。

チーム全体が変革に向けた強い意志と意欲を共有していたこと

すでに述べたように、このチームのメンバーは誰もが「一人でも失敗すれば、みんなが失敗する」という考えのもと、現状を変える必要性を理解し、チーム全体の改善目標の達成を目指していた。具体的には、第一に、コミュニケーションのあり方を改める必要があることを全員が自覚し、しかもそれが緊急の課題だと認識していた。第二に、自分たちで主体的に目標を設定した結果、全員が当事者意識をいだいていた。彼らは、誰かに命令されたからという理由で変革に乗り出したわけではなかった。一人ひとりが自分を変革の主人公と考えていた。もし、チェトが一人で盛り上がっていただけだったら、チームの一体感はここまで高まらなかっただろう。

一人ひとりの学習がチームの社会的構造によって支えられていたこと

チーム全体が変革に向けた意志と意欲をもっていたことは、個々のメンバーが活動を継続するよう促す強力な環境をつくり出していた。最初は意欲満々で変革への取り組みをスタートさせたのに、次第に尻すぼみになっていくケースは珍しくない。とくに、ある程度進歩を遂げて状況が許容できるレベルまで改善すると、このパターンに陥りやすい。「時間が足りないんです」という言い訳がしばしば使われる。しかしこのチームのメンバーは全員、チームの目標と個人の目標の実現に向けて努力を続けた。そういう姿勢は、業務上の負担が重くなり、多忙を極めていた時期も変わらなかった。[9]どうして、彼らは変革の取り組みを続けられたのか？　チェトはあとでこう述べている。

いちばん大切なのは、チームの全員が変革の必要性を認識し、変革を目指すことに意義を感じられるようにすることです。チームづくりに着手したとき、メンバーはほっとしたようでした。このままではいけないと、誰もがわかっていたのです。外部の専門家の力を借りて変革を目指すことに、みんなが乗り気でした。とはいえ、それは並大抵の努力では実現できないことでした。しかも、私たちはただでさえ大量の仕事を抱えていました。みんな、とても忙しかった。それでも息切れせずに活動を続けるためには、どうしてこの活動をおこなう必要があり、それを通してどういう恩恵が得られるのかを明確に意識することが非常に重要になってきます。

チームという社会的構造の助けがなければぜったいに免疫機能を克服できない、とまでは言わない。しかし、自分がどういう課題に挑んでいるかを理解してくれる人が身近にいて、しかもその人自身も自分の目標に向けて努力してる最中で、すぐに意見を聞かせてくれれば（強力な固定観念にがんじがらめになっているときはそう指摘し、新たに好ましい行動ができるようになったときは称賛してくれれば）、格段に活動を継続しやすくなる。誰だって、責任感と実行力のある人物だと思われたいからだ。「やると言った以上、やり通すぞ！」という意欲がわいてくるのだ。

チームとして変革を目指す意欲をもてば、メンバーはお互いに対して義務感をいだくようになる。個人の目標は、好き勝手に追求したり放棄したりできるものではなくなる。チームの仲間全員が頼りにし、応援しているからだ。しかも、一人ひとりがどういう個人レベルの目標を掲げているかは、ほかのメンバー全員が詳しく知っている。こうして同僚からプレッシャーを受け、同時に自然にアドバイスやコメントを交換し合えたことも、彼らが目標を目指し続ける背中を押した。

あるメンバーは、最後にこう述べている。「正直なところ、一人ぼっちで学習するなんて無理だと思います。チームで取り組むことが不可欠です。私に言わせれば、個別のコーチングでさえ十分でない。それだけでは孤独な活動という性格が変わらず、自己改善を後押しできません。望ましい変化が本当に起きているか確認するすべがないからです。その点、チーム単位で活動すれば、一人ひとりの行動がほかのメンバーの関心事でもあるので、周囲からアドバイスや評価を伝えてもらえる。チームで学習するほうがうまくいく理由は、ここにあるのだと思います」

学習課題に適した学習方法を採用していたこと

なにを学習しようとするかによって、どれくらいの時間が必要で、どれくらい充実した場を設け、どのような素材と方法を用意すべきかが違ってくる。このチームの場合は、学習の時間と場と素材の大枠を入念に計画したことが功を奏した。

まず彼らは、自分たちが直面しているのがどういう問題かはまだ把握できていなかったものの、その問題が放っておいて勝手に解決することはないと理解していたので、問題解決のための手立てを投入しようと決めた（その「手立て」として選ばれたのが、コンサルタントである私たちだった）。問題が一日や二日で解決しないことにも気づいていたので、多忙なスケジュールのなかから時間を割く覚悟もできていた。

活動の日時はあらかじめ決めておくようにし、ワークショップを神聖な場と位置づけ、ほかの活動より優先させるものとした。忙しい日々を送っている人間を大勢集めて、丸一日のワークショップを計画することは簡単でない。それでも、そうすることには、日々の業務や雑務に邪魔されずに学習に専念できる以上の利点がある。三度のワークショップの日程を事前に決めておくことにより、自分たちが進歩していく過程をイメージしやすくなるのだ。楽器のレッスンで次のレッスンの日時が決まっていると、その日に向けて練習しようという意欲がわいてくるのに似ているかもしれない。いつワークショップがあるか前もってわかっていれば、メンバーは目的意識を失わず、次のレベルに進む準備ができる。

一方、私たちが心がけたのは、メンバーと会うすべての機会（ワークショップと個別コーチング）を彼らにとって十分に安全で、同時に十分なリスクのある場にすることだった。科学的研究によれば、人の成長を促すうえで最も有効なのは、支援と試練がセットになった場だと考えられているからだ。また、メンバーがお互いを理解し評価し合うために、日常のなかで実践できるエクササイズや手法も紹介した。事前の個別面談とアンケート調査のデータを示し、個人とチームの目標を追求するためにどの側面でどういう行動を取るべきなのかを理解できるようにもした。

＊　＊　＊

ネイサント製薬のマーケティングチームの活動はきわめて野心的なものだったが、コストはほとんどかからなかった。この取り組みが成功した大きな要因は、研修のためにその場限りのグループをつくらなかったことにある。日々、強烈なプレッシャーの下で仕事をしている実際のチームの単位で活動したからこそ、メンバーは個人レベルの改善目標を目指し続けるための強力な動機と支援を得られた。目標に向けて前進すれば職場のチームの成績が向上するという恩恵も感じることができた。

ここまでの数章では、免疫機能の克服に取り組んだ人たちの実例を紹介してきた。それを読んで、自分自身や自分のチームでこの方法論を試してみようと思った読者もいるかもしれない。そこで次の第3部では、免疫機能を乗り越えるうえで重要な要素を説明し、あなたが自分の免疫機能を診断し、それに打ち勝つための手引きをしたい。

第3部　変革を実践するプロセス

第8章 変わるために必要な3つの要素

私たちがよく尋ねられる問いがある。「あなたたちの方法論は、向く人と向かない人がいると思いますか?」という問いだ。こういう問いを発する人はたいてい、純粋に質問をしているというより、すでに自分なりの仮説（ときには揺るぎない確信）をもっている。「この方法論は、男性より女性のほうが有効そうだ」「アジア人より欧米人向きだ」「非営利組織で働いている人向きなのではないか」といった具合だ。しかし、ここまで本書を読んできてくれた人はお気づきのように、こうした仮説（や決めつけ）には根拠がない。

とはいうものの、免疫機能の克服に成功しやすい人は確かにいる。さまざまな実例から判断すると、以下の三つの要素をそなえていればいるほど、その人は大きな変化を成し遂げる確率が高い。それは、比喩的に言うと「心の底」「頭脳とハート」「手」の三要素である。本章では、このそれぞれがなにを意味するのかを見ていく。

要素1　心の底——変革を起こすためのやる気の源

自分を本当に成長させるための努力を開始し、それを継続するためには、免疫マップの第1枠に記す目標を成し遂げたいと心から望んでいなくてはならない。たいてい、単に理にかなった目標というだけでは十分でない。説得力のある論理的な理由があってもだめだ。理屈は変革への意欲を後押ししてはくれるが、それだけでは重要な一線を突破できない。理屈は私たちの内面の対話における理性の領域にはたらきかけるものだが、変革を推し進めるためにはそれだけでなく、理屈抜きの強い欲求をいだく必要がある。理性ではなく本能を、いわば「心の底」を揺さぶるべきなのだ。

第1枠の改善目標を自分にとって「重要」もしくは「きわめて重要」（1〜5の五段階評価で4以上）と答えていたのに、結局は目標の追求を放棄してしまう人は多い。どうして、そんな結果になるのか？　本人は認めたくないだろうが、原因は、変革にともなう過酷な経験を耐え抜くだけの強い意志がないことにあるように見える。こういう人たちは、完成した免疫マップを見て、ぎょっとする。改善目標を達成するためには、自己防衛機能を担っている別の目標（第3枠の裏の目標）を変更しなくてはならないと知り、態度を豹変させる。第1枠の改善目標の重要性に対する評価を引き下げてしまうのだ。一時間前までは五段階評価で4もしくは5くらいの重要性があったはずの目標が突如として、それほど重要に感じられなくなる。これは、二つの目標の間で板挟みになった人が内面の不協和を解消しようとして取る行動とみなせる。この落とし穴に陥らないためには、第1枠の改善目標を成し遂げたいという強力な本能レベルの欲求をいだく必要がある。そういう欲求をいだいている人は、自己防衛的な行動を取り続けることのコスト（＝心から望んでいる目標を達成できないこと）がきわめて大きく感じられるようになり、そのコストを避けようとするからだ。

第5章と第6章で紹介したデーヴィッドとキャシーが自己変革に成功したのは、自分の目標を単に「きわめて重要」と感じるのではなく、その目標を達成することが「絶対不可欠」だと感じていたからだ。変革を断念するという選択肢はありえなかった。二人は、現状でいかに大きな損失をこうむっているかを理解し、その状況を耐えがたく感じていた。

デーヴィッドとキャシーがいだいていたような変革への強い情熱は、どうすればかき立てられるのか？　その主たる源になりうるもの、それは、変革を成し遂げなければ自分の愛する人や大切なものが危険にさらされるという危機感だ。私たちは本書を書くのと並行して、あるビジネスリーダーの自己変革の手伝いをしている。この男性は最初、仕事の場面だけを念頭に置いて免疫マップを作成し、もっと聞き上手になることを改善目標に掲げた。しかし、しばらくするうちに、自分が上手に話を聞けないせいで、娘が傷つき、親子関係にダメージが及んでいることに気づいて、免疫機能を克服したいという意欲が一挙に高まった。娘がかんしゃくを起こしがちなのは、情緒面で父親から受け入れられていないと感じていることが原因ではないかと、娘の心理セラピストから指摘されたとき、彼は胸が痛んだ。こうして、自分が娘の期待を裏切っているのだと自覚したことで、免疫機能を克服することにいっそう前向きになったのである。

自分や大切な人の苦しみをやわらげたいという本能レベルの欲求のほかに、自己変革の原動力になりうる要素としては、たとえば目標の達成に自信があり、そのための方法がわかっていることを挙げられる。あなたには、実現したい目標があるだろう。それは、活躍する場を広げることや、情熱に従って行動することかもしれない。あるいは欠点を克服することや、能力を伸ばすことかもしれない。しかし、自分にそれが可能だと本能レベルで信じていなかったり、どうすればそれが可能になるか見当がつかなかったりすれば、あなたは目標に向けて努力しようとしないだろう。

人によっては、自分の免疫システムの全容を見ることにより、どうすれば目標を達成できるかがわかり、希望をいだけるようになる場合がある。自分が免疫システムに縛られていたことを思い知ると、最初は憤慨するかもしれない。それでも多くの人は、自分の目標達成を妨げてきた本当の原因がようやく理解できたことで、未来に希望を感じ、変革を成し遂げられる可能性が生まれたと思えるようになる。

まさにそういう経験をした人物がいた。大学教授のアンナだ。終身在職権をもつ教授で、副学部長の要職も務めている。彼女は次のように語っている。

免疫マップを作成したことをきっかけに、ほかの人の仕事を引き受けるのをやめ、自分が本来やるべき仕事に取り組めるようになりました。それまではあまりに多くの委員会に出席させられ、責任ばかり重くて権限の乏しい役割を背負い込みすぎていた。それに、同僚が投げ出す仕事をことごとく引き受け、大して関心のない共同研究にまで参加していた。ところが、免疫マップの四つの枠を埋めていくことで、突然ひらめいたのです。目から鱗が落ちたと言ってもいい。それまでの行動パターンの外側に足を踏み出し、海図のない海に乗り出していこうと思えるようになったのです。私は自信をもって目標を設定し、それに向けて行動しはじめました。いま振り返ると、このワークショップが私の目を開かせ、自信をもたせてくれました。新しい道を歩んでいいのだと、自分で自分に許可を与える背中を押してくれたのです。

同僚の仕事を引き受ける結果、意図せずして自分を苦しめていることにアンナが気づいたのは、免疫マップの第3枠（裏の目標）を検討していたときだった。その自己発見の過程について、本人はこう述べている。

第3枠の検討に入り、まず自分がどのような不安をいだいているかを書き出してみました。自分の仕事の質が低いのではないかという不安。自分に欠点があるのではないかという不安。それを声に出して言ってみると、気が滅入ってきました。これらの不安は、私にとって本当に深刻なものでした。研究者には、研究業績を厳しい批評の目にさらすことが求められるからです。アカデミズムの世界では、論文のピアレビュー（査読による相互評価）が避けて通れません。はじめてのときは天真爛漫に臨めます。でも二回目からは、強烈な不安にさいなまれて、自分のまわりに防御壁を築かずにいられない。私のことをしたたかで強い人間だと思っている人が多いようですが、実はまるで違うのです。

同僚の仕事を引き受けているために時間が足りず、自分の研究がなかなかできない――そんな不平をいつも言っていたけれど、仕事を頼まれたときにノーと言わない本当の理由は、自分の研究をするより、ほかの仕事をするほうが楽だからだったのです。そのことに私は思い当たりました。この発想の根底には、自分の研究の質が低いのではないかという不安があることにも気づきました。

このような新しい自己認識をもとに、アンナはワークショップがまだ終わらないうちに、どのように目標を目指すかという計画をまとめていた。「免疫マップづくりの活動を終えるころには、自分にもっと自信をもつべきだと思いはじめていました。そこで、胸を張れるような仕事を仕上げられるように、研究に割く時間を増やすための仕組みをつくろうと計画しました。もっと時間をかければ質の高い仕事ができ、もっと自信をもてるようになると思ったのです」

最終的にどういう結果になったか？　ぜひ、読者のみなさんに紹介したい。本人の言葉で語ってもらおう。

今年は（ある有力な研究奨学金を）受給できました。遺伝学に関する画期的な教材をつくるために、ある大手教科書会社と出版契約の話も進めています。このプロジェクトのために、全米科学財団に研究助成金も申請しました。反応は上々なので、きっと助成金が下りると思っています。新しい教育手法とその成果について、いくつか論文も執筆している最中です。二、三年前の私を知っている人は、あまりの変わりように驚くにちがいありません。みじめに不満ばかり言っていた私が、打って変わって前向きなエネルギーに満ちているのですから。生活のほかの側面にも好ましい影響がありました。食事もおいしくなったし、エクササイズをして体を動かすようにもなった。すべてが好ましい状態になったのです。

以上では、現状のままでいるコストが耐えがたいほど大きいと感じるパターン、目標達成への道筋が見えて希望が高まるパターンを紹介した。

このほかには、自分が抱えている深いギャップを実感することにより、変革への強い意欲を感じるというパターンもある。このケースでは、そのギャップを解消しなくてはならないと感じることが変革への第一歩となる。それは、認知面のギャップの場合もあれば、情緒面や行動面のギャップの場合もあるし、その複数の組み合わせの場合もある。ギャップが原因で自分を責める場合もあるだろう（たとえば、「たばこをやめたいのに吸い続けてしまう」という具合に）。あるいは、理想の自分になろうという意欲がわいてくる場合もあるだろう（たとえば、ポール・ポッツというイギリス人男性は、携帯電話の販売員をしていたが、夢はオペラ歌手になることだった。その夢に向けて行動し続けた結果、ついにテレビのスター発掘番組をきっかけに歌手になる。イギリス女王の前でも歌声を披露した）。つまり、免疫マップの第1枠には、欠点を矯正するという目標（たとえば「もっと上手に権限委譲をできるようになる」）が記される場合もあれば、自分を成長させるという目標が記される場合もある（以前、私たちが自己変革の手伝いをした企業幹部は、大きな成功を収めていて、しかも退職を間近に控えていたが、それでもまだ成長したいと思い、部下の仕事ぶりをうしろから見守るようなリーダーシップを振るえるようになりたいと強く願っていた）。

いずれにせよ、自分の矛盾した状態——片足をアクセルに、片足をブレーキに置いた状態——を知った人はたいてい、心の底から自己変革への強い欲求を感じるようになる。「有機体は自己組織化をおこない、人間という有機体は意味を組織化する」と言ったのは、心理学者のウィリアム・ペリーだ。人はえてして、自己組織化における際立った亀裂を目の前に突きつけられると、それを是正しようという意欲がわいてくるものなのだ。

本能レベルの欲求は、適応を要する変化へと人を突き動かす力をもっている。人にやる気とエネルギーを与えるのは、そういう最も深い欲求だ。しかし、そうやって最初の一歩を踏み出すだけでは、変革の旅は続けられない。実際にその旅を続けながら、変革の恩恵を味わい、それを通じてさらなる推進力を得ていく必要がある。その推進力を生み出すのが「頭脳とハート」、そして「手」である。

要素2　頭脳とハート——思考と感情の両方にはたらきかける

適応を要する変化を実現しようとする場合、問題はつねに「首から上」と「首から下」の両方にひそんでいる。〝変革をはばむ免疫機能〟は、特定の知性のレベルならではの思考と感情の両方を反映するものなので、適応を要する変化を本当に成し遂げようと思えばこの両方の側面にはたらきかけなくてはならない（囲み記事「思考と感情の両方にはたらきかける」を参照）。真剣に考えて熱心に努力するだけではだめなのだ。適応を要する課題では、自分が「どう感じるか」が問題の一部をなしている。そして、「どう感じるか」は「どう知っているか」と切っても切れない関係にあるので、「どう知っているか」を変えないかぎり、「どう感じるか」は変えられない。必要なのは、思考と感情のスペースを押し広げ、適応を要する課題を前にしても内面の葛藤と矛盾にさいなまれないための選択肢をつくり出すことだ。

思考と感情の両方にはたらきかける

第5章で紹介したデーヴィッドの改善目標は、「上手に権限委譲をおこない、いくつかの重要課題に時間とエネルギーを集中的につぎ込むこと」だった。一見すると、単純明快な目標だ。感情面の要素など関係なさそうに見えるかもしれない。しかし、デーヴィッドが作成した免疫マップを見ると、この目標が適応を要する課題だとわかる。それは、彼の自己イメージ、そしてリーダーシップのあり方に関する思い込みと密接に結びついた問題だからだ。彼がいだいていた強力な固定観念は、次のようなものだった——「自分自身でなにも実行しないリーダーは、無価値な給料泥棒でしかない。もし自分で仕事をすることをやめれば、私は自分の原点を捨てることになる。自分さえよければいいと思っていて、怠け者で、地位にあぐらをかいた人間に成り下がってしまう。そんな自分には自尊心をいだけない」

この思い込みから自分を意識的に解放するためには、「有効なリーダーシップとはどういうものか?」を自分のなかで定義し直すことが不可欠だった。頭脳のレベルだけでなく、ハートのレベルでもその作業が必要だった。そういう転換を遂げてはじめて、自分の原点を裏切ったと感じることなく、自尊心を保ちながら、よき権限委譲者であり続けられる。

別の言い方をすると、リーダーシップのあり方に関する既存の思考様式を改めるためには、感情面の問題に対処することが避けて通れなかった。なにしろ、デーヴィッドは、長い間いだいてきた「よきリーダーシップ」の定義に反する行動を取ることを想像しただけで、たちまち罪悪感と自己軽蔑の念がわき上がってくるような状況だったのだ。

別の章で述べたように、〝変革をはばむ免疫機能〟は非常に充実した不安管理のシステムという性格ももっている。この免疫機能の作用を妨げようとすれば、恐怖という危うい感情を遠ざけておくために役立ってきた頼もしいメカニズムを弱めざるをえない。

自分の免疫マップを見た人は、二つの現実を目の当たりにすることになる。一方ではこれまで自分を守ってきたメカニズムの恩恵を再認識し、他方ではそのメカニズムを作動させることで払わされるコストを見せつけられる。適応を要する課題を解決するためには、頭脳とハートの両面で、そうしたコストと恩恵に関する既存の計算式を書き換えなくてはならない。自己変革の過程で経験する大きな試練は、変革を推し進めても自分は安全だと（思考と感情の両面で）信じるように転換することだ。不安を乗り越えるとは、そういう自信をはぐくむことなのである。その試練を克服したあとでは、ものごとがまるで違って見えるようになり、実は危険などなかったのだと気づく。恩恵は大きい。自分には無理だと思っていたことができるようになり、単に生き延びるだけでなく、もっと大きな成功を手にできる。リスクと恩恵を計算し直してこのような発見に到達するためには、自分の感情について思考することと、感情に導かれて新たな思考様式を見いだすことを並行しておこなわなくてはならない。

具体的に見てみよう。第6章のキャシーを例に考えたい。**図8－1**は、キャシーが無意識に免疫システムにからめ取られていたとき（＝事前）に得ていた恩恵と、意識的にそれを克服したあと（＝事後）に得るようになった恩恵をまとめたものだ。いずれの時点でもなんらかの恩恵を得ているが、両者には決定的な違いがある。「事後」は、「事前」に得ていた恩恵を失わずに、しかも自分の感情をうまくコントロールできるようになっている。第6章で述べたように、キャシーは免疫機能を克服する前、ものごとに感情的に反応し、まわりの人に助けを求めず、なにかを頼まれたときもノーと言えず、猛烈なペースで働きすぎていた。しかし自己変革を遂げたあとは、自分の感情をうまくコントロールし、ものごとの優先順位をつけて、仕事のペースを調整し、自分自身とほかの人たちにノーと言えるようになった。

デーヴィッドのケースも見てみよう。第5章で述べたように、最初はほかの人に助けを求めずに自分でものごとを「実行する」ことに満足感を覚えていた。しかし次第に、あらゆる仕事に手を出すのではなく、とくに優先順位の高いものを選んだほうがいいと気づきはじめた。それまで敬遠

図8-1

キャシーが得た恩恵――自己変革の前と後

恩恵	免疫システムにとらわれていたとき	免疫システムから解放されたあと
他人から得た恩恵	いつも的確に仕事をやり遂げる頼もしい同僚として、みんなに認めてもらえる。 110%の努力をし、すべてを完璧にやり遂げることにより、チームのよきメンバーとしての基準に達していると、みんなに認めてもらえる。	頼り甲斐のある同僚として、みんなに認められる。「なにをするか」より「どういう人間であるか」を理由に敬意をいだいてもらえる。 感情が張りつめそうなとき、まわりの人たちから指摘してもらえる。 仕事について具体的な助言や感想を頻繁にもらえる。チームへの貢献を称賛される。
自分自身から得た恩恵	自分が有能でないと感じずにすむ。大好きな仕事を奪われずにすむと思える。 自分が仕事を完璧にやり遂げられると確認できる。 自分がつねに最善を尽くし、チームの期待を裏切っていないと思える。 自分の欠点を他人から隠し続けられる。	自分に自信をいだき、自分が生み出している価値を正しく理解することによって、満足感を得られる。大切なものを奪われるのではないかという不安や、自分が無能だという思いに悩まされない。自分の価値は自分の外面ではなく、内面にあるのだと思える（以前は、いつもなにかを「実行」していたけれど、いまは「自分らしくあること」が大切だと思うようになった。自分が重ねてきた経験と受けてきた教育を土台に、ほかの人にはない知恵を活用し、質の高い仕事をしたいと思っている）。 どういう仕事をどのようにおこなうべきかという自分なりの判断に基づいて行動するので、自分を大切にできる。燃え尽きる心配をしなくてすむ。「なにを自分でコントロールできて、なにをコントロールできないか」と自分に問いかけ、それに基づいて行動できる。

していた世界で自分に満足し、人生を楽しめると知ったのだ。デーヴィッドの変化をまとめたのが**図8－2**である。

新しい選択肢を知った人は、新たなエネルギーと希望を感じはじめる。これまでと同じくらい安全で、しかもずっと広い世界で生きられるかもしれないと思えば、その可能性に魅了されて、変革をやり通そうという意欲をいだき続けられる。新しい考え方は新しい感じ方に道を開き、新しい感じ方は新しい考え方を促して、それにお墨つきを与える。免疫システムの中に閉じ込められていたエネルギーが解き放たれる結果、自信が強まり、人生をコントロールできているという感覚が増す。エネルギーが高まれば、行動も変わる。そして、ある種の行動は適応のプロセスをさらに推し進める。次に論じる第三の要素は、そうした行動に関わるものだ。

要素3　手──思考と行動を同時に変える

目標達成への意欲がどんなに強くても、思考と感情を変えるだけでは免疫機能を克服できない。「思考をともなわない知覚は、盲目であることと変わらない」と、哲学者のイマヌエル・カントは言った。この点に異論はない。しかし、私たちはこれにつけ加えたいことがある。行動をともなわない思考は、機能マヒに陥る、という点だ。新しい行動を取らなければ、変化は生み出せない。既存の免疫機能と衝突する行動を意識的に取ってはじめて──言ってみれば、実際に「手」を動かしてはじめて──変革が可能になる。これを避けていては、既存の行動パターンの土台にある思考様式の妥当性を検証できないからだ。

その検証作業は、実にささやかな行動から始まる。最初におこなうのは、免疫マップの第2枠に

図8-2

デーヴィッドが得た恩恵――自己変革の前と後

恩恵	免疫システムにとらわれていたとき	免疫システムから解放されたあと
他人から得た恩恵	聡明で、問題解決能力の高い人物だと思われる。みんなから「自分よりうまく仕事をやり遂げられる人」と評価されて、尊敬を集める。	部下たちは、現在の状況と目指すべき目標を知り、その目標を目指す理由もわかるようになって、喜んでいる。部下に意思決定をさせるようにしたことも歓迎されている。なにより、部下が代案を提案するようになった。こうした変化のおかげで、とても強い充実感を味わえている。あらゆる仕事を自分で抱え込んでいたころとは、比べものにならない。
自分自身から得た恩恵	自分が利己的で、怠け者で、甘ったれていて、給料泥棒だと感じずにすむ。 あらゆる仕事を自分でこなすことにより、自分が会社に貢献していて、重要で価値ある存在だと感じられる。人との結びつきを手にできる。飛び抜けて質の高い仕事をやってのけ、スーパースター気分を味わえる。 ブルーカラー労働者の家庭で生まれ育ったという原点との結びつきを維持できる。スーツ姿の管理職になったいまも、実際に汗をかいて仕事ができる男であり続けられる（それも、現場の誰よりもうまく仕事ができる男でいられる）。	部下が大きな成果をあげられる状況をつくることに、自分の価値があると思うようになった（部下の仕事ぶりに気を配る時間が増えた）。 「生産的である」とはどういうことかについて考え方が変わり、いまでも自分の原点を裏切っていないと思えるようになった（管理職になっても利己的に行動しているわけではなく、部下の力になっているのだと思いはじめた）。 リーダーとしてチームの仕事の方向性を指示し、予算と人材を適切に配分することに、強い自尊心をいだけるようになった。リーダーとしての行動が以前より明確になり、自分が選られる満足感も高まった。現場の状況を知るために自分がものごとを実行するのではなく、適切な指示をくだすために現場の状況を知る必要があるのだと思うようになった。部下よりも自分が優秀である必要はないということにも気づいた。というより、もし自分より劣る部下しかいないとすれば、リーダーとして十分な仕事をしていないのだと、いまでは思っている。

記した阻害行動を観察することだ。それを通じて、裏の目標（第3枠）と強力な固定観念（第4枠）が実際にどのように作用しているかを知ることで、自分の思考様式の未知の側面が見えてくる。さらに、強力な固定観念が自分の人生の別の局面にも影響を及ぼしていると気づく場合もある。そういうケースでは、現状で自分が払っている代償が思っていた以上に大きいことを知り、変革への意欲がいっそう強まるだろう。次の囲み記事「強力な固定観念のあらわれ方を観察する」で記したように、デーヴィッドは早い段階の自己観察でそれを経験した。

強力な固定観念のあらわれ方を観察する

デーヴィッドはまず、たくさんの仕事を引き受け、まわりの人に助けを求めないという自分の行動パターンを意識的に観察することから始めた。そういう行動が「上手に権限委譲をおこない、いくつかの重要課題に時間とエネルギーを集中的につぎ込む」という改善目標に反することは言うまでもない。しかし、自分がどういうときに仕事を引き受け、助けを求めないかに注意を払うことにより、最初に思っていた以上に自分がその種の行動に快感を覚えていることに気づいた。そういう行動を取るときの自分の内面を点検した結果、「あらゆる仕事を自分でこなすことにより、自分が会社に貢献していて、重要で価値ある存在だと感じられる。人との結びつきを手にできる。飛び抜けて質の高い仕事をやってのけ、スーパースター気分を味わえる」ことがわかったのだ。また、チームのメンバーから高く評価されるという恩恵も味わっていた。「聡明で、問題解決能力の高い人物だと思われる。みんなから『自分よりうまく仕事をやり遂げられる人』と評価されて、尊敬を集める」というメリットを得ていたのである。このような発見は、免疫マップの第3枠の内容を充実させるうえで大いに役立った。「重要で、価値があり、スーパースターである自分」であり続けたいという裏の目標がくっきり見えてきたからだ。

自己観察をすると、「仕事を任せない」という行動パターンが私生活にも害を及ぼしているとわかった。なにしろ、家の用事を業者に依頼することもしたがらなかったのだ。「庭の芝刈りを業者に頼むことさえいやなんですよ！」と、デーヴィッドは笑いながら私たちに言った。洗濯物のアイロンかけを人に頼むのもいやだとのことだった。

自己観察に続く「行動」の第二段階では、強力な固定観念の下で「避けるべし」とされている行動を実際に取ってみる。固定観念が本当に正しいかどうかを検証するためにそれが必要なのだ。この検証作業では、どのような行動を試しにおこない、それによってどういう情報を得たいのかを入念に計画することを忘れてはならない。意識的に行動を取り、情報を収集し、その情報を解釈する。このように自分の思考様式を検証することは、いま目標どおりに行動できていない理由をあぶり出すためのきわめて有効な手段だ。

ここで注意してほしいことがある。この段階で強力な固定観念に反する行動を取る目的は、あくまでも固定観念の妥当性を検証するためのデータを集めることにある。ただちに行動を改めることは目指していない。自分に枠をはめることで安心感を得るのをやめて、その枠を取り払っても危険はないと知ることで安心感を得ることが可能なのかを明らかにすることを目指す。この点は、適応を要する課題の核心と言える。また、この検証作業は、行動パターンを増やすことの恩恵を味わい、変革という目標に向けて前進することで味わえる興奮と達成感、成長の手ごたえを知る機会になる場合もある。デーヴィッドもそうだった（次の囲み記事を参照）。

強力な固定観念の検証実験

デーヴィッドは適応を要する変化を推し進めるにあたり、思考様式の変革と行動の変革を一体のものとして実行した。まず、最初のワークショップのあとしばらくして、それまで自分でやっていた仕事の一部を部下に割り振った。その際に気を配ったのは、一人ひとりの部下の強みと性格を考慮して、誰になにを任せるかを決めるようにすること。そうすれば、部下が仕事をうまくやり遂げられる可能性が高まると思ったのだ。

第5章でも述べたように、デーヴィッドが権限委譲を目標に掲げた理由の一つは、重要な問題にだけエネルギーと時間を集中的につぎ込みたいということだった。そこで、部下に仕事を任せることで捻出した時間を使い、三種類の最優先課題に取り組みはじめた。

しかしこの時点では、自己変革の取り組みはまだ行動だけにとどまっていた。このまま次のステップに踏み出さなければ、適応を要する課題に技術的なアプローチで臨むだけで終わってしまう。新しい行動パターンは状況の改善を目的とするものとなり、思考様式を変えるための情報収集の手段にはなりえないからだ。しかし、新しい行動を通じて自分の思考様式の妥当性を検証しようとすれば、適応を要する課題の解決に向けて動き出せる。

デーヴィッドの場合は、自分のリーダーとしての適性を判断する材料を、優先順位の高い課題に集中的に取り組むことで価値を生み出せるのかを知るためのデータを集めることを目指すべきだ。本当に適切な実験を設計できれば、新しい行動を取ったときに自分がどう感じるかは前もってわからない。実験の結果、既存の思考様式の正しさが裏づけられ、やはり自分を守らなくてはならないという結論になる可能性もある。しかし、問題に対する考え方が変わり、「これまでと違う行動を取ればかならず悪い結果になる」という思い込みが解消されたり緩和されたりする可能性もある。

デーヴィッドは部下に仕事を任せたあと、それがどういう結果を生むかを観察した。すると、部下のほうが質の高い仕事をやり遂げるケースが多かった（部下が成果をあげたことはうれしかったが、正直なところ少し複雑な気分でもあった）。ほかの人の仕事の流儀を受け入れるようにしたことは、部下にも好評だった。また、部下に仕事の出発点とゴールを明確に示し、その仕事が必要な理由を理解させることにより、部下に成果をあげさせるという役割に、デーヴィッドは誇りを感じはじめた。部下を見守り、導きつつ、自由に行動させることによっても、自分が価値を生み出せることに気づいたのだ。

さらに、重要課題に集中的に取り組むとどういう変化が起きるかについても観察した。最初、胸にわいてきたのは、自分が大した仕事をしていないという思いだった。働いているという実感をもてなかったのだ。それでも次第に、人と深く結びつくための新しい方法を見いだし、エネルギーが高まってきた。以前より成果もあがりはじめた。そういう経験を通じて、細かい仕事まですべて自分でやるのではなく、チーム全体として適切な仕事ができるように計画を練るほうが大きな価値を生み出せると、ますます確信し、わくわくしてきた。
デーヴィッドは以前、こう考えていた――「自分自身でなにも実行しないリーダーは、無価値な給料泥棒でしかない。もし自分で仕事をすることをやめれば、私は自分の原点を捨てることになる。自分さえよければいいと思っていて、怠け者で、地位にあぐらをかいた人間に成り下がってしまう。そんな自分には自尊心をいだけない」。しかし、既存の行動パターンを変えるとどういう結果になるかというデータを収集し、自分の固定観念の妥当性を検証した結果、考えを修正した。「必要なのは、すべてを自分でおこなうことではなく、すべてを把握しておくこと。個々の要素をどのように統合すれば、全体がうまく機能するのかを知っておかなくてはならない。自分で仕事をする能力も必要ないのかもしれない。大事なのは、詳細な情報を知っておくことだ」

思考と行動の両方を変えるのは簡単でない。その証拠に、片方だけを優先させてしまう人が非常に多い。まず、行動を変えることだけに偏る場合を見てみよう。この落とし穴に陥ると、新しい行動パターンを取り入れようと決めた元々の目的が曖昧になり、本来の目的とは別の動機で行動しがちだ。たとえば、変革という課題をやり遂げられることを自分自身に対して実証したい、なにかをやり遂げたという達成感を味わいたい、試練を乗り越えた勇気ある人物でありたい、といった動機で行動する人が少なくない。〝変革をはばむ免疫機能〟の本質を理解している人でさえ、このパターンに陥りかねない。免疫マップの四つの枠の相互関係を理解していれば、自分が取っている好ましくない行動はシステムが生み出す「症状」にすぎず、変革を持続させたければ、根底にあるシステムを変えることが不可欠だとわかっているはずなのだが。もちろん、変革に取り組む動機が不適切でも、とりあえず行動が変わることは確かだ。しかし、こういう人はたいてい、投薬の効果で苦しい症状がやわらぐと、病気が完治していないのに通院しなくなる患者のように、いつの間にか新しい行動をやめてしまう。目に見える行動が変わったことに満足し、それで本当に目的が達成できたと誤解するのだ。

このような思い違いをするのは理解できる。たとえば、あなたが一〇年前から体重を五キロ落としたいと思っていて、食事制限で五キロ減量できたとする。あなたはおそらく、目標を達成できたと思うだろう。けれども、その考えは間違っている。あなたが本当に目指していたのは、「五キロ減量すること」ではなかったはずだ。多くの人は、五キロの減量自体には何度も成功している（あなたもそうなのではないか？）。本当の目標は、「五キロ体重を落とし、それを維持すること」だろう。しかし食事制限だけでは、減量は長続きしない。必要なのは、行動を変えるのと並行して考え方と感じ方も変えること。そして、考え方と感じ方を変えるためには、すべての土台をなす基本的な思考様式を変えなくてはならない。本当に適応を要する課題を解決したければ、行動を変えることを通じて学んだことをもとに、たえず思考様式を変えていくことが不可欠なのだ。

一方、思考様式だけ変えて行動がともなわない人も多い（新しい認識に達するだけでも、自信がわき、自分の進むべき道が明確になるというメリットはあるが）。免疫マップの作成を通じて到達した自己理解に衝撃を受け、思考と分析と内省の深みにはまり込むばかりで、実際に行動しようという態度がほとんど見えてこない人がいる。こういう人は、自分の内面を深く理解することに重きを置く（たいてい暗黙の）自己流の自己変革理論に基づいて行動しているのかもしれない。自分の行動の動機を掘り下げて理解することこそ変革への道だと思っていたり、自分の思考を解きほぐして分析することが変革のカギだと信じていたりするのだろう。しかし結局のところ、行動《アクション》なき内省《リフレクション》は、内省《リフレクション》なき行動《アクション》と同じくらい非生産的と言わざるをえない。

以上で紹介した二種類の行動パターンは、正反対の反応をしている半面、よく似た発想に毒されている。それは、「あと一歩前進できれば――あと一歩の行動、もしくはあと一歩の自己分析をおこなえば――ついに自己変革へのカギを手にできる」と思い込んでいる点である。

変革に成功する人の共通点

ここまでの議論では、適応を要する変化を実現するために、本人になにが求められるかに光を当ててきた。しかし、周囲の人たちが果たす役割も見逃せない。本人の変革のプロセスと密接な関係にある人たち、すなわち職場のチームのメンバーやそのほかの同僚、配偶者、親しい友人なども大きな役割を担っている。

周囲の人たちの力を借りられないと、自分のすべての側面を知ることはきわめて難しい。人は自分を観察しようとするとき、どうしても視野が狭くなるからだ。私たちのお気に入りの漫画を紹介しよう。真剣にデッサンをしている最中の画家を描いた、ゲーリー・ラーソン作の漫画だ。モデルが画家の前で完璧なポーズを取っている。ところが、画家の手元の紙に描かれているモデルは巨大な昆虫に覆い隠されている。私たちは最初、この漫画の意味がわからなかった。しかし、よく見ると謎が解けた。画家の眼鏡の片方のレンズに小さなハエが止まっていたのだ。もし誰にも作品を見せなければ、画家は自分の目に映った「現実」になんの疑問もいだかないままだろう。認識の誤りを指摘してくれる人がいないと、人はいとも簡単に自己変革モードからはずれて、既存の思考様式にはまり込んでしまう。

学習のプロセスに周囲の人たちが関われば、自己変革モードから脱線せず、前に進み続けることが格段に容易になる。自分がどういう目標を目指しているかをみんなに知ってもらえば、いつでも助言や指摘を求められるだろう（自分の目標を知ってもらうために、自己変革を開始する際のアンケートに回答してもらうのも一つの方法だ）。こちらから尋ねなくても、周囲の人たちが進歩を目にとめて褒めてくれるかもしれない。なにが達成できていて、なにが達成できていないかを指摘してくれるかもしれない。廊下で同僚の姿を見かけたり、内線電話で誰かと話したりするだけで、「もっと聞き上手になる」といった自分の目標を再確認できる場合もあるだろう。こうした周囲の指摘や行動に触れると、たいていの人はただちに自己変革モードに立ち戻れる。自分の目標をみんなが知っていると思えば、目標追求への義務感も生まれる。このように、周囲の人たちはさまざまな面で、人が目標に向けた取り組みに挫折しないための手助けができる。

本章ではここまで、適応を要する変化を推し進めるためのカギを握る要素について論じてきた。心の底からの本能的欲求をいだくこと、頭脳とハートを連携させること、いわば「手」を使って実際に行動すること、そして、そのすべてをまわりの人たちに見守られながらおこなうこと、である。以上で挙げた要素がすべてそろったとき、人は変わることができる。では、適応を要する変化に成功した人たちにはどういう共通点があるのか？　私たちが間近で見てきた実例をもとに、それを最後に紹介しておこう。

● 思考様式（思考と感情を形づくる土台となる意味生成システム）と行動の両方を変えることに成功したこと。片方を変えれば、もう片方もおのずと変わるなどとは思っていなかった。

●自分の思考と感情と行動を鋭く観察し、観察の結果を情報として活用したこと。自分が意識的に追求している目標だけでなく、無意識に自分を支配している目標にも目を向けた。

●思考様式を変えた結果、選択肢が広がったこと。あまりに遠いとか、あまりに危険といった理由で、立ち入れない、もしくは立ち入るべきでないと思っていた世界への扉が開けた。

●明確な意図をもってリスクをともなう行動に踏み出し、想像ではなく現実のデータに基づいて新しい基本認識を形づくり、それを軸に新たな力と評価基準を獲得したこと。その過程を通じて、適応を要する変化に対する不安が（完全には消滅しないまでも）大幅にやわらぎ、楽しい経験が積み重なっていった。

●積極的に能力向上に取り組むことにより、選択肢が広がり、コントロールできるものごとが増え、以前より高度な自由を得るようになったこと。そして、自己変革の目標に向けて前進し、あるいは目標を達成したこと。多くの場合は、当初期待していたよりも大きな成果が得られた。特定の問題の解決策を見いだしただけでなく、新たな知性が身について、それを仕事や私生活上のほかの課題や場面でも活用できるようになったのだ。

あなた自身のなかに、そして同僚や職場のチーム、所属する組織のなかに眠っている可能性を解き放つための心の準備はできただろうか？　進歩を妨げていたエネルギーを前向きな目的に活用できるようになると、どのような成果が生まれるのか知りたくないだろうか？　もし知りたければ、最良の出発点は、自分の〝変革をはばむ免疫機能〟を実際に見てみることだろう。あなたの免疫マップは、どのようになっているのか？　あなたの改善目標を、成長を促す「よい問題」に転換させたとき、どういう結果が生まれるのか？　次の第9章では、こうした問いにも答えていく。

第9章 診断——「変われない原因」を突き止める

二〇〇一年に『あの人はなぜウンと言わないのか★』という著書を出版して以降、私たちは同書の方法論に基づいて、何千人もの人たちが免疫マップを作成する手伝いをしてきた。また、そのプログラムのコンサルティングをおこなう専門家を育てるために、一〇〇人以上を対象に研修もおこなってきた。その早い段階で、あることに気づいた。プログラムを実践した人の多くに目覚ましい効果があらわれた半面、三〇～四〇％の人には効果がなかったのだ。効果があらわれなかった人の多くも、プログラムを「興味深い」と感じていた。「有意義だ」という感想を述べた人も大勢いた。それにもかかわらず、彼らはほかの人たちほど充実した学習経験ができなかったのである。

そこで私たちは、そういう人たちの免疫マップづくりがどこでつまずいたかを検討し、プログラムの問題点を修正した。その結果、「失敗率」は大幅に低下した。いまでは、プログラム参加者のほぼ全員が強力もしくは興味深い免疫マップ（五段階評価で4もしくは5の評価）を完成させるケースも珍しくない。

★ *How the Way We Talk Can Change the Way We Work: Seven Languages for Transformation* (Jossey-Bass, 2001)［『あの人はなぜウンと言わないのか——自分を変える。組織を変える。』(松井光代、岡本さだこ訳、朝日選書、2002年)］.

もし、あなたがまだ免疫マップを作成したことがなければ、この最新版の恩恵を全面的に受けられる。前著の方法論に従って免疫マップを作成した経験がある人も、この章を飛ばさずに読んでほしい。もっと強力なマップを完成させられるだろう。

免疫マップの作成を開始する

第1枠に質の高い改善目標を記すことの重要性は、どんなに強調してもし足りない。ここでは、その点を理解してもらうために、第2章で紹介したピーター・ドノバン率いる幹部チームの変革を手伝った際に用いた二種類のアプローチを対比させながら話を進めよう。片方のアプローチは、三時間のエクササイズ自体は非常におもしろかったが、効果はまったくなかった。それに対し、もう一方のアプローチは、じっくり時間をかけて幹部チームのDNAを好ましい方向に変えていく効果があった。

最初に私たちに与えられたのは、三日間にわたる合宿研修のなかの数時間。参加した一八人の幹部たちにとって、免疫マップを作成して第1枠の改善目標を検討するのは、これが初体験だった。私たちはまず彼らに数分間与えて、仕事でとくに重要で手ごわい課題をいくつかリストアップさせ、そのうえでこう問いかけた――「それらの課題の一部、もしくは全部を現在よりずっと上手にできるようになるために、自分が最も改善すべき点はどこだと思いますか?」

誰もがすぐに、なんらかの改善すべき点を思いついた。そして、その点を改善できずにいる理由を映し出す免疫マップも描き上げた。同僚と一緒に数時間の内省をおこなうのに打ってつけの興味深いエクササイズだと、参加者の多くは感じたようだ。「思わぬ結果が見えてきた」と言い、それまで認識していなかった自分の一面を見せつけられて「頬をはたかれた」ように感じたと述べる人も多かった（このグループに限らず、免疫マップを作成したときにこういう感想を口にする人は珍しくない）。〝変革をはばむ免疫機能〟という考え方がきわめて刺激的で、示唆に富んでいると、彼らは感じていた。ピーターも私たちに感謝の言葉を述べ、このエクササイズがチームに大きな効果をもたらすだろうと言った。

しかし、そうはならなかった。

ピーターは一年後、私たちにこう述べた――エクササイズは社内の誰に対しても、そして社内のいかなる要素に対してもなんら影響を及ぼさなかった、と。その理由について彼が示した分析は、旧プログラムを経験した多くのリーダーたちが語った内容と重なり合う。

〝変革をはばむ免疫機能〟という考え方に興味をもたせるだけでいいのであれば、このエクササイズでも問題はないでしょう。人々に新しい考え方を身近に感じさせるうえでは、自分自身の経験を活用させるのが賢明だからです。でも、一人ひとりに、そしてチーム全体に大きな変化を起こすことが目的なら、その成否をわけるのは、免疫マップの第1枠になにを記すかです。変革プログラムを推し進めることによって劇的な変化が起きる場合、その変化は第1枠に記された改善目標に沿ったものになる。つまり、第1枠の内容が絶対的に適切なものでなければ、せっかくの優れた方法論を誤った場面で用いる結果になってしまうのです！

第1枠にどういう目標を記すかは、本人にすべて自由に決めさせてはならないのです。誰もがほかの人たちのコメントを聞く必要がある。人間には自分をあざむく性質があるというのが、あなたたちの訴えたい重要なメッセージの一つだったはず。そうだとすれば、自分がどこを改善すべきかを知るうえで自分自身が最良の情報源だとは言えないのでは？

ピーターと幹部たちは、〝変革をはばむ免疫機能〟という現象に強い興味をいだいていたので、別のアプローチでもう一度この考え方を試してみようと考えた。どの組織でもそうだが、この会社でも、スタッフの個人評価をおこない、改善すべき点を本人に伝えることに多くの時間とエネルギーを割いている。しかし一年たって、また個人評価をおこなう季節になると、ほとんどなにも変わっていないことに気づく。この状況を改めるには、どうすればいいのか？　彼らが考えたことが二つあった。

- 〝変革をはばむ免疫機能〟の考え方を活用すれば、このパターンから抜け出し、個人評価の効果を高められるのではないか？
- スタッフは評価を伝えられたとき、自己改善の目標をたくさん設定しすぎている。もし、改善目標を「一つの大きなこと（ワン・ビッグ・シング）」に絞り込んで、それにすべてのエネルギーを投入すれば、どうなるだろう？

第3章で述べたように、ピーターたちは、一人ひとりの最も重要な改善目標を特定することに力を入れた。「一つの大きなこと」という言葉が社内で定着したほどだった。幹部チームの全員がそういう一つの目標を見つけるよう指示された。目指したのは、それに向けて大きく前進できれば個人として晴れやかな気持ちになり、しかも会社に対する貢献度も明らかに高まるような目標を発見すること。それは、新しいスキルを身につけることで達成できる技術的課題であってはならない。

知性を発達させなければ達成できないことが明白な課題を選ぶ必要がある。ただし、人格を完全に変えなければ成し遂げられないような目標も好ましくない。

合宿研修の前に、幹部チームの全員が以下の三種類の人たちから講評を受けた。

● 直属の上司——（講評の内容）「今年、きみのボーナスの（あるいは、昇進などの）査定をおこなう際に最も重視するのは、この改善目標を達成できるかどうかだ」

● 同僚——（講評の内容）「この点が改善できれば、きみはもっといいチームプレーヤーになれると思うよ」

● 直属の部下——（講評の内容）「この点を改善していただければ、私はもっとあなたのお役に立てると思います」

最高幹部たちは、自分の直属の部下の一人ひとりがどのような「一つの大きなこと」を選ぼうとしているかを発表し、お互いに厳しい問いを投げかけ合った——「一人ひとりの部下の改善目標に本当に胸躍っているか？　部下たちの『一つの大きなこと』すべてが会社に大きな恩恵をもたらすと感じているか？」。さらに、自分たちの「一つの大きなこと」の妥当性についても意見を述べ合った。さらには、幹部向けの指導をおこなう専門のコーチにも相談し、ときには親会社の人たちの意見も聞いた。好ましい改善目標を確実に設定するためだ。しかし、それだけではなかった。自分たちの家族の意見も聞いた。その目標に向けて前進できれば家庭生活にも大きな恩恵があると、家族は思っているのか？

学術研究では、最初に研究アプローチの設計を誤ると、あとでいくら素晴らしい分析をおこなってもうまくいかない。では、〝変革をはばむ免疫機能〟を克服しようとするとき、最初に設計を誤らないためにどういう点に注意すればいいのか？ 私たちからの第一のアドバイスは、この章に記されている作業を一気にやり終えようとしないことだ。免疫マップの第1枠を完成させるだけでも、まわりの人たちの声をよく聞く必要がある。家族や職場の人たちと話し、自分が考えた改善目標の候補を聞かせ、相手の目がキラリと輝くかどうかを確認しよう。さらに、「ほかに追求すべき目標があると思えば、教えてほしい」と尋ねてみる。あなたにとってもっと有意義だとその人が思い、あなたがそれを達成すればその人がもっとうれしく感じる目標を教えてもらうのだ。自分だけでなく、まわりの人たちにとっても価値のある目標を見いだせたと確信できるまで、第1枠を書き終えてはならない。

第1枠　改善目標

以上の準備作業を終えたら、**図9−1**のヒナ型を使って、自分の免疫マップを作成していこう。以下では、フレッドという企業幹部を例にマップのつくり方を具体的にガイドしていきたい。なお、フレッドは実在の人物だ。実は、第8章ですでに一度登場している。娘との関係への影響に気づいて、「聞き上手になる」という目

図9-1

あなたの免疫マップをつくろう

1　改善目標	2　阻害行動	3　裏の目標	4　強力な固定観念
		不安ボックス	

標の重要性をいっそう痛感した男性である。

あなたは、すでに内省をおこなったうえで、第1枠を記入し終えていることだろう。その内容が適切かどうか、以下で紹介する三つの基準に照らして点検してみよう（いや、実際はまだ作業をおこなっていないにちがいない。おそらく、前のページからそのまま読み進めてきたのだろう。でも、ちょっと待ってほしい。自分で実際に試してみてこそ、免疫機能の全容を深く理解できる。ぜひ時間を割いて、自分の免疫マップをつくってみてほしい。まず、下準備をしっかりおこない、そのうえで改善目標の最初の草案を記そう）。

図9−2は、フレッドが最初に第1枠に書き込んだ内容だ。彼の場合、この改善目標が以下の三つの条件をすべて満たしていることが確認できた。あなたの改善目標もこの三条件を満たしたものでなくてはならない。

- **その目標が自分にとって重要なものであること**――目標に向けて目覚ましい進歩を遂げられれば、自分にとってきわめて大きな意味をもつ。その面で進歩したいと本気で望んでいて、それを至上命題だとすら感じている。目標を達成できればうれしいという程度の話ではなく、なんらかの理由でそれを切実に必要としている。

図9-2

フレッドの第1枠（最初の草案）

1　改善目標	2　阻害行動	3　裏の目標	4　強力な固定観念
もっと聞き上手になりたい（上の空にならない）。いらいらしない。		不安ボックス	

- **その目標がまわりの誰かにとって重要なものであること**――その目標に向けて進歩すれば、まわりの人たちからとても歓迎される。
- **その目標を達成するために、主として自分自身の努力が必要だと認識できていること**――自分が変わるべきだとわかっている（同じ目標を掲げていても、誰もがそういうふうに考えるとは限らない。たとえば「退屈な話やくだらない情報で私の時間を無駄にする人がいなくなれば、もっと聞き上手になれるのに」と思う人もいるだろう）。

もし、現時点であなたの第1枠の草案が三条件のいずれかを満たしていなくても、心配はいらない。最初の段階ではよくあることだ。ただし、それを放置したまま第2枠に進んではならない。この過ちを犯す人は非常に多いが、最終的に完成する免疫マップの効力は、第1枠が三条件すべてを満たすまで何度でも改訂を繰り返してこそ最も高まる。

すでに述べたように、フレッドの場合は、最初に記入した改善目標がすでに三条件すべてに適合していた。しかし、別のある条件を満たしていなかった。見てのとおり、フレッドは自分の目標を否定形で表現する際、「～しない」という具合に否定形を多用していた（「上の空にならない」「いらいらしない」）。私たちの経験上、「なにをやめたいか」という否定形ではなく、「なにをしたいか」という肯定形で目標を表現した人のほうが最終的に強力な免疫マップを描き上げる場合が多い。そこで私たちの助言に従って、フレッドは第1枠の記述を**図9－3**のように書き換えた。もしあなたも目標を否定形で記しているなら、修正したほうがいいだろう。

第2枠　阻害行動

次のステップは、あなたが取っている阻害行動を洗いざらいリストアップすること。どのような行動を取っているせいで、あるいはどのような行動を取っていないせいで、第1枠の改善目標の達成が妨げられているのかを明らかにする。

この第2枠に関しては、みなさんにお任せしたい。思いつくままに書き込んでいけばいい。ただし、その前に少しだけ説明を加えておこう。

●リストアップする行動は、具体的であればあるほど好ましい。フレッドは最初、ここに「いらいらしてしまう」と書いた。厳しい話し合いにうまく臨めるようになることを目標に掲げている人であれば、「ほかの人と対立すると居心地悪く感じてしまう」と書くかもしれない。しかしこれらは、第2枠の記載として理想的とは言えない。いずれも心理状態を表現していて、行動を表現していないからだ。このような記載をする人がいると、私たちはこう水を向ける――「なるほど。では、そういういらだち（や、居心地の悪さやそのほかの不快な感情）のせいで、どのような行動を取ってしまうのですか？　あるいは、どのような

図9-3

フレッドの第1枠（改訂版）

1　改善目標	2　阻害行動	3　裏の目標	4　強力な固定観念
もっと聞き上手になりたい（とくに、目の前の人に意識を集中させる。身を入れて話を聞く。もっと辛抱強くなる）。		不安ボックス	

行動が取れなくなるのですか?」

●ここに書き込む要素が多いほど、そして記載が率直であるほど、最終的に完成する免疫マップの診断効果が高まる。記した内容は、(あなたが望まない限りは)誰に読ませるわけでもない。自分で自分に対する密告者になったつもりで、徹底的に自己点検をしよう。あなたにバツが悪い思いをさせようというわけではない。罪悪感をいだかせようというのでもない。あとで述べるように、第2枠が充実したものに仕上がるほど、最終的な効果が大きいのだ。

●ここに書き込む要素はすべて、第1枠に記した目標を達成する足を引っ張るものでなくてはならない。もちろん、あなたは改善目標の達成につながる行動も取っているだろう。それは立派なことだが、免疫マップの第2枠に記す内容ではない。ここでは、好材料と悪材料の両方を洗い出すことは目的としていないのだ。免疫システムを浮き彫りにするうえで最も有益な情報は、意図せずして目標達成を妨げている行動はなにかという点だ。

●この段階では、どうしてそのような行動を取るのかは問題にしなくていい。解決策を考える必要もない。自分の不適切な行動の原因を明らかにしたり、不適切な行動を改めるための戦略を考えたりしたいという欲求に駆られる人は多い。そういう心理は理解できる。自分の欠点のリストを見せつけられれば、誰だって居心地が悪い。それを目の前から消し去りたいと思うのが人情というものだ。しかし、そういう衝動はおさえ込もう。とりあえずは、自分の取っている行動を正直に詳しく記すことに専念してほしい。

もっと詳しく知りたい人は、**図9－4**のフレッドの免疫マップを参考にしてほしい。あなたが第2枠の内容を記すヒントも得られるだろう。

もし、定期的に誰かの講評や監督、評価を受けられる環境にあれば、その情報も参考になるだろう。そういうチャンスがなく、なんらかの理由で第2枠の内容を充実させられずにいる人のために、最後にもう一つアドバイスを送ろう。それを実践するには、相当な勇気が必要だが。心から信頼できて、いつもあなたの味方でいてくれると思える人を二、三人選ぶ。そして、あなたのどういう行動が目標達成の妨げになっているか教えてほしいと頼むのだ。するとほぼ間違いなく、リストに加えるべき要素をいくつか新たに指摘してくれるはずだ。その人にお礼を言って、それをリストに書き足そう。

では、あとはみなさんにお任せする。

阻害行動のリストづくりが終わったら、もう一度、四つの基準に目を通し、リストの内容がその条件を満たしているかチェックすること。第2枠に適切な内容を記せるまで、次の項へ読み進めてはならない。

第3枠　裏の目標

図9－1を見たとき、第3枠の上部にあるボックスを目にとめた人もいたかもしれない。この「不安ボックス」は、第3枠に充実した内容を記すための「生の素材」をそろえるためのものだ。

STEP 1

「不安ボックス」に記入する

本書で紹介してきた人たちの免疫マップを見てお気づきかもしれないが、第3枠の内容は、本人にとっても想定外のものである場合が多い。というより、この項を記入してはじめて、〝変革をはばむ免疫機能〟という目に見えない力学が見えてくる。自分が第1枠の改善目標とは別に、それと矛盾する目標をもっていることに目を開かされるのだ。たとえば第2章のピーターは、以下の目標を達成したいと本気で願っていた。

- 新しい考え方をもっと受け入れられるようになる。
- ものごとに——とくに、役割や責任の変化に——もっと柔軟に対応できるようになる。
- もっと積極的に権限委譲をおこない、新しい権限系統を支援する。

しかし第3枠を記入すると、ピーターが以下のような目標ももっていることが明らかになった（厳密には、ピーターが「目標をもっていた」というより、これらの目標に「支配されていた」と言うべきなのだが）。

- 私のやり方でやりたい。
- 自分がものごとに直接影響を及ぼしていると実感したい。
- 自分でものごとを決めているという誇りを感じたい。あらゆるものに自分の「指紋」をつけたい。
- 最強の問題解決者、誰よりも知識豊富な人物、ものごとをコントロールしている人間という

図9-4

フレッドの第2枠

1　改善目標	2　阻害行動	3　裏の目標	4　強力な固定観念
もっと聞き上手になりたい（とくに、目の前の人物に意識を集中させる。身を入れて話を聞く。もっと辛抱強くなる）。	会話の途中で上の空になってしまう。 すぐにスマートフォンをいじりはじめる。 ほかの人の話を聞きながら、頭のなかでスケジュール確認を始めてしまう。実際にメモ用紙にスケジュールを書くことすらある。 顧客の話を聞いている最中に、どのように返答すれば好印象を与えられるだろうかと考え、相手の話をきちんと聞かない。 娘の話を聞いているとき、娘がどのように行動を改めるべきかを考え、娘の言っていることをきちんと聞かない。 妻の話を聞いているとき、「その件は大して重要でない」と判断し、もっと重要だと思える問題について考えはじめる。	不安ボックス	

自己イメージを過去、現在、未来にわたっていだき続けたい。

本書で紹介してきたさまざまな免疫マップを見て「いったいどうすれば、第3枠の内容を割り出せるのだろう?」と思った人もいるかもしれない。実は、苦労して第1枠と第2枠に記入したことがその助けになる。第3枠の内容は、三つの枠が埋まったときに、あなたの〝変革をはばむ免疫機能〟の全容を一望できる一枚の絵ができあがるようなものであるべきだ。その「絵」は、あなたの興味をかき立て、適応を要する課題に取り組む土台となるものでなくてはならない。

第3枠に充実した内容を記すための第一歩は、「生の素材」を集めることだ。具体的には、第2枠のリストを点検し、以下の問いに答えていく——それと反対の行動を取った場合に起きる最も不愉快な、最も恐ろしい、最もやっかいな事態とは、どういうものだろう?

ピーターは部下にもっと仕事を任せた場合のことを想像してみた。すると頭に浮かんだのは、次のような考えだった。「ちくしょう! 自分が重要人物でなくなったように感じるだろう。自分の価値が下がる。のけ者にされて、隅に追いやられるかもしれない。自分の会社なのに。くそっ!」

注目すべきなのは、「ちくしょう!」と「くそっ!」という言葉だ。このエクササイズの目的は、単に不愉快な感情を抽象的なレベルで特定することではない。その感情そのものを表面に引っ張り出すことが目的だ。不愉快な感情(のミニチュア版)をここで体験し、それを言葉で表現する必要がある。

さあ、あなたもこの作業をおこなってみよう。そして、わき上がった不安感や不快感、恐怖感を不安ボックスに書き込んでみよう。

この作業は非常に重要だ。この段階で十分に掘り下げて不安ボックスを完成させておかないと、最終的にできあがる免疫マップが強い力をもたない。もし「ちくしょう！」だの「くそっ！」だのといった感情がこみ上げていなければ、まだ掘り下げが不十分だと考えたほうがいい。重要なのは、なんらかの強い恐怖の感情を掘り起こすこと。それができていないようであれば、「これらの不安から導かれる、自分にとって最悪な事態とはなんだろう？」と自問するべきだ。自分がリスクに直面していると感じる状況を、言い換えれば、危険なものに無防備にさらされていると感じる状況をありありと思い描ければいい。

すでに自力でここまでたどり着いた読者も多いだろう。しかし私たちとしては、すべての読者に強力な免疫マップを手にしてほしい。そこで以下では、未完成の不安ボックスの典型的な例を紹介し、それをどのように修正すればいいかを説明する。

聞き上手になることを目指していたフレッドは最初、次のように考えた。

誰かと話しているときに、上の空になるのをやめたとして、どういう最悪の結果が降りかかるのか？　最初に感じるのは退屈、そしてその次に、いらだちを感じはじめるだろう。私は退屈が大嫌いだ。やっていることがくだらないと感じはじめると、その活動にのめり込めなくなる。飛行機に乗っていて着陸を待っているときのようにいらいらしてくる。なにかが起きるのを待っているのに、なにも起きない――そんな気分だ。率直に言って、大して重要でない話を聞かされることが多い。もう知っている話を聞かされることもよくある。相手が言いたいことは最初の二分でわかったのに、そのあとも同じ話を延々と繰り返すのにつき合わされることも珍しくない。そういうのは本当に不愉快だ。退屈感はすぐにいらだちに変わる。私には、そんなことに割く時間などない。やらなくてはならない課題が山ほどあって、ずっと立ち止まらずに動き続けなくてはならないのだから。そういうわけで、退屈といらだちを感じる状況は最悪と言っていい。私にとって最悪の結果、それはこの二種類の感情をいだくことだ。

これは、掘り下げが不十分なケースの典型だ。不安の本当の正体を明らかにできていない。フレッドのように、第2枠と反対の行動を取ったときに自分がどういう不愉快な感情をいだくかをすぐに言える人がいるが、そうした感情はいわば本のカバーのようなものにすぎない。本のカバーは、書棚から正しい本を選ぶために非常に役に立つ。しかし、本当に必要な情報は、本を開いて中身を読まなくては得られない。

退屈の感情は非常に多くの人が発見する「カバー」だ。人が退屈を感じるのは、目の前のものごとに興味がないからだが、興味がないことにはたいていなんらかの理由がある。多くの場合は、不愉快な感情を味わいたくないというのが無関心の理由だ。実は、無関心に陥る前に、その人の内面で瞬時の判断がおこなわれている。それはどのような判断なのか？　フレッドにこの点を問うと、すぐに問題の本質を見抜いた。「ティーンエージャーの子どもたちに無関心な態度を取らなければ、子どもたちになにか言ったのに相手にされないという屈辱を経験する羽目になる。そんな感情はぜったいに味わいたくありません。また、妻の言葉に関心をもてば、たびたび無力感にさいなまれることになります。妻が私に語る問題はえてして、私の手に負えないものだからです。お手上げだと感じるのは大嫌いなのです」

これで、退屈を感じたときにどのようなリスクにさらされるのかをあぶり出せた。

いらだちの感情についても同じことが言える。この感情を指摘できただけでも、不安ボックスに記すべき要素を特定する出発点としては役に立つ。それは、非常に価値のある本の存在を教えてくれる有益なカバーのようなものだ。しかし、その本になにが記されているのかはまだ明らかになっていない。いらだちを感じるのは、本当はほかにやるべきことがあると思うからなのか？　どうして、ほかにやるべきことがあると思うのか？　いらだちを感じるとき、どういう危険にさらされるのか？　フレッドの自己分析の言葉を紹介しよう。

いらだちの感情はさまざまな形で表面にあらわれます。誰かの話を聞いているとき、相手の言葉をきっかけにほかの重要課題を思い出すと、その問題を考えずにいられなくなり、上の空になります。対処が遅れて失敗を犯すのではないかという不安がこみ上げてくるからです。私はたくさんの課題を抱えていますが、計画的にものごとに取り組むタイプではありません。不安材料に気づいたときはすぐに検討しないと、忘れてしまい、あとで大変なことになりかねないのです。

いらだちの感情は、子どもや部下が失敗するにちがいないという不安と結びついている場合もあります。娘の話を黙って聞くようにし、アドバイスを送りたいという衝動をおさえ続けていると、娘が決定的な失敗を犯すにちがいないという不安が次第にこみ上げてくるのです。その結果、娘の話にいらだちを感じはじめます。

このように掘り下げた結果、最初は単に「退屈」と「いらだち」のひとことで片づけていた感情の本当の正体が見えてきた。それをまとめると、以下のようになる。

●自分が間抜けに見えることへの恐怖

● 屈辱を味わうことへの恐怖
● 無力感にさいなまれることへの恐怖
● ものごとをコントロールできなくなることへの恐怖
● 大きな失敗を犯すことへの恐怖
● 誰かが（とくに自分が責任を負っている誰かが）大きな失敗を犯すのを放置することへの恐怖

フレッドの不安ボックスにはこれらの要素が記された。

あなたは、ここになにを書き込んだだろうか？　フレッドの場合のように、ぜったいに避けたいリスクや危険に無防備なままさらされることへの深い恐怖が記されているだろうか？　その点を忘れずにチェックしよう。

STEP 2

第1枠と衝突する裏の目標の候補を明らかにする

第3枠には、不安ボックスの内容をそのまま記すわけではない。不安ボックスは、この枠に書く要素（裏の目標）を特定するための「生の素材」と考えてほしい。〝変革をはばむ免疫機能〟の本質は、単に不安をいだいているだけでなく、合理的に、そして巧みに、不安から自分を守ろうとする点にある。人は不安の原因を遠ざけるために、積極的に手を打とうとするものなのだ。

この点こそが第3枠の裏の目標の核をなす要素である。フレッドは間抜けに見えることに恐怖をいだいているだけでなく、知らず知らずのうちに、「間抜けに見られない」ことを目標としている（厳密に言えば、その目標に支配されている）のではないか？

フレッドは、間抜けに見えることへの恐怖心を受動的にいだいているだけでなく、子どもたちの目に自分が間抜けに見えないようにするために、きわめて有効な行動を積極的に取っている。具体的に言うと、子どもたちと話すときに無関心になる。目の前のことを退屈だと思い、ほかに考えるべきことを見つけ出す。もし子どもたちの話を真剣に聞き、それについてなにかを述べれば、子どもたちに小ばかにされて屈辱を味わいかねない。それは耐えがたいことだ。だから、子どもたちの言葉にそもそも関心を示さない。

フレッドが会話の途中で上の空になるのは、完全に理にかなった行動だったのだ。屈辱を味わわないという目標を追求するのであれば、他人の話にもっと無関心になったほうがいいくらいだ。しかし、この行動パターンには欠点が一つある。きわめて重要な改善目標に向けて前進することが妨げられてしまう。フレッドは以上の分析を通じて、改善目標の達成を阻害する仕組みを自分自身がつくり上げていることに気づいた。端的に言えば、彼は、自分を守るために、そして慣れ親しんだ生き方を守るために役立っている「心のシステム」の囚人となっていた。

このメカニズムが理解できれば、次の段階に進める。前の段階でリストアップした不安の一つひとつを裏の目標に転換していけばいい。こうして第3枠の内容を記入すると、免疫マップ上に動的な均衡が描き出される（三つの枠の間に描かれている矢印がそれを表現している）。フレッドが**図9－5**の免疫マップを見れば、自分がいかに片足をアクセルに（聞き上手になるという重要な目標に）、そしてもう片足をブレーキに（第3枠に記された裏の目標に）置いているかを見て取れるだろう。

では、あなたも第3枠の内容を記してみよう。ここに記す裏の目標はすべて、あなたが最も恐れている事態（不安ボックスの中身）を回避することを目指すものでなくてはならない。たとえば不安ボックスに、「信用を失うのではないか」「嫌われるのではないか。連中の同類になったと思われるのではないか」という不安が記されているとすれば、第3枠の内容は、「信用を失わない」(「信用を失う危険を冒さない」)、あるいは「嫌われないようにする。変節して堕落したと思われないようにする」などとなるだろう。

自分の免疫マップの第3枠への記入が終わるまでは、この先を読んでも意味がない。あなたは、第3枠を完成させただろうか? 自分の免疫システムの全容を把握できただろうか? その全体像に好奇心がそそられるだろうか? 興味深いと思うだろうか?

いま、私たちが問いかけなかった問いがいくつかある。まず、「問題をすべて解決できたか?」とは尋ねなかった。この段階で、それは目指すべきことではないからだ。「自分の免疫マップを見て楽しかったか?」とも尋ねなかった。たいていは、楽しい経験でないに決まっているからだ。

問題を正しく定義することは、問題を解くことと同じくらい重要だという、アルバート・アインシュタインの言葉を以前紹介した。この段階で目指すべきなのは、アインシュタイン流に言えば、問題をいっそう明瞭に把握することだ。まず、本心から達成したいと願っている目標を達成できないという「問題」の本質を的確に理解したい。自分がどのように、片足をアクセルに、もう片足をブレーキに置いているかを詳しく知る必要がある。そういう状況を生み出しているメカニズムの全容を目の前に突きつけられれば、最初はつらいかもしれないが、強く好奇心がそそられるはずだ。第3枠の内容自体は、以前から認識していたかもしれない(ほかの人に気に入られたがる傾向があったり、ものごとをコントロールしすぎたり、自分が聡明でないと思っていたりといった自分の一面には、前から気づいていたかもしれない)。しかし、そうした旧知の問題と改善目標を実現できないという問題がきわめて密接に結びついていることには、気づいていなかったのではないか?

免疫マップは、強力に感じられるものでなければ意味がない。その点、第3枠まで記入し終わった

図9-5

フレッドの第３枠――免疫システムの全容が浮き彫りに

1　改善目標	2　阻害行動	3　裏の目標	4　強力な固定観念
もっと聞き上手になりたい（とくに、目の前の人物に意識を集中させる。身を入れて話を聞く。もっと辛抱強くなる）。	会話の途中で上の空になってしまう。 すぐにスマートフォンをいじりはじめる。 ほかの人の話を聞きながら、頭のなかでスケジュール確認を始めてしまう。実際にメモ用紙にスケジュールを書くことすらある。 顧客の話を聞いている最中に、どのように返答すれば好印象を与えられるだろうかと考え、相手の話をきちんと聞かない。 娘の話を聞いているとき、娘がどのように行動を改めるべきかを考え、娘の言っていることをきちんと聞かない。 妻の話を聞いているとき、「その件は大して重要でない」と判断し、もっと重要だと思える問題について考えはじめる。	不安ボックス 私は以下のことを恐れている―― 間抜けに見える。 屈辱を味わう。 無力感にさいなまれる。 ものごとをコントロールできなくなる。 大きな失敗を犯す。 誰かが（とくに自分が責任を負っている誰かが）大きな失敗を犯すのを放置する。 間抜けに見られたくない。 屈辱を味わいたくない。 無力感にさいなまれたくない。 大きな失敗を犯したくない。 誰かが（とくに自分が責任を負っている誰かが）大きな失敗を犯すのを放置したくない。	

フレッドのマップは非常に強力に見えた。第3枠の記載が以下の条件をすべて満たしていたからだ。あなたのマップもこれらの条件を満たしているかどうか確認しよう。

- 第3枠に記す裏の目標はすべて、自己防衛という目的との関わりが明確でなくてはならない。特定の不安と強く結びついている必要がある。不安ボックスに「働きすぎで夫婦関係が壊れることへの恐怖」を記した人が、第3枠に「ワーク・ライフ・バランスを改善する」という目標を書き込んだとしても、自己防衛との関わりが明確とは言いがたい。どういう危険から自分を守りたいのかが見えてこないからだ。「妻に捨てられ、子どもたちにも嫌われた挙げ句、みじめで寂しい仕事中毒者になることは避けたい」というところまで掘り下げて書くべきだ。
- 第3枠の裏の目標を達成しようとする場合、合理的に考えて、第2枠の阻害行動のうちのいずれか（もしくは全部）が必要とされなくてはならない。「Xという目標をいだいているのであれば、誰だってYという行動を取るだろう」という関係が成り立つ必要がある。
- 第3枠の裏の目標を達成するうえで第2枠の行動がきわめて重要な役割を果たしていることが理解でき、第2枠の行動を改めようとするだけでは第1枠の改善目標を達成できないと納得できなくてはならない。
- 第3枠の内容を見ることにより、自分が二つの目標の間でジレンマに陥っていることを実感できなくてはならない。

私たちの経験から言うと、この段階であなたが自分の免疫マップをあまり強力で興味深いと感じていないとすれば、以上の四つの基準のいずれかを満たしていない可能性が高い。そういうときは、基準に適合するように第3枠の内容を修正しよう。そのうえで、免疫マップの説得力が高まったか再度確認する。もしまだ不十分であれば、さらに修正を加える。ただし、すでに述べたように、ここではまだ問題の解決は目的としない。解決にいたる道のりを見いだすことも目指さない。達成感を味わうのはまだ先だ。

では、この段階で免疫マップに要求する「強力さ」と「興味深さ」とはどういうものなのか？ 以前、大学の学長や総長などを対象に、私たちがハーバード大学でおこなった夏季プログラムの参加者を例に説明しよう。夏季プログラムではたいてい、参加者にカジュアルな服装で来てほしいと伝えておくが、初日には堅苦しい服装で来る人がかならず何人かいる（おそらく、自分なりの「カジュアルな服装」がほかの人たちの目に「度を越している」と映ることを恐れているのだろう）。ある大学総長（中年の女性）もそういう一人だった。最初の日、大きな肩パッドの入った立派なスーツを着て、エレガントなパールのネックレスをつけてあらわれた。ほかの参加者の服装と態度が日々くだけていくのを尻目に、毎日違うスーツでやって来ては中央の席に陣取り、しゃんと背筋を伸ばし、威厳に満ちた雰囲気を漂わせて座っていた。

プログラムが免疫マップの第3枠を完成させる段階になると、私たちは前述の四つの基準を紹介し、その枠にどういうことを記してほしいかを説明した。「第3枠に適切な内容を書き込めれば、みなさんの免疫マップは、ばらばらの問いに対する回答の寄せ集めのようには見えなくなりますよ。三つの枠の内容が一体のものとして見えてきます。一枚の絵が浮かび上がってくるはずです。

そうやって見えてくるのは——」

私たちは最後まで言い終えることができなかった。くだんの女性総長は早々と第3枠を記入し終えていて、自分が完成させた「一枚の絵」に衝撃を受けていたようだ。教室にいた誰もが驚き、そして喜んだのだが、いつも隙のない身なりをしている威厳たっぷりの彼女がそのとき叫び声を上げた。「見えてくるのがなにか教えてあげましょう！　見えてくる現実、それは自分がいかにめちゃくちゃかということです！」

この女性のように、重要な目標の達成を妨げているのが自分自身の抱える矛盾なのだとはっきり理解することがこの段階の目的だ。ゴールに到達できないのは、そこに向けて真剣に進もうとしても、それと同じくらい強い力で押し戻されるからなのだ。その点を認識する必要がある。

矛盾して聞こえるかもしれないが、変革への道は、変革を妨げているのが自分自身の内面のシステムなのだと十分に理解してはじめて開けてくる。この段階まで来れば、変革という課題を「よい問題」に転換するための最初の重要な一歩を踏み出したと言えるだろう。

では、次のステップではなにをおこなうのか？（技術的な解決策に頼るのではなく）適応を通じて変革に取り組むために有効な道具をつくる必要がある。その道具を完成させることが免疫マップ作成の最後の作業だ。

第4枠　強力な固定観念

免疫マップを作成する目的は、適応を要する課題に対して技術的な解決策を振りかざすのではなく、適応を通じて対処するよう促すことだ。第2章で述べたように、そのプロセスは、自分が成し遂げようとしている課題が適応を要する課題だと認識することから始まる。第1枠に記した改善目標が現在の自分の知性のレベルを越えていると理解する必要があるのだ。しかも、思考と感情の両面でそれを理解しなくてはならない。

ここまでの段階で強力な免疫マップを作成できていれば、自分の内面でどのような免疫システムが作用しているかが見えてきたはずだ。自分がどういう変革阻害システム（目標達成を妨げる行動を生み出す仕組み）と不安管理システム（阻害行動を通じて、自分の最悪の不安が現実化することを防ぐ仕組み。その不安は、改善目標の達成に向けて前進すると強まる）を形づくっているかも理解できているだろう。

直面している課題が適応を要する課題だと認識できているかどうかは、技術的アプローチによってはそれを解決できないと理解できているかどうかで判断できる。適応を要する課題は、いきなり第2枠の阻害行動をなくすなり、減らすなりしようとしても解決しない。阻害行動は第3枠の裏の目標を達成する有効な手段でもあるので、それを簡単にやめるとは考えにくいからだ。その行動を改めたければ、免疫システム全体をつくり変えなくてはならない。

免疫機能をおさえ込むためには、免疫システムの土台にどういう思い込みがあるかを知ることから出発するのが最も手堅い方法だ。私たちが「強力な固定観念」という言葉を強調するのは、人間の自己認識と世界認識（そして自己と世界の関係についての認識）があくまでもその人の意識の産物だという現実を、読者やプログラム参加者に思い出させたいからだ。人はしばしばこの点を忘れて、自分の自己認識と世界認識を確固たる事実、異論を差し挟む余地のない真実、自己と世界の絶対的な現実だと思い込んでしまう。

実際には、私たちの自己認識と世界認識は一つの仮説にすぎない。それは真実の場合もあれば、そうでない場合もある。そのような仮説をあたかも確定的な真実であるかのように扱えば、それは強力な固定観念になる。

強力な固定観念のなかには、説得力が乏しく、すぐに否定されるものもある。**図9－6**の漫画の恐竜のカップルには、ロマンチックな夜はあまり残されていない。流れ星が夢をかなえてくれるという思い込みはやがて崩れ去り、地球に隕石が激突した影響で恐竜たちは絶滅していく。

あるいは、ゲーリー・ラーソンの漫画にこんなものがある。飛行機の操縦席で操縦士と副操縦士がフロントガラス越しに前方を見ている。行く手には、霧に包まれた一頭のヤギが見えている。「おい」と、操縦士が隣の副操縦士に言う。「あのヤギ、雲の上でなにをしているんだ?」。もちろんヤギがいる以上、それが雲であるはずがない！　操縦席の二人は、誤った思い込みを長くいだき続けることはできない。すぐに、激突の衝撃とともに、否定しようのない反証を突きつけられる——その瞬間、二人の命はないだろうが。

しかし、誤った思い込みのなかにはもっと寿命が長いものもある。この類いの思い込みのほうが手ごわい。人は自分のいだいている固定観念に対する反証を遠ざけておくことが非常に得意だ。自分の固定観念が間違っているという証拠を無視し続ける場合もある。言ってみれば、不正確な現実認識をいだいたまま、人生という飛行機をまっすぐ飛ばし続けるのだ。歪んだ思い込みに引きずられて急降下しかねない飛行機を空に浮かべておくために、たえず飛行機に浮力を与えようとする。そうやって飛行機を墜落させないでおくことは可能だが、それにはいくつかの代償がともなう。

どのような思考様式や世界認識にも死角はある。適応を要する課題を達成するのが難しいのは、そういう死角が原因だ。その死角に気づいてそれを乗り越えなければ、適応を成し遂げることなど不可能だ。

強力な固定観念は裏の目標と同様、普通の状況では死角になっていて目に見えない。それを見えるようにするためには、自分が固定観念と一体化していたり、それに支配されていたりする状態を脱し、固定観念と距離を置くこと、すなわち固定観念を「主体」から「客体」に転換することが必要とされる。それはとりもなおさず、知性のレベルを高めることを意味する。

強力な固定観念を表面に引きずり出せれば、その固定観念の囚人になっていたときよりはるかに免疫機能を克服しやすくなる。この作業をまったくのゼロからおこなうのは並大抵のことではないが、免疫システムの全容を描き出すために、とりわけ裏の目標を明らかにするためにここまで重ねてきた努力のおかげで、想像するよりずっと簡単にできるだろう。

私たちはフレッドに、第3枠に記した裏の目標をあらためてよく見るよう指示し、そのような目標をもつ人がいだいていそうな固定観念にどのようなものがあるか列挙させた。これが強力な固定観念の候補となる。フレッドは最初のうちこそ苦労したが、調子がつかめてくると、さまざまな固定観念を次々と挙げられた。それを免疫マップに書き込んだものが**図9-7**

図9-6

ほら、見て！　願いごとをしなきゃ！

である。

あなたも、自分がいだいている裏の目標の根底にありそうな固定観念を挙げてみよう。ただし、第4枠に記す強力な固定観念は、以下の基準を満たしていないと強力なものとは言えない。フレッドが書いた固定観念は全部、以下のすべての基準に適合していた。あなたもこれらの基準を満たした固定観念を第4枠に書く必要がある。

● 強力な固定観念は、あなたが事実だと確信しているものかもしれない（「悪い結果を招くと私が思い込んでいるですって？　違います。悪い結果が確実に起きるのは、はっきりわかっています。それでも、それが真実であるかのように感じ、振る舞っているのです」）。一目ですぐに誤りだとわかるものかもしれない（「そんなことが起きないというのは、はっきりわかっています。それでも、それが真実であるかのように感じ、振る舞っているのです」）。あるいは、正しいかどうかを判断しかねるものかもしれない（「私のなかのある部分は、これが正しい、あるいはおおむね正しいと思っている。でも、私のなかの別の部分は、その点に確信がもてずにいます」）。いずれにせよ、第4枠に記す内容は、あなたがなんらかの面で正しいと感じてきたものでなくてはならない。ときには、本当にその固定観念が正しい場合もあるだろう。くどいようだが、人間がいだく強力な固定観念のすべてが間違いだと決めつけるつもりはない。私たちが言いたいのは、その固定観念を表面に引っ張り出して検証しないかぎり、正しいか間違っているかを判断できないということだ。

● 強力な固定観念はすべて、裏の目標の少なくとも一つを必然的に生み出すものでなくてはならない（大きな失敗を犯せば二度と立ち直れないと信じて疑わない人は必然的に、「大きな失敗をぜったいに犯すまい」という目標をもつだろう）。そして、第4枠に記す要素全体を前提にすれば、第3枠に記した

図9-7

フレッドの免疫マップ（完成版）

1　改善目標	2　阻害行動	3　裏の目標	4　強力な固定観念
もっと聞き上手になりたい(とくに、目の前の人物に意識を集中させる。身を入れて話を聞く。もっと辛抱強くなる)。	会話の途中で上の空になってしまう。 すぐにスマートフォンをいじりはじめる。 ほかの人の話を聞きながら、頭のなかでスケジュール確認を始めてしまう。実際にメモ用紙にスケジュールを書くことすらある。 顧客の話を聞いている最中に、どのように返答すれば好印象を与えられるだろうかと考え、相手の話をきちんと聞かない。 娘の話を聞いているとき、娘がどのように行動を改めるべきかを考え、娘の言っていることをきちんと聞かない。 妻の話を聞いているとき、「その件は大して重要でない」と判断し、もっと重要だと思える問題について考えはじめる。	間抜けに見られたくない。 屈辱を味わいたくない。 無力感にさいなまれたくない。 大きな失敗を犯したくない。 誰かが(とくに自分が責任を負っている誰かが)大きな失敗を犯すのを放置したくない。	ティーンエージャーの子どもたちが私の言葉に同意する可能性は乏しい。そして、子どもたちが私のことを「間抜け」だと思うケースが積み重なれば、しまいには私の話に耳を貸さなくなるだろう。 私の言葉が子どもたちに無視されたり、ばかにされたりすれば、その会話は好ましい結果をいっさい生まない。そんな会話をするくらいなら、まったく言葉を交わさないほうがましだ。 妻が私に難題を報告するのは、私がそれを解決することを期待しているからだ。 「人を助ける」とは、その人が正しい方向に次のステップを踏み出すのを助けることである。 無力感を味わっていると、けっしていい聞き手になれない。 大きな失敗を犯すと、二度と立ち直れない。 子どもたちや部下が大きな失敗をするのを避ける手助けをしなければ、自分の責任を放棄することになる。子どもたちや部下を裏切り、さらには家庭や会社を裏切ってしまう。彼らの身に悪い結果が降りかかるにちがいないのだから。

要素のすべてが必然的に生み出されるとみなせなくてはならない。第4枠の強力な固定観念が第3枠の裏の目標を生み出し、その裏の目標が第2枠の阻害行動を突き動かし、その阻害行動が第1枠の改善目標の実現を妨げている——という図式が明瞭に描ける必要がある。

●強力な固定観念は、あなたが足を踏み入れずにきた広い世界の存在に気づかせてくれるものでなくてはならない。それは、広い世界の入り口に立っている「キケン！　立ち入り禁止！」という標識のようなものであるべきだ（「この先には、コントロールできる要素ばかりではない世界、無力感を味わわされる世界がある。少なくとも理屈の上では、その世界に足を踏み出せば、私は頼まれないかぎり他人に助言せず、子どもたちが実は素直に親の話を聞くと認めることも不可能ではない」と思えなくてはならない）。ひょっとすると、「立ち入り禁止」の標識はことごとく妥当なもので、標識の指示に従って行動することが正解なのかもしれない。しかし強力な固定観念は、あなたが人生という広大な邸宅の中で活動範囲をわずか数部屋に限定するよう促している可能性もある。

あなたも強力な固定観念の候補を思いつくかぎり挙げてみてほしい。そして、その一つひとつを上記の基準と照らし合わせてみよう。その過程で目から鱗が落ちる経験をするケースもあるだろう。もっとも、質の高い免疫マップを完成させられるかどうかは、第3枠を記入し終えたときに、自分の内面で作用している免疫機能の力学をはっきり見て取れるようになったかどうかですでに決まっている。いずれにせよ、四つの枠が埋まったときには、それまで見えていなかったものが見えるようになり、あなたはこのマップに強い好奇心がそそられているだろう。

とはいえ、あなたはこう思っているかもしれない。「なるほど、確かに興味深い。私も片足をアクセルにかけ、もう片足をブレーキにかけていたくはない。でも、どうすればその状態を抜け出せるのか?」。次の第10章では、その疑問に答える。強力な固定観念を明らかにすることで、免疫機能をおさえ込む道が開けることを示したい。

第10章

克服——新しい知性を手に入れる

自分の〝変革をはばむ免疫機能〟のメカニズムを知ることは重要だが、それだけで自己変革を実現できるわけではない。ほとんどの場合は、変わりたいという欲求を行動に転換し、強力な固定観念の妥当性を検証してそれと距離を置くための仕組みが不可欠だ。意志と行動の間に横たわるギャップに橋を渡すための手引きが必要とされる。その手引きをすることこそ、私たちのプログラムの事後段階の目的だ。

あなたは第9章で自分の免疫マップを描き上げたはずだ。あなたの興味をかき立てるマップがいま目の前にある。そこには第1枠の改善目標に向けて前進したいと切実に願っている半面、その目標への歩みをことごとく妨げる可能性の高い行動を積極的に、そして継続的に取っている自分の姿が映し出されているだろう。片足をアクセルに、もう片足をブレーキに置いているあなたがそこにいる。目標に向けて前進することに腰が引けてしまう理由——いままでどおりの人生を続けたいという思い——も理解できたにちがいない。目標達成を阻害している行動のすべてが自己防衛の役割を担っていることも、免疫マップの第3枠と第4枠を見れば一目瞭然だ。

このような現状を改めるためには、どうすればいいのか？　免疫機能の克服に乗り出す前に、以下の三つの点を押さえておいてほしい。

- この作業には数カ月かかると覚悟をしておくこと。一夜にして目標を達成しようなどと思ってはならない。
- 変革を推し進めるうえで、どのような支援が自分にとって最も有効かを選ぶこと。
- 変革のプロセスを進めるために、私たちが考案したエクササイズや活動のうちのなにを実践するか検討すること。

一つひとつについて簡単に説明しておこう。

まず、第一の点。時間がかかると言っても何年も要するわけではない。数カ月にわたり膨大な時間をつぎ込み続ける必要もない。しかし、週に三〇分程度は割かなくてはならない。そうすると、たいてい三カ月くらいで際立った効果が見えはじめ、自信がわいてくる。だから、この章の作業を一気に終えてしまおうという発想も捨ててほしい。もちろん、一連のプロセスの全体像をつかむために最初に通読するのはかまわないが、本当に変革を成し遂げたければ、ときおり本を閉じてそれぞれの段階で実践すべきことを実践し、それからまた本に戻ることを繰り返す必要がある。

次に、第二の点。変革への旅路を一人で歩むのか、仲間と一緒に歩むのかを決めなくてはならない。本章の記述を手引きに一人で取り組むのもいいだろう。しかし、パートナーを見つけて——できれば、その人も自分自身の免疫機能を克服しようとしていることが好ましい——経過を報告し合うようにしてもいい。経験豊富なコーチの助けを借りることもできる。

そして、第三の点。変革を目指す過程では、これまで多くの人に効果があったエクササイズや活動のなかから自分に適したものをいくつか選び、それを組み合わせて用いればいい。以下に、そうしたエクササイズや活動を三つの段階ごとに示した（一部はこれまでの章ですでに紹介したものだ）。どのような免疫システムを築いているかは人によって違うので、全員がすべてのエクササイズや活動をおこなう必要はない。

序盤——舞台をつくる

- 免疫マップを練り上げる——自分の免疫マップを再点検して修正を加えていく。十分に強力なマップが完成したと感じられるようにすること、そして検証の対象になりうるような強力な固定観念を第4枠に記すことを心がける。
- 事前調査をおこなう——第1枠に記した改善目標が本当に適切かどうか、まわりの人たちの意見を聞く。現時点で自分がその目標に関してどの程度のレベルに達しているかを確認する。

中盤——掘り下げる

- 「目標への道のり」を作成する——第1枠の改善目標を完全に達成したとき、どのような状況になるかを思い描く。
- 自己観察をおこなう——強力な固定観念が猛威を振るっているときに自分をよく観察し、その固定観念をくつがえす材料がないかどうかを探す。いつ、どういうときに、強力な固定観念が活性化され、どういうときにその固定観念に反する結果が生まれるのかを見極める。

- 強力な固定観念の履歴書をつくる――強力な固定観念の一つひとつについて、以下の問いを自分自身に問いかける。いつ、その固定観念が生まれたのか？　その後、どういう変遷をたどってきたのか？　いま、それはどの程度正しいのか？
- 強力な固定観念を検証する――強力な固定観念のもとで「取るべきでない」とされる行動をあえて実行し、どういう結果を招くかを確認する。そしてその結果に照らして、その固定観念が正しいかどうかを検討する。これを何回か繰り返し、次第に実験の規模を拡大していく。

終盤――学習の成果を定着させる

- 事後調査をおこなう――事前調査に協力してもらったのと同じ人たちに、この時点での改善目標の達成状況を評価してもらい、自分自身の評価と比較する。自分の変化がほかの人たちにどのような影響を及ぼしているかにも注意を払う。
- 落とし穴と脱出ルートを発見する――強力な固定観念が現在どうなっているかを確認する。変革を継続させるために、落とし穴に陥ることをどのように防ぎ、もし落とし穴にはまった場合にどのようにそこから抜け出すかを考えておく。

●さらなる進歩を目指す――ほかの問題に関しても免疫機能の克服に乗り出す。いま問題にしている強力な固定観念から「無意識に自由」な段階まで到達できれば、そういう意欲がわいてくるだろう。

強力な固定観念を検証する――実験の設計、実施、結果分析

以上のエクササイズや活動の多くには、本書ですでに触れてきた（とくにデーヴィッドとキャシーの事例を紹介した第5章と第6章が参考になるだろう）。そこで本章では、一連のプロセスで最も頻繁に繰り返す必要があり、最も時間を要し、成果を最も左右する活動について説明したい。その活動とは、強力な固定観念の妥当性を検証するための実験の設計、実施、そして結果の分析である。

STEP 1

実験の設計

実験の目的は、いつもと異なる行動を意図的に取って、どういう結果が生じるかを確認し、それに照らして強力な固定観念の妥当性を検証することにある。その場ですぐに問題を解決したり、状況を改善したりすることは目指していない。しかし私たちの経験上、こうした趣旨を最後まで忘れずにいることが難しい場合もある。そこでまず、実験の設計段階で最も犯しやすい過ちを指摘しておこう。

第8章で、思考様式の変革を軽んじ、行動ばかりを重んじることの危険性を指摘した。このパターンに陥っている人は、実験を設計する際に「行動至上主義」になりかねない。なんらかの重要

な行動を取れれば、強力な固定観念を「解決」し、その弊害をなくせると思ってしまうのだ。[1]

行動至上主義者は、実験をうまくやり遂げれば、自己変革が完了すると考える。たとえば、上司や同僚に難しい話題を切り出すことを先延ばしにし続けていた人物がそういう会話を成功させると、障害を乗り越えられた、もしくは障害を取り除けたとみなす。実験をすませると（とくに、その実験の内容が難しいものであるほど）、手ごわい課題をやってのけたことに満足し、安心感と達成感をいだく人が多い。自分にとって難しい行動を実践すること自体は悪いことではないが、それは学習とは呼べない。学習を通じた適応を目指すのであれば、行動を取ること自体が実験の目的ではないと理解しておくべきだ。行動の結果としてなにが起きたかという情報を収集し、その情報に照らして強力な固定観念を肯定するなり、改訂するなりすることが重要だ。実験の結果をもとに固定観念の妥当性を検証するまで、実験が完了したとは言えない。

以上の点を前提に、さっそく作業に取りかかろう。まず、どの固定観念を検証するかを決めなくてはならない。もし複数の固定観念が見つかっているのであれば、どれか一つを選ぶ。その際は次の二つの基準で選択すればいい。第一は、強力であること（あなたがその固定観念に強く支配されていて、その固定観念の枠外の行動を取るのは明らかに危険だと感じていること）。第二は、検証可能であることだ。どの固定観念が二つの基準に該当するか判断しかねる場合は、以下の点が思考の糸口になるだろう。

- 自分の行く手をはばんでいる固定観念として、真っ先に頭に浮かぶものはどれか？
- 強力な固定観念のうちのどれか一つを変えられるとして、どれを改めれば、最も好ましく、最も大きな変化が起きるだろうか？

●それに反する行動を取れば破滅的結果が訪れかねないと感じるような固定観念は、実験の対象にしないほうがいいだろう。「死ぬ」「クビになる」「ノイローゼになる」といった言葉を連想させるものは、そういうタイプの固定観念とみなせる（ただし、その種の固定観念の検証を完全にあきらめるべきではない。それはおそらく非常に重要な固定観念だからだ。それを実験可能にするためには、破滅的結果がもたらされるプロセスを細分化し、いくつかの細かい固定観念に切りわけることが有効かもしれない。たとえば、「もし上司に異論を唱えれば、クビになる」という固定観念は、「もし私がXと発言すれば、上司が腹を立てる」「もし上司が私に腹を立てれば、私の言うことに価値を見いだされなくなる」「もし上司が一度でも私の言うことに価値を見いださなければ、二度と私を支援してくれなくなる」という三つの固定観念の一部もしくは全部の組み合わせとみなせるかもしれない）。

●固定観念の妥当性を否定する情報やデータは入手可能か？　もし入手不可能であれば、その固定観念は検証のしようがないので、実験の対象になりえない。

おそらく、あなたはまだ、自分のいだいている一つひとつの強力な固定観念が「検証可能性」の基準を満たしているかどうか判断がついていないだろう。そこで以下では、私たちが過去に自己変革を手伝った実在の人物の事例をいくつか交えながら具体的に説明しよう。最初に登場してもらうのは、社会サービス関連の公的機関で長官の首席補佐官を務めていたスーという女性だ。

スーの実験〈その1〉

スーが最初に発見した強力な固定観念はこうだった――「もし人々に受け入れられなければ、私は誰にも好かれず、価値のない人間になってしまう」。彼女はこの固定観念を検証可能にするために、自分が人々に受け入れられなくなる原因はなにかを掘り下げて考えてみた。すると、次のような固定観念が新たに浮かび上がってきた。「もし相手の頼みにノーと言えば、冷たくて不親切な人間だと思われる」。この固定観念を最初の実験の対象にすることに決めた。

さあ、あなたもやってみよう。**図10―1**のように、自分がいだいている強力な固定観念を書き出してみるといい。

どの固定観念を実験の対象にするかが決まれば、次はその妥当性を検証する方法を考える。まず、「現在の行動をどのように変えれば、強力な固定観念の正確さについて有益な情報を得られるだろう？」と考えてみよう。そのうえで、厳密な実験をおこなうために、具体的にどういう行動や発言をするか計画を立てる。たとえば、「誰かの仕事を引き受けてほしいと頼まれたときに、ノーと言う」と決めるだけでは十分でない。どういうふうにノーと言うかを決めていないからだ。即座にぶっきらぼうに「ノー」と言うこともできれば、「力になりたいのは

図10-1

強力な固定観念を検証可能な形で書き出してみよう。

私はこう思っている。もし私が〜〜〜

やまやまだけど、いま私も手いっぱいなのよ」と言うこともできる。どちらが実験として有効性が高いか判断しなくてはならない。

次に、どのようなデータを集めるかを決める。収集するデータは、自分の外にあるもの（あなたの新しい行動に対する人々の反応）でもいいし、自分の内にあるもの（自分の思考レベルと感情レベルでの反応）でもいい。その両方でもいい。どういう結果が得られた場合に固定観念が反証されたとみなすかも、この段階で決めておこう。この点は非常に重要だ。どういうデータが反証材料になるかを明言できなければ、設計した実験の質に問題があると判断していい。そういうときは、実験の設計をやり直すべきだ。

スーの実験〈その2〉

「もし相手の頼みにノーと言えば、冷たくて不親切な人間だと思われる」という固定観念を検証するために、スーは次のように実験の設計作業を進めていった。

まず自己分析をおこない、この固定観念が頭をもたげる最も典型的な状況は、同僚からほかの同僚に対する不満や批判を打ち明けられる場面だと気づいた。

次に、誰を相手にノーと言ってみるかを決めた。

続いて、実際の場面でどのように言うかを練習した。たとえばこんな感じだ。「確かに大きな問題ね。あなたの気持ちはよくわかる。私も胸が痛いわ。でも、それは私に言うべき話ではないと思うの。Xさんに直接話したほうがいいわ。あなたがXさんに話すために、私にできることはあるかしら?」。あるいはこんな感じ。「あなたが心配するのはよくわかるわ。とても重大な問題ね。私に解決してくれと言うのでなければ、喜んで話を聞くわ」。あるいは、こうでもいい。「私にはどうにもできないのよ。Xさんとの関係を壊すわけにいかないから。本人に直接言うか、Xさんの上司に言ったほうがいいわ」

どういうデータを集めるかという点に関しては、まず、相手にノーと言ったときに自分自身がどう感じるかに注意を払い、そのうえで、相手がなにを言い、どう行動するかに注目することにした。もし自分が不安に襲われたり、相手に「冷たくて不親切」だとみなされたと感じたり、その人との関係が壊れたりすれば、この固定観念が正しかったと判断できる。しかしそうならなければ、この固定観念が絶対的に正しいという発想がくつがえされたことになる。

もっとも、現実には、スーのように実験の方法を事前に細かく計画するケースばかりではない。クラウスという男性の例を見てみよう。

クラウスの実験〈その1〉

クラウスは、最初の実験を前もって計画しておらず、なんの準備もなしにおこなうことになった。しかし、それは好材料だったのかもしれない。なぜなら、彼が実験しようと思っていた固定観念は、「過剰なくらい徹底的に準備しないと、ものごとはうまくいかない」というものだったからだ。このように、実験を準備しようとすると固定観念が活性化されてしまう恐れがある場合、その人はジレンマに陥る。私たちはこれまで、そういう人を何人も見てきた。このようなケースで必要なのは、実験の細部まで事前にすべて決めておくことなしに、有効な実験を設計することだ。準備の量を減らしてもうまくいくかどうかを検証するために、実験の事前準備を徹底的におこなうというのは、あまりに矛盾している。

では、クラウスの実験はどのように実行されたのか？　始まりは、ある部下に担当業務の変更を通告すべきだと長期休暇中に決意したことだった。どのようにそれを切り出すべきかは決めかねていたが、休暇明け初日の朝、オフィスでその部下とたまたま出くわしたとき、その場で思い立って話してみた。本人はこう振り返っている。「休暇中に仕事がたまっていたので、このあとしばらく忙しくなることは目に見えていました。いま話さなければ、チャンスは当分ないかもしれない。そう思って、声をかけたのです」

こうして偶発的に始まった会話が強力な固定観念を検証する実験として機能したのは、この行動の結果としてなにが起きたかを本人が注意深く観察したからだ。実際にどういうデータが集まり、本人がそれをどう解釈したかは、あとで実験結果の分析について論じる際に述べることにする。

もしこのように自然発生的に実験がおこなわれていなければ、私たちはクラウスにどうアドバイスしたのか？　実験を計画しようとはあまり考えず、どういう状況であれば実験を安全におこなえるかを考えるよう促しただろう。具体的には、どういう相手、どういうテーマ、どういう場面であれば、固定観念が正しかったとしても大きな代償を払わずにすむかを考えればいい。

ここまで、実験の目的、陥りやすい落とし穴、好ましい実験の特徴を見てきた。いよいよ、それに基づいてあなた自身の実験を設計する段階だ。

一つのエクササイズをやってみてほしい。**図10－2**のチェックシートを完成させよう。ねらいは、固定観念を検証するための安全でささやかな実験を考案すること。その実験は、固定観念に従っているときとは異なる行動を取るものでなくてはならない。

よい実験は、「SMART」というアルファベットで表現される三つの基準を満たしている。

● SM——実験は、**安全**(Safe)で、**ささやか**(Modest)なものであるべきだ。次のように自分に問いかけよう。「強力な固定観念が正しいかどうかを確認するために、固定観念の下で望ましくないとされる行動をあえて取るとして、小規模に試せそうなのはどういう行動だろう?」

● A——実験は、近い将来に**実行可能**(Actionable)でなくてはならない。比較的簡単に実行できて(わざわざ特別な場を設けなくても、日常のなかで実行できるのが理想だ)、一週間程度の間におこなえることが望ましい。

● RT——**リサーチ**(Research)するという姿勢で実験に臨むことを忘れてはならない。自分の行動を改善することを直接の目的とすべきではない。実験はあくまでも固定観念の妥当性を調べるための**テスト**(Test)だ。強力な固定観念に関するデータをもたらすものこそが、よい実験なのだ(集まるデータは、固定観念の正しさを裏づける場合もあれば、それに疑問を投げかける場合もあるだろう)。

最初のステップは、強力な固定観念の妥当性に関して有益な情報を得るために、どのように行動を変えるかを考えることだ。新たにどういう行動を取るのか？　あるいは、どういう行動をやめるのか？　具体的な方法論としては、たとえば以下のようなパターンがある。

- 第2枠に記した行動を改める。
- 第3枠に反する行動を取る。
- 第4枠の固定観念に直接切り込む。すなわち、その固定観念の本質をなす「もし……なら、……である」という論理の妥当性を検証するためにはどういう実験が必要かを考えて、それを実行する。
- 「目標への道のり」の表（第5章、第6章参照）を確認し、それに基づいて行動する。

図10－2のチェックシートを記入し終えていれば、あなたは自信をもっていい。最初の実験について非常に質の高い設計が完成しているはずだからだ。次は、実験が成功する確率を高めるために最大限の努力をしよう。まず、コメントを聞かせてもらいたいと思う人物に接触する必要がある。その人物に実験の趣旨を打ち明け、どういう点について評価を聞かせてほしいかを説明してもいいだろう。それを前もって明確に伝えておけば、有益なコメントを聞かせてもらえる可能性が高まる。実験が終わったら、なるべく早くその人の意見を聞くようにしよう。

実験の前に適切な心構えをもつためには、以下のアドバイスが参考になるだろう[2]。実験のリハーサルをしておけば、ほとんど（あるいは、まったく）経験のない行動を取るための心の準備ができる。たとえば――

図10-2

よい実験を設計するためのチェックシート

1a 実験としてどういう行動を取ろうと思っていますか？（それは、強力な固定観念の下でいつも取っているのとは違う行動でなくてはなりません）

1b 1aの実験により、強力な固定観念に関してどのような情報を得られると思いますか？

2a 実験でどういうデータを集めたいと考えていますか？（ほかの人たちの反応に加えて、あなた自身がどう感じるかも貴重な情報源になりえます）

2b 実験でどういう結果が出れば、思い込みが正しかったとみなし、どういう結果が出れば、思い込みが間違っていたと結論づけようと考えていますか？

2c 実験について報告したい人や、実験を見守って、あとでコメントしてほしいと頼みたい人はいますか？

3a 計画している実験は、以下の基準を満たしていますか？

- □ その実験は安全か？（最悪の結果になったとしても耐えられる範囲内か？）
- □ その実験により、強力な固定観念の妥当性を検証するための材料を得られるか？（2bを参照）
- □ その実験は妥当か？（その実験によって、強力な固定観念を本当に検証できるか？ 1bを参照）
- □ その実験で新しい行動を試す相手は適切か？（その人物があなたを叩きのめそうとしたり、逆にあなたに迎合したりはしないか？）
- □ その実験の結果、強力な固定観念が否定される可能性は本当にあるか？（固定観念どおりに悪い結果が確実に実現するように、実験を設計していないか？　固定観念の反証データが得られる可能性は本当にあるのか？）
- □ その実験はすぐに実行できるか？（実験に必要な人物が身近な場所にいて、実験をおこないやすい状況か？　計画どおり実験を実行するためにどう行動すべきかを十分理解できているか？　向こう1週間程度の間に、実験をおこなえるか？）

●実験に備えてメモを用意する。
●マイナス思考の「心の声」をなくす、もしくは減らすためのテクニックを練習する。

実験で相手とのやり取りがどのように進むかについて、数パターンのシミュレーションをおこない、それぞれのシナリオごとに、どのように対応するかを考えておくのもいいだろう。

●どのような声のトーン、ボディランゲージ、言葉づかいをすれば、どのようなメッセージが伝わるかを考えておく。
●普段のものの言い方をすればどのような結果を招く可能性があるかを考えて、もっと生産的なアプローチを取れないか検討する。できれば、頭の中で会話のシミュレーションをしてみよう。誰か信頼できる人物に予行演習をつき合ってもらえればもっといい。
●自分がマイナスの感情をいだく引き金になりがちな事態が起きたときに対応できるように、予備の戦略もいくつか用意しておく。

最後に、質の高いデータを得るうえで、どのような要因が妨げになりかねないかを頭に入れておいたほうがいい。以下の三つの点は、その参考になるだろう。

●実験の際には、一度にいくつもの感情をいだくかもしれない。実験をおこなう間に、感情が次々と変わる可能性もある。自分の感情にたえず注意を払おう。

●固定観念に強く支配されている人ほど、ほかの人を（その行動や心の内面を）うまく観察できない。適応を要する変化を成し遂げるうえでとくに重要なスキルの一つは、現実に起きているものごとをありのままに（できるだけ判断を加えずに）見聞きする技能だ。実際に起きていることを正しく認識することが変革の出発点だ。

●ほかの人の反応を観察しているとき、人はそれに解釈を加えがちだ。しかし、そうやって解釈をおこないはじめると、実験が意味を失う。相手の言葉と行動だけに注意を払おう。たとえば、「『不愉快だ』と彼が言った」というのは事実だが、「彼は私に腹を立てていた」というのはあなたの解釈だ。質の高いデータとは、解釈を通した情報ではなく、直接観察された情報、要するに相手の言葉と行動（ボディランゲージも含む）である。

STEP 2

実験を実行する

いよいよ実行の段階だ。くどいようだが、実験をするときはデータを集めることを忘れないようにしてほしい（自分の行動と、それが生み出した結果をチェックする）。すべて計画どおりに進まなかったとしてもかまわない。実際におこなった実験が有効な実験の条件（図10－2のチェックシートの「問3」を参照）を満たしていればそれでいい。もし実験に欠陥があった場合は？　これも深刻な問題ではない。よくあることだ。そういう場合に重要なのは、固定観念の妥当性をまだ検証できていないことを忘れないでおくこと（この時点で固定観念は裏づけられてもいなければ、反証されてもいない）。まずは、同じ実験を再度試みてうまくいきそうか、それとも実験を設計し直すべきかを判断しよう。

実験が終わったら、次の**図10－3**のチェックシートを使って、自分の行動と、それが生み出した結果を記録しよう。ここでは、できるだけ客観的に記録を残すことに専念すること。実験の結果をどう解釈するかは、次のステップの課題だ。

次のステップに進む前に、実験の妥当性をもう一度確認しよう。あなたが実際におこなった実験（事前に計画していた実験内容ではなく）と、それによって得られたデータは、本当に適切なものと言えるか？　この点が確認できれば、実験結果の解釈に着手する。

STEP 3

実験の結果を解釈する

適切な実験を設計し実行したあとは、得られたデータを分析する。目的はただ一つ。実験の結果に照らして、強力な固定観念の正誤についてなにが言えるかを明らかにすることだ。あらためて確認しておこう。実験の目的は、目標に向けて進歩しているかチェックすることでもなければ、変革

図10-3

実験結果を記録するためのチェックシート

1　あなたは実際にどういう行動を取りましたか？

2a　その結果、なにが起きましたか？　ほかの人たちは、実際になにを言い、どういう行動を取りましたか？　誰かに講評を求めたとき、その人はなにを言いましたか？　そのとき、あなたはどう思い、どう感じましたか？（これらの情報があなたの実験データです）

2b　データの質をチェックし、適切なデータを得られているかどうか確認しましょう。ほかの人たちの反応に関するデータは、本当に直接観察できたものですか？　自分の解釈が混ざり込んでいませんか？　あなたの観察結果は、その場に居合わせたほかの人たちも同意できるものですか？　実験が特殊な状況でおこなわれたということはありませんか？

への取り組みが効果を発揮しているかを調べることでもない（それ自体は非常に重要なことだが）。実験データにより、固定観念のどの側面が裏づけられ、どの側面が反証されたかをはっきり述べられれば、実験が順調に進んだとみなしていい。

このステップの進め方を理解してもらうために、スーとクラウスのその後を紹介しよう。二人がどういう実験をおこない、どういうデータを入手し、それをどう解釈したかを見ていく。

スーの実験〈その3〉

スーは、実験をおこなっても安全そうな人物をあらかじめ二人見つけていた。あるとき、そのうちの一人が同僚に対する不満を述べはじめた。スーはその同僚にこう言った——この問題に巻き込まないでほしい、不満があれば相手に直接ぶつけるべきだ、と。

すると、どういう実験データを得られたか？　まず、スー自身の内面の思考と感情について。「うしろめたさはまったく感じなかった。緊迫したやり取りだったし、すぐに会話が終わってしまったので、いやな感じではあった。でも、それを気に病んだりはしなかった。すぐに気持ちを整理できた。一日中引きずることはなかった」。では、相手の反応は？　その人物はあとで内線電話をかけてきて、「誰かに話を聞いてもらいたかっただけなんだ」と、スーに謝った。

スーは、こうした実験データをどう解釈したか？　彼女は、それを強力な固定観念に対する最初の反証と理解した。相手にノーを言うのはいやだったけれど、それが原因で落ち込むことはなかったし、同僚同士のいさかいに巻き込まれずにすんだのは満足だった。

そしてそれ以上に、あとで同僚から謝られたことで、（少なくともこのケースでは）相手の求めにすべて応じなくてもまったく問題なかったと確認できたからだ。

クラウスの実験〈その2〉

では、クラウスの場合はどうだったか？　長期休暇明けの朝、なりゆきで部下に話しかけたとき、次のような結果が得られたという。

それは自分にとって大きな進歩だったと、本人は振り返っている。自分が居心地のいい安全地帯の外に踏み出したと実感できたことも大きかったと言う。相手の反応はどうだったか？　その部下は、なんとそのテーマについて突っ込んだ会話を始めた。普段では考えられないことだったし、予想外でもあった。その人物にとってきわめて微妙な問題なのだろうと思っていたからだ。二人の間で言葉のキャッチボールがおこなわれ、本当の会話ができたと感じられた。満足感がわき上がってきたと、彼は言う。「こういう行動を取る勇気が自分にもあったのだとわかった。それに、自分でも意識せずに実験をおこなったのに、失敗を恐れずに行動できた」

こうした結果をもとに、強力な固定観念に関してどういう判断にいたったのか？　「この一つの経験を通じて、ものごとを慎重に分析してばかりいても意味がないのだとわかった。じっくり時間をかけて準備したり、適切な時期が訪れるのを待ち続けたりすれば、やがて機が熟するはずだと、それまでは思っていた。けれど、そういう発想は間違っていると、いまでははっきり言える。実際には、いくら待っても機は熟さず、やるべきことを先延ばしにし続けていることをうしろめたく感じはじめるだけだ。では、この経験からどういう教訓を学んだのか？　それは、直感に従うべしという教訓だ。理屈をこねるあまり、本能のとおりに行動することを妨げてはいけない。そうわかった」。「過剰なくらい徹底的に準備しないと、ものごとはうまくいかない」という誤った認識をいだいていたせいで自分がいっそう不安を感じていたことに、クラウスは気づいた。少なくともこのときは、直感に従って行動する以外の準備は不要だったのだから。

さて、**図10－4**のチェックシートを使ってあなたの実験データを解釈してみよう。以下は、その際に頭に入れておくべき点だ。

- 強力な固定観念が単なる固定観念と違うのは、それがつねに、そして全面的に正しいと、意識的もしくは無意識的に信じて疑わないことだ。強力な固定観念は、その人がものごとをどのように見るべきかを無条件に決定する。言ってみれば、目の前ではなく、目の「奥」に存在するものなのだ。
- 強力な固定観念がつねに全面的に正しいことはほとんどないが、つねに全面的に間違っていることもほとんどない。多くの場合、問題は、その固定観念に従ってものを考える頻度が多すぎたり、それを過度に一般化して適用範囲を広げすぎたりすることだ。

- ほとんどの場合、実験では、強力な固定観念を完全に排除することではなく、その固定観念の輪郭を明瞭に描き出すことを目的とすべきだ。その固定観念がいつ、どこで、誰と接する場合に正しいのかをデータに基づいて理解することを目指そう。この作業を通じて強力な固定観念が少し変わるだけで、〝変革をはばむ免疫機能〟をくつがえせる場合もある。
- 実験で実践する行動そのものが「成功」しなくても、実験が失敗したと考える必要はない。クラウスの例で言えば、もし部下に難しい会話を切り出せなかったとしても、どういう要因で自分が目標どおりに行動できなかったのかを知る機会にはなる。その新しい情報をもとに強力な固定観念に対する理解を深めていければ、それでいい。
- 実験を一回おこなうだけで、強力な固定観念の実像について確定的な結論を導き出すことはたいていできない。

図10－4のチェックシートの最後の問いが示唆しているように、強力な固定観念を検証するためには、何度も実験を繰り返す必要がある。まず一回目の実験をおこない、その実験結果が強力な固定観念についてなにを物語るかを点検する。そして、その固定観念についてさらに知りたい側面を検証するために、次の実験を計画する。そういうプロセスを繰り返していかなくてはならない。第5章と第6章で紹介したデーヴィッドとキャシー、本章で紹介しているスーとクラウスはみな、複数回の実験をおこない、実験を一回おこなうごとに自分の強力な固定観念に修正を加えていった。二回目、三回目はたいてい、一回目と同様の実験を繰り返す。ただし、実験をおこなう相手、

図10-4

実験結果を解釈するためのチェックシート

1 実験によって得られたデータを見てみましょう。あなたはそれをどう解釈しますか？

2 同じデータについて、別の解釈はできませんか？　強力な固定観念に強く支配されている人は、一つの解釈に導かれやすい面があります。自分のいだいている固定観念が正しいと結論づけがちなのです。この落とし穴にはまらないために、それとは異なる解釈を少なくとも一通りは考えるように、自分に義務づけましょう。

3 あなたの解釈は、強力な固定観念についてなにを物語っていますか？　固定観念のどの側面が裏づけられ、どの側面が反証されましたか？　なんらかの新しい固定観念が浮上してきましたか？

4 次は、どういう実験をおこなおうと思いますか？　今回の実験でわかったことを土台に、次の実験を計画しましょう。さらに多くのことを学ぶためには、どういう実験をおこなえばいいと思いますか？　もし、ほかにも強力な固定観念をいだいていれば、それを検証する実験をしてもいいでしょう。

環境、リスクの大きさを変えていく。ほとんどの場合、こうして複数回の実験の結果が積み重なってはじめて、〝変革をはばむ免疫機能〟をくつがえすための一歩を踏み出せる。実験を繰り返すことにより強力な固定観念の支配力が弱まれば、第3枠の自己防衛的な裏の目標をいだく必要はなくなる。そうすれば、第2枠の阻害行動も取らなくてよくなる。

スーの実験〈その4〉

スーは最初の実験のあと、「もし相手の頼みにノーと言えば、冷たくて不親切な人間だと思われる」という固定観念の妥当性を検証するために、どのように実験を続けたのか？

あるとき、二人の同僚が大げんかしたという噂を耳にはさんだ。もしその片方が自分のところに来て、けんか相手について不満を言いはじめたら、どう対応するか？　その場合に相手に言うセリフをリハーサルし、そのときに心の中で自分自身に語りかける言葉も練習した――「私にどうこうできる問題ではないわ。私の手に負えない問題なのよ」。そして、もしそういう場面になったときは思慮深く相手の話を聞くようにと、自分に言い聞かせた。そのおかげで、やがてけんかの一方の当事者であるケイティがやって来たときは準備万端だった。

そのとき、スーはどう行動したか？　いま自分が〝変革をはばむ免疫機能〟の克服を目指していて、この類いの会話に加わらないことを目標にしているのだと、ケイティに説明した。「ケイティと一緒になって、けんか相手のヴィッキーの悪口を言わないように、そしてケイティにどう行動すべきか指図しないように気をつけた。代わりに、よき聞き役になるように努めた」と、本人は振り返っている。

こうした行動を取った結果、どういうデータを得られたか？　スーは自分の感情（とくに安心感と不安感の強さ）に注意を払い、ケイティの反応もよく観察した。まず、自分の感情について。話している間ずっと、気分は悪くなかった。一つには、自分の望んでいたとおりの行動を取れたからだ。そのうえ、思いがけず、会話が生産的な方向に進んだ。前述のように、ケイティと話すうちに、自分が自分自身のどういう点を変えたいと思っているかを率直に語れた。自分の弱い部分をさらけ出しても不安は感じなかった。それに、有益な会話ができたことに満足してもいた。スーとケイティはともに、この会話から大きなものを得たと感じられた。

スーは、こうした実験結果を自分の強力な固定観念に対する反証と解釈した。相手の期待になにからなにまでこたえないという方針を取った結果、むしろケイティとの絆が深まったからだ。


自己観察の能力が磨かれていくと、もっと自然に実験ができるようになる。とくに意識せずに固定観念に反する行動を取り、気がつくと固定観念の検証実験をおこなっているというケースもある（その行動を取っている最中に気づく場合もあれば、あとになって気づく場合もあるだろう）。そういうときもやはり、自分にこう問いかければいい――「その行動の結果、なにが起きたのか？　それは、強力な固定観念に関してなにを物語っているのか？」

スーの実験〈その5〉

スーは「自然発生型」の実験もいくつもおこなった。特筆すべきだったのは、上司と議論になったときの経験だ。その上司とはなんとしても対立を避けるべきだと、彼女は思っていた。事件が起きたのは、幹部会議の最中だった。彼女がなにか発言すると、上司のサムが怒りをあらわにして反論してきた。そういう極端な反応を引き出すようなことを言った覚えはなかった。そこで、どうして誤解が生まれたのか確認しようとした。「私はほかの出席者たちに確認せずにいられなかった。『私の言ったことの意味、わかりましたか?』」。私の言葉は誤解の余地がなく明瞭だったと、誰もが言ってくれた」。あとでサムと二人で話すと、実はきちんと話を聞いていなかったのだと打ち明けられた。

スーはこう結論づけた。「私はその局面に平常心で対処できた。取り乱すこともなかったし、翌日まで引きずることもなかった。半年前であれば、もっと気に病んだにちがいない。でもいまは、たとえ衝突したとしてもサムとの関係は壊れないと思える。それにあの日、私はサムから露骨に怒りを向けられたけれど動揺しなかった」

実験を通じて、強力な固定観念の新しい一面が見えてくる場合も多い。そういう新しい側面についても、実験を重ねるうちに検証していけばいい。

スーの実験〈その6〉

相手にノーと言っても人間関係が壊れるわけではないと気づくと、新たな可能性に目が開けた。相手からなにか要求されたときにノーと言うだけでなく、自分が本当に思っていることをこちらから言っても人間関係を壊さずにすむのか？　要するに、あえて対立をつくり出しても大丈夫なのか？

「あるとき、ベスという同僚に『その意見には反対だわ』と言ってみた。自分に試練を課しているという自覚はあった。ベスとの関係が壊れるかもしれないと思っていた……幸い、二人の関係にヒビは入らなかった。いまでは、相手の主張に反対のときはそう述べていいのだと思っている。感情的にならずに、自分の言いたいことをもっと堂々と言えるようになりたい。私は自分の意見をまだ十分にはっきりと主張していないと思う。（相手の意見に異を唱えるリスクより）本当の問題に触れないほうがリスクは大きい」

あなたも二度目の実験を計画してみよう。実験の三段階（設計、実行、分析）ごとのチェックシートをまた参考にしてほしい。

実験を何回か重ねるうちに、こんなふうに思う人もいるかもしれない。「もう実験をおしまいにしていいかどうかは、どうやって判断すればいいのか？」「どうすれば、進歩が後戻りすることを防げるのか？」。そう思った人は、次の「落とし穴と脱出ルート」に関する項が参考になるだろう。

学習の成果を定着させる――落とし穴と脱出ルートを発見する

図10－5は、免疫機能を克服していくプロセスを段階別に示したものだ。免疫機能に対して、「無意識に影響下」「意識的に影響下」「意識的に自由」「無意識に自由」の四段階のうち、あなたはいまどの段階にあるだろう？　実際に作業を進めながらここまで読み進めてきた読者は、「意識的に影響下」の段階はすでに卒業しているはずだ。

あなたは、「意識的に自由」と「無意識に自由」のどちらに該当するだろう？「無意識に自由」だと思う人は、次に紹介するエクササイズを確認のために用いてほしい。「意識的に自由」だと思う人は、免疫機能を完全に克服して第1枠の改善目標を達成するために、次の二つの選択肢のうちのいずれかを実践するといいだろう。

第一の選択肢は、さらに実験を重ねて強力な固定観念の検証を続けることだ。あまりに頻繁にその固定観念に支配されて行動してしまうという自覚がある人には、とくに効果が大きい。すでに述べたように、実験は繰り返しおこなう必要がある。特定の回数をこなせば免疫機能を克服できると決まっているわけでもない。一人で免疫機能の克服に取り組んでいる人は、次回の実験の設計と結果の解釈をおこなうために信頼できる友人や同僚とペアを組んでもいいだろう。そこまで深く関わってもらわなくても、せめて誰かと話しながら活動を進められるだけでも大きな助けになる。

第二の選択肢は、「落とし穴と脱出ルートの発見」という別のエクササイズをおこなうというものだ。エクササイズの目的は、古い行動パターンに引き戻されるリスクがどこにひそんでいるかを知り、その落とし穴に滑り落ちることを避けるためにどうすればいいかを見いだすこと。この作業を通じて、自分がどういう状況に身を置くことになるかという予想シナリオを描けるという利点も

図10-5

「無意識に影響下」から「無意識に自由」へ

意識的に自由

強力な固定観念の検証実験をおこない、どういう状況でその固定観念が正しく、どういう状況で間違っているかを確認することは、この段階に達するために欠かせない作業だ（ときには、つねに間違っているという結論になることもあるだろう）。実験の過程で新しい行動パターンと新しいセルフトーク（心の中で自分自身に語りかける言葉）のパターンが身につく場合も多い。実験で獲得した知識をもとに行動して、強力な固定観念が正しくない場面ではその固定観念を遮断し、それに基づく古い行動パターンとセルフトークを回避できるようになれば、あなたは強力な固定観念から「意識的に自由」な段階に達したと言っていい。ここまで到達するためには、意識的な訓練が必要だ。その道のりは、まっすぐで平坦とは限らない。強力な固定観念から派生する行動・思考パターンに舞い戻ってしまうケースもしばしばある。それでも、逆戻りしたときにそのことに気づき、その状態を抜け出す方法を理解できていれば、以前に比べれば進歩したと言えるだろう。この段階までたどり着けば、第１枠の改善目標に向けて前進していると実感できるはずだ。

無意識に自由

意識的に計画を立てるまでもなく、強力な固定観念を自然に遮断できるようになれば、あなたはその固定観念から「無意識に自由」な段階に達したと言える。ここまで到達した人は、強力な固定観念が妥当でない場面にぶつかると、とくに意識せずに、その固定観念に反する行動と思考ができる。なぜ、そんなことが可能なのか？　それまでの段階で意識的に実践し、はぐくんできた新しい知識と信念が古い思い込みを追い払い、それにとって代わっているからだ。ここまで来れば、第１枠の改善目標を完全に達成したとまでは言わないまでも、大幅な進歩を遂げているにちがいない。

ある。

このエクササイズの効果を理解し、「もう実験をおしまいにしていいかどうかは、どうやって判断すればいいのか？」という問いに答えるために、第6章で取り上げたキャシーの事例をあらためて検討してみよう。

「落とし穴と脱出ルートの発見」のエクササイズ――キャシーの場合

●あなたは、四つの段階のうちでどの段階に達していますか？

私は、「意識的に自由」と「無意識に自由」の中間に位置していると思う。すでに、最も強力な固定観念を大幅に修正し、もはやそれに振り回されることはない。「ヒューストン事件」をきっかけに、自分という人間と自分の価値について新しい認識をいだくようになり、その新しい認識の妥当性を検証し続けている。自己認識が変わったおかげで、古い思考パターンに引き戻されずにすんでいると思う。

いまでは、ストレスをやわらげる方法とストレスを感じない方法もいろいろ知っている。それに、頻繁に新しい認識を再確認し、新しい行動パターンを実践している。意識的におこなう場合もあるけれど、あとで振り返ると無意識におこなっていたという場合もある。

●あなたが元々いだいていた強力な固定観念が正しいのは、どういう場面ですか？　それは、具体的に、いつ、どこで、誰と、なにを、どのようにしているときですか？

その固定観念が正しい場面はまったく思い当たらない。

●あなたが元々いだいていた強力な固定観念が間違っているのは、どういう場面ですか？　それは、具体的に、いつ、どこで、誰と、なにを、どのようにしているときですか？

仕事上のあらゆる場面でその固定観念は間違っていると思う。それだけでなく、夫との関係でもこの固定観念は間違いだった。

●好ましくないと思う場面で、強力な固定観念が猛威を振るうことはありますか？　そういうケースがあるとすれば、どのようなときに、古い行動パターンに陥りやすいですか？　あなたがいまだにはまり込むことがある落とし穴は、どのようなものですか？

そういうケースはなくなった。「ヒューストン事件」をきっかけに、強力な固定観念はこっぱみじんに打ち砕かれた。あれ以来、古い思考と行動のパターンに引き戻されないためにどうすればいいかを学習し続けている。

●強力な固定観念が頭をもたげてきたときに、その状態から抜け出すための手軽な方法を確立できていますか？

一部の同僚とは、前もって打ち合わせてある。感情が張りつめていると自覚したときは、その同僚たちに合い言葉や合図で伝えることにしている。でも、実際にそれをおこなったことは一度もない。そういう状態になる前に、感情をコントロールするための手立てを活用し、うまくいっている。

● 強力な固定観念に支配されそうな場面で取る新しい行動パターンやセルフトークを確立できていますか？

私は以前より自分の状態を意識し、自分を律するようになった。どういう要因が自分の感情を張りつめさせるかに注意を払い、そのサイクルにはまりかけているときはすぐに自覚するようにしている。いまでは、さまざまな手段を駆使して、サイクルの開始や進行に歯止めをかけることができるようになった。

私が用いる方法は——

・「私は冷静だ」という言葉を繰り返し唱える。
・ストレス軽減効果があるボールを握りしめる。
・感情が張りつめていると気づいたときは、行動する前に深呼吸してワンクッション置く。
・誰かの言葉にカッとなったときは、自分にこう言い聞かせる。「相手への敬意を忘れないこと。そして、冷静さを失わないこと。別に世界が滅びるわけではないのだから。私は状況をしっかりコントロールできている。礼儀正しく話を聞いて、そのあとで丁重に異論を唱えればいいのよ」

・まずいことが起きていると思ったときは、自分にこう問いかける。「原因は私？　それとも、私以外に原因があるの？」

・ストレスを感じていると思ったときは、自分にこう問いかける。「この問題で私がコントロールできていることはなんだろう？　コントロールできていないことは？」。そのうえで、自分がなにをコントロールできているかに基づいて意思決定をおこなう。

・自分にこう問いかける。「これは、病院送りになる覚悟でやる価値があることなの？」

・手持ちの時間でできることとできないことを区別する。

・スケジュールが詰まっているときに、締め切りの厳しい仕事を頼まれた場合は、「その締め切りに間に合わせるのは無理です」と相手に告げる。あるいは、その締め切りまでにできることとできないことをはっきり伝える。もしくは、スケジュールが詰まっていることを説明し、締め切りを延ばせないかと提案する。

・優先順位を考えれば、課題Ａはできるけれど、課題Ｂはできない、というふうに確認する。

・課題の締め切りが近づいてきたとき、自分にこう問いかける。「締め切りに間に合わせるために、なにが必要なのか？」

・勤務スケジュールを守れているかをチェックする。退社時間を自分で決めて、それを守るようにする。いくつも会議が続くときは、「本当にすべてに出席する必要があるのか？」と自分に問いかける。

・自分が決めた退社時間をどうしても守れないときは、上司に連絡して、翌日は出社しないと告げる（上司も了承してくれている）。
・自分がどのような価値を生み出し、どのような貢献をしているかを意識する（自分の価値は目に見える行動を取ることにはないと思っている）。
・新たにいだくようになった自信を強く意識する（不安の感情から解き放たれたことで、自分が価値を生み出せていることに気づけた）。

●古い行動パターンに引き戻されないために、どのくらい多くの場面で、そしてどのくらいの頻度で、前項の「脱出ルート」を活用していますか？

あらゆる場面でつねに用いている。

●強力な固定観念が正しくない場面では、どういうことが起きますか？ その点について、どのような新しい信念や認識をいだくようになりましたか？

私がいだいていた強力な固定観念の一つは、「もし自分にできることをすべておこなわなければ、チームに十分な貢献をしていないと自分で感じてしまう」というものだった。でも、いまはそう思わない。「期待を裏切る」とはどういうことかという自分なりの定義が変わったからだ。以前は、どういう行動を取るかが問題だと思っていたが、いまはどういう人間であるかが問題だと思っている。発言をしなかったり、意見を伝えなかったりすれば、期待を裏切ることになる。重要なのは、知恵を提供すること。だから、提供できる知恵がなくなったり、自分のアイデアや分析に価値を見いだせなくなったりしたときは、自分にがっかりすることになる。

私がいだいていたもう一つの強力な固定観念は、「チームのよきメンバーとは、一〇〇%を越えて、一一〇%の結果を出す人間である」というものだった。この点について、考えは変わっていない。変わったのは、すべてを完璧に完了させられたかを基準にして、一〇〇%だの一一〇%だのとは考えなくなったこと。完璧であるとは、いっさいの欠落なしに課題を完了させることではない。重要なのは、構想やアイデアの質、そしてそれらを生み出すための思考の質なのだと思うようになった。

「私自身に関しては、一五〇%の結果を出してこそ自分を評価できる」という固定観念もいだいていた。この考え方も間違っていないと、いまも思っている。ただし、この言葉の意味づけが若干変わった。自分の判断に基づいて、必要だと思う時間とエネルギーをつぎ込むようになった。卓越した仕事ができるかどうかは、思考の質と量で決まる。

私がいだいていた最も大きな固定観念は、「一一〇%の努力をしないくらいなら、燃え尽きる危険を冒すほうがまだましだ」というものだった。この発想に関しては、そもそも間違いだったと、いまでは思っている。

● どうして、ここにいたるまでの変化を遂げられたと思いますか?

最も大きかったのは、強力な固定観念の根にあるのが不安だと気づいたこと。大切なものが奪い取られるのではないかと、不安でたまらなかった。いまの仕事を取り上げられないようにするために、自分がこの仕事を上手にできると実証し続けなくてはならないと感じていた。もう一つ大きかったのは、医学校への入学に失敗した経験のせいで不安に苦しめられ続けていたのだと、はじめてわかったこと。私は心の奥底であの経験を自分の汚点とみなしていて、あんなことになったのは自分に欠陥がある証拠だと決めつけていた。でも、そういう思いを口に出すことはなかった。同じ経験を二度と味わわないように、ひたすら大量の仕事をこなし続けただけだった。いまはその負担から解放されて、本当に気持ちが楽になった。とても感情が消耗する日々だったから。

一連の経験を通じて気づいたのは、自分が本当に質の高い仕事をできているということ。また、私の仕事の質を高めているのは、私が取る行動だけでなく、私という存在そのもの、そしてほかの人にはない独特の視点なのだということだった。ほかの人たちもそのように見てくれていることもわかった。

ヒューストン事件は、私が自分自身についての見方を変えるきっかけになった。テリーサが私の代わりにプレゼンを成功させたことで、別に私自身がものごとを実行しなくてもかまわないのだということ、そして、私のもっている技能、知識、視点こそが私の価値なのだということを確認できた。テリーサがプレゼンをやり遂げられたのは、私が適切に準備をし、提案の内容を明確に磨き上げておいたから。ほかの人にはない私の価値とは、プレゼンを実行することではなく、プロジェクトの計画立案の面にあったのだとわかった。こうして新たな自信が深まったことで、自己変革の取り組みにいっそう弾みがついた。

私は科学的な考え方をする人間だ。証拠がなければなにも信じない。その点、ヒューストン事件により、私は不本意ながら実験をおこなう羽目になった。その実験でテリーサがプレゼンを成功させた結果、自分で実行しなくても私の目標と構想を実現することは可能なのだという証拠が得られた。

すべての始まりは、不安を捨てて自信をはぐくんだこと。ストレスを緩和するために入念な計画を立てるようにも努めた。その過程で、自分にとって有効なさまざまなテクニックや注意すべき危険サインも発見していった。


少なくとも「もう実験をおしまいにしていいかどうかは、どうやって判断すればいいのか？」という問いの答えは、キャシーの事例を通じて明らかになったのではないだろうか？　第1枠の改善目標に向けて際立った進歩を実感できなければ、もちろん完了とは言えない。しかし際立った進歩を遂げただけではまだ十分でない。キャシーのように、行動の変革と思考様式（強力な固定観念）の変革とを結びつける強力で継続的な回路を築くことが不可欠だ。

では、あなたも**図10－6**のチェックシートを使って、キャシーと同じようにこのエクササイズをおこなってみよう。

さらなる進歩を目指す

強力な固定観念から「無意識に自由」な段階まで到達できれば、ほかの問題に関しても免疫機能の克服に乗り出したくなるだろう。これまでのプロセスで用いたエクササイズはすべて、次の機会

図10-6

「落とし穴と脱出ルートの発見」のためのチェックシート

1　あなたは、四つの段階のうちでどの段階に達していますか？

2　あなたが元々いだいていた強力な固定観念が正しいのは、どういう場面ですか？　それは、具体的に、いつ、どこで、誰と、なにを、どのようにしているときですか？

3　あなたが元々いだいていた強力な固定観念が間違っているのは、どういう場面ですか？それは、具体的に、いつ、どこで、誰と、なにを、どのようにしているときですか？

4　好ましくないと思う場面で、強力な固定観念が猛威を振るうことはありますか？　そういうケースがあるとすれば、どのようなときに、古い行動パターンに陥りやすいですか？あなたがいまだにはまり込むことがある落とし穴は、どのようなものですか？

5　強力な固定観念が頭をもたげてきたときに、その状態から抜け出すための手軽な方法を確立できていますか？

6　強力な固定観念に支配されそうな場面で取る新しい行動パターンやセルフトークを確立できていますか？

7　古い行動パターンに引き戻されないために、どのくらい多くの場面で、そしてどのくらいの頻度で、前項の「脱出ルート」を活用していますか？

8　強力な固定観念が正しくない場面では、どういうことが起きますか？　その点について、どのような新しい信念や認識をいだくようになりましたか？

9　どうして、ここにいたるまでの変化を遂げられたと思いますか？

にも利用できる。これらの方法論を活用すれば、さらに別の強力な固定観念を明らかにし、検証し、修正することを通じて、生涯にわたってさまざまな自己変革の目標を成し遂げていける。あなたはほかの問題でもきっと、無意識のうちに〝変革をはばむ免疫機能〟の影響下にあるはずだ。成長を続けるためには、そういう新たな課題を見いだす能力をはぐくむ必要がある。

新たな課題に関して免疫機能を克服するプロセスは、言うまでもなく新しい免疫マップを作成することから始まる。その都度、**図10−7**のマップをヒナ型として用いればいい。お気づきのように、このマップには左端に「アイデアを生み出す」という欄が新たに設けてある。まず、免疫機能が原因で妨げられていそうな改善目標の候補を次々と挙げ、この欄に書き出していこう。そして、そのなか

図10-7

免疫マップのヒナ型

アイデアを生み出す	1 改善目標	2 阻害行動	3 裏の目標	4 強力な固定観念	最初の「SMART」テスト
			不安ボックス		

から、どの目標を自己変革の対象にするかを選ぶ。それが決まったら、あとは前回の経験を思い出し、どういうエクササイズをどのようにおこなえばいいかを考える。

ここまでの二つの章では、まず自分の〝変革をはばむ免疫機能〟を診断し(第9章)、続いてそれを乗り越えるプロセスを経験してもらった(第10章)。私たちの経験から言うと、変革プログラムがどういうものかをリーダー自身が身をもって理解することは、組織やチームでプログラムを成功させるために不可欠だ。他人事としてプログラムの有効性に納得しているだけでは十分でない。そのプロセスと結果を自分自身も経験してはじめて、単にお墨つきを与えるだけでなく、強力な旗振り役になれる。自分がお手本を示してこそ、抵抗が持ち上がったときに——変革を推し進めようとすればかならず抵抗が生まれる——プログラムの継続を訴える言葉に説得力をもたせられる。

＊　＊　＊

第9章と第10章では、職場における個人の自己変革の取り組みに光を当ててきた。しかし誰もが知っているように、職場のチームや部署、組織全体などの集団も〝変革をはばむ免疫機能〟に悩まされるときがある。そして第4章で紹介したように、多くのグループが集団レベルで免疫機能の克服に取り組み、大きな成果をあげてきた。ある大学病院の外来病棟は、麻薬を欲しがる患者に麻薬系鎮痛薬を処方するケースを大幅に減らし、そのうえ医師と看護師の信頼関係を強化できた。いずれも、それまでは実践できていなかったことだ。あなたの組織内にも、集団レベルの免疫マップをつくって、危険を味わうことなく、変革を成し遂げたいと思っている人がいるかもしれない。第11章はその手引きになるだろう。

第11章 組織を変える

ずいぶん昔、集団レベルの〝変革をはばむ免疫機能〟という考え方を実地で試しはじめて間もないころ、私たちはハーバード大学で開催された二週間の夏季セミナーに講師として参加したことがある。セミナーの受講者は教育委員会と公立学校の幹部たち。各学区の教育委員長が委員会のスタッフと担当学区内の学校の校長たちと一緒に受講するシステムで、一五くらいのチームの一〇〇人を超す人たちが参加していた。この類いの短期集中セミナーにはよくあることだが、メニューは盛りだくさんだった。講師が入れ代わり立ち代わりやって来て、さまざまな活動やエクササイズをさせた。受講生たちは一つひとつの活動に几帳面に取り組んだ。

たいてい、授業はこんなふうに進んだ。まず、講師がその日のエクササイズを説明し、そのあとチームごとに教室外でエクササイズをおこなう。そして、所定の時間までに教室に戻ってきてクラス全体の前で成果を発表する。夏季セミナーが始まって以降、受講生たちは一度の例外もなく、言われたとおりの時間に教室に戻ってきた。

ある日、私たちが担当した授業でのこと。数日前に、個人レベルの〝変革をはばむ免疫機能〟のエクササイズはすませていた。そこでこの日は、集団レベルの免疫機能をテーマにした。まず基本的な概念を説明し、それに関する事例を紹介したあとで、免疫マップのヒナ型を配布して、チームごとに教室外でエクササイズをおこなうよう指示した。いつもどおり、教室に戻ってくる時間も言い渡して――。

ところが、集合時間に戻ってこないグループが二組もあった。単に遅刻したのではない。最後まで戻ってこなかったのだ！　次にそのチームの面々の顔を見たのは、翌日の朝だった。私たちはこのときはじめて、〝変革をはばむ免疫機能〟という枠組みを集団レベルで用いた場合の威力に気づきはじめた。

教室に戻ってこなかったチームに事情を聞くと、両チームから同じような答えが返ってきた。おおよそ、こんな説明だった。「ごめんなさい。セミナーのことをすっかり忘れてしまったのです。同僚たちとこのような対話ができたのははじめての経験だったので、話し合いを続けたかったのです。そのまま一緒に夕食に出かけて、しゃべり続けました。みなさんが気分を害していなければいいのですが……」

本章では、あなたが同僚たちと一緒に集団レベルの免疫機能を診断する道案内をしたい。まずは次の問いから始めよう。集団レベルでそのような活動をおこなうべきなのは、どういうときか？

- グループの活動のレベルや成績を高めたい面があるとき。たとえば、重要な目標を達成できていないと自覚していたり、進歩の歩みが遅すぎると感じていたりする場合もあるだろう。あるいは、「素晴らしい計画を立てたのに、それを実践できない」「同僚同士で厳しいことを言えない」「自分の縄張りを守ることばかり考えている」といった具合に、グループとして機能不全に陥っていることに気づいている場合もあるだろう。

- グループとしての自己理解を深めるために、みんなで自分たちの現状を見つめ直したいという熱意をいだいているとき。あるいは、熱意があるとまでは言わないまでも、そういう活動を受け入れる意志があるとき。
- グループ内に摩擦や不信感が充満していて派閥対立があっても、話し合いがことごとく敵意のぶつけ合いに発展するほどは対立が激化していないとき（ここで言う敵対的な言動のなかには、目に見えるものだけでなく、水面下のものも含まれる）。要するに、みんなで仲良く話し合う雰囲気はなくてもいいが、メンバー同士が戦っていてはならない。

第4章で見たように、集団レベルの免疫機能を診断するアプローチにはいろいろなパターンがある。そのなかからどういう方法を選ぶべきなのか？　それは、組織やチームの性格、そしてメンバーの参加意欲と能力のレベルによって決まる。いくつか注意すべき点を挙げておこう。

- あなたのグループが組織上の最小単位で、メンバーが一二人程度までであれば、グループ全員で活動に取り組める（社内の一つの部署やプロジェクトチームなどの場合がこれに該当するだろう）。
- あなたのグループが組織上の最小単位で、メンバーが十数人以上であれば、八人程度の小グループにわかれて活動をおこなうといい（大きなコンサルティング会社や法律事務所、大学の教授会などがこれに該当するだろう）。この場合は、一つひとつの小グループがグループ全体のミニチュア版になるようなメンバー構成にするべきだ。実際の活動では、小グループごとに免疫機能の診断作業をおこない、それをグループ全体の会合で発表する。そして、さらに全体で話し合い、それぞれの小グループの案を集約して、一つの免疫マップを描き上げる。

- あなたのグループが元々いくつかの小グループにはっきりわかれている場合は、小グループごとに話し合い、それぞれの免疫マップを作成する（職階のレベルごとにグループがわかれているコンサルティング会社や法律事務所、いくつもの部署で構成される企業や組織などがこれに該当するだろう）。それぞれの小グループの診断結果をグループ全体の会合で発表するが、それらを一枚の免疫マップに集約する必要はない。ほかの小グループの状況について相互に理解を深めることが全体会合の目的だ。

- メンバー全員が参加できないときは、一部のメンバーだけでミニグループをつくってグループ全体の免疫機能を診断してもいい（活動に関心がない人や都合がつかない人がいたり、グループ全体の人数が多すぎたりする場合がこれに該当するだろう）。診断結果は、ミニグループのメンバーが自己理解を深める目的に限定して用いてもいいし、グループ全体に発表してもいい（ただし、グループ全体に発表する場合は、あくまでも一つの仮説を提案するという姿勢に徹するべきだ）。

- ほかのメンバーが誰も参加してくれなければ、あなた一人でグループ全体の免疫機能の診断作業をおこない、グループの状況に対する理解を深めてもいい。ただし、注意すべきことがある。あなたの診断結果は、全員が参加して診断作業をおこなった場合に達する結論とは異なる。それに、あなたが作成した免疫マップはあくまでも一つの刺激的な可能性にすぎない。それまで隠れていた絶対的真理を掘り起こしたなどと考えてはならない。

診断後にどういう展開が待っているかは、どのように診断作業をおこなうかによって決まる。だから、診断に着手する前に、最終的になにを目指すかをなるべく明確に意識しておくべきだ。自分たちのグループについて理解を深めるだけでよければ、一部のメンバーが全体を代表して免疫機能の仮診断をおこなえば十分かもしれない。しかし、グループ内の自己理解のレベルを高めたいのであれば、メンバー全員が診断作業に参加することが圧倒的に好ましい。診断結果にすべての関係者の認識を反映させ、それをみんなが共有するために、その必要がある。

どのように診断を進めるにせよ、集団レベルの免疫マップを作成する前に全員が個人レベルのマップをつくることを勧めたい。個人レベルの作業を割愛していきなり集団レベルの免疫マップづくりを始めていいかと尋ねる人も多い。個人の内省を深めることよりグループ全体のあり方を改善することに関心があるから、というのが理由だ。

しかし集団レベルの作業をやり通すためには、個人レベルで徹底した自己診断をおこなうことを通じて考え方になじみ、コツをつかんでおくほうがいい。自分の自己防衛メカニズムを掘り起こす作業を経験した人は、集団レベルの免疫システムを分析するときも同様の姿勢で臨むだろう。それに対し、個人レベルの作業を抜きにして最初から集団レベルの作業に取りかかると、分析が表面的なものにとどまりがちだ。ひどい場合は、グループ内で対立している人を攻撃する手段として悪用されかねない。

それでも、なんらかの事情でどうしても個人レベルの作業を割愛せざるをえないときは、せめて個人レベルの〝変革をはばむ免疫機能〟という概念を前もって全員に理解させることを強く勧めたい。個人レベルと集団レベルの好ましい免疫マップの例（本書の中に多く収録してある）を見せ、なにを目指すべきかを理解させるのもいいだろう。

いずれにせよ、集団レベルの活動を始める準備ができれば、以下の手順に従って作業を進めていくことになる。

STEP 1

改善目標を決める

どういう方法で診断を進めるかが決まったら、次は、集団としてどのような改善目標を目指すかを決めなくてはならない。ときには、目標がすでにはっきりしている場合もあるだろう。「若手スタッフの仕事の質を高める」「幹部チームがバラバラに行動している現状を克服する」といった目標を達成したいと、誰もが明確に理解しているケースだ。

しかし実際は、あまりに漠然とした目標を掲げたり、逆に小手先レベルの目標を打ち出したりするケースがきわめて多い。たとえば、「児童間の学力ギャップを埋める」「幹部チーム内のコミュニケーションを改善する」といった具合だ。こういうときは、「教育方法を改善する」「対立が起きた際にもっとうまく対処する」というように、もっと具体的な目標を定めたほうが格段にうまくいく。この作業をおこなうときは、図10－7のような免疫マップのヒナ型（改善目標の候補を書き出す欄を左端に設けたもの）が役に立つ。このマップの集団版（**図11－1**）を作成して全員に配布し、グループとして目指すべき改善目標の候補を左端の欄に書き込ませればいい。

次に、一人ひとりが記した改善目標の候補を全員で検討し、一つの目標を選ぶ。多くのグループは、この最初の作業で早くもたくさんの有益な発見をする。改善目標に関して全員の意見が一致しているように見えても、具体的にどういう変革が必要かについては全員がまったく違うことを考えているとわかる場合もある。目指すべき目標を尋ねると、「私たちは若いスタッフのやる気をもっと鼓舞できるリーダーになるべきだ」「私たちはもっと起業家的発想をするべきだ」と、みんなが答えるかもしれない。しかし、リーダーたちがもっと大胆に行動すればスタッフのやる気が高まると考えている人がいる一方で、重要なのはカリスマ性よりも、リーダーたちが若手のために時間を割き、関心を払う意志があるかどうかだと考える人もいたりする。あるメンバーに言わせれば、「起業家的」であるとは、新規顧客や顧客候補を開拓することにほかならないが、別のメンバーに言わせれば、既存の顧客とビジネスをおこなっても「起業家的」でありうるというケースもある。

話し合いを通じて改善目標を一つに絞り込めたら、それが適切な第1枠の基準を満たしているかをみんなでチェックする。

図11-1

免疫マップ（集団版）のヒナ型

改善目標の候補	1 改善目標	2 阻害行動	3 裏の目標	4 強力な固定観念
			不安ボックス	

● 現状でその目標を十分に達成できていないと、みんなの意見が一致しているか？

● 問題を生み出しているのは、本当に自分たち自身か？　部外者や外部の事情が問題の主たる要因であってはならない。

● この目標の達成に向けて前進することは、自分たちにとって重要な意味をもつか？　前進すれば大きな恩恵を得られるか？　あるいは、大きな損失や打撃を回避できるか？

個人レベルの活動の場合もそうだったが、この取り組みがどの程度の成果をあげられるかは、第1枠に記す改善目標の質によって決まる。目標を達成することの緊急性と重要性が大きく、その点の認識がグループ内で広く共有されていればいるほど好ましい。以上の基準に照らして集団としての改善目標を決めたら、それを免疫マップの第1枠に記す。そして、作成途中の免疫マップを大きな紙に描いて壁に張り出そう。診断作業を進める過程で全員が現状を把握できるようにするためだ。

STEP 2

阻害行動を徹底的に洗い出す

次は、メンバーに時間を与えて、「私たちはどのような行動を取っているせいで（あるいは、取っていないせいで）この目標を達成できていないのか？」という問いを各自に考えさせる。全員が自分の考えをまとめるのを待って、グループ全体の話し合いを始める。グループ公認の一枚の免疫マップをつくるために、第2枠に記す内容を集約するのがねらいだ。

リラックスした雰囲気のなかで、みんなで免疫マップの枠を一つずつ埋めていくうちに、グループの会話の文脈が変わりはじめる。第1枠から第2枠、第3枠、第4枠と進むにつれて、どんどん内省的なテーマに踏み込んでいく。その結果、個人レベルの免疫マップを作成する作業と違って、早い段階で活動の効果が実感できるようになる。一つひとつの枠の内容を考える過程で新たな会話が生まれ、メンバーの相互理解と一体感が強まるのだ。

第2枠の内容を決める際は、個人レベルの免疫マップを作成したときと同様に、いくつかの基準を満たすよう注意を払おう。

- 具体的な行動をリストアップする。
- ここに書き込む要素が多いほど、そして記載が率直であるほど、最終的に完成する免疫マップの診断効果が高まる。グループを貶めるために書くのではない。自分たち自身に対する密告者になったつもりで、徹底的に自己点検をしよう。
- ここに書き込む要素はすべて、第1枠に記した目標を達成する足を引っ張るものでなくてはならない。ここでは、好材料と悪材料の両方を洗い出すことは目的としない。免疫システムを浮き彫りにするうえで最も有益な情報は、意図せずして目標達成を妨げている行動はなにかという点だ。

●この段階では、どうしてそのような行動を取るのかは問題にしなくていい。解決策を考える必要もない。自分の不適切な行動の原因を明らかにしたり、不適切な振る舞い方を改めるための戦略を考えたりしたいという欲求に駆られる人は多いが、そういう衝動はおさえ込もう。とりあえずは、自分の取っている行動を正直に詳しく記すことに専念してほしい。

最後にもう一つ基準がある。これは集団レベルの作業に特有のものだ。

●ここに記すのは、メンバー全員がおこなっている行動（あるいは、おこなうべきなのに全員がおこなっていない行動）であるべきだ。「わかっていない連中」や「あの派閥のやつら」や「敵」だけの行動であってはならない。みんながおこなっている行動を明らかにすることが重要なのだ。

この最後の基準が守られていないと、免疫システムの診断作業が組織内での非難合戦になりかねない。逆に、この基準が守られれば、それまでになく安全で、報復を受ける恐れを感じずに話せる場がつくり出されて、自分たちの問題点を自由闊達に議論できるようになる。すでに紹介したように、第4章で紹介したコンサルティング会社の幹部チームが第2枠に記した内容は以下のとおりだった。おさらいしておくと、このグループが設定した第1枠の改善目標は、「幹部チーム内に、互いに信頼し合い、揺るぎない支援を提供し合う文化を築く」ことだ。

●お互いの言葉に十分に耳を傾けていない。自分の主張だけを投げつけ合っている。
●ほかのメンバーのいないところで陰口を言う。

● 自分が関わらずに決まった方針を受け入れようとしない。
● 個人の目標をチーム全体の目標より優先させている。
● 他人の意図がはっきりしないとき、ほかのメンバーが善意で行動していると信じず、悪意をもって行動していると決めつける。
● ほかのメンバーと正面から話し合うことを避ける。
● ほかのメンバーの目標を本当に理解するための努力をしない。
● 情報を共有しない。
● チーム全体の目標より個人の目標を達成したほうが報われる評価システムを築き、維持している。
● ほかのメンバーに対して、非難がましい態度を取る。
● 派閥をつくり、その内部だけで協力し合う。
● 景気が悪くなって仕事が減る日にそなえて、顧客の獲得に奔走し、大量の仕事を抱え込む。
● 自分のプロジェクトを進めるために、社内で人材を奪い合う。

同じく第4章で紹介した教育委員会の免疫マップの第2枠も見てみよう（以下に、より詳細なマップを記載する）。彼らの第1枠の改善目標は、「英語学習者（ＥＬＬ）の成績を高める」ことだった。

● 計画を立てても最後までやり通さない。
● 学区単位で教材を用意しているが、実際には使用されていないケースがある。
● 教員向けの継続的な研修がおこなわれていない。

- 教員の技能、戦略、テクニックを強化するための取り組みを継続的に実施していない。
- 研修でスタッフに学ばせている内容が現場で本当に実践されるとは思っていない。
- さまざまな取り組みに直接的に資源を割り振ることを継続的におこなっていない。
- 学区内の学校の模範的事例を洗い出す仕組みがない。
- 現場に重要な指示をおこなう際、ほかの業務に妨げられずにその活動に専念できる環境をつくらない。
- 学区内の学校に対して、ぜったいに従わせたい指示と、話し合いの余地があることの違いをわかりやすく伝えていない。
- さまざまな取り組みの成功の度合いを分析していない。
- 教員や校長たちを変革への取り組みに引き込めていない。データの裏づけを示し、変革の必要性を納得させることをおこたっている。
- 学区全体で共通のプログラムを取り入れるべきだと主張するくせに、自校で採用したいと思わないプログラムには十分に協力しない。

実際にやってみるとわかるが、この種の議論を通じてグループ内に生まれるのは失望感ではない。多くの場合は、安堵感が生まれる。誰もが薄々気づいていた問題が表面に引っ張り出されて、ようやく表立って論じられるようになったと思えるからだ。適切に活動を進めれば、その過程で特定の誰かが悪者にされたり総攻撃を受けたりすることもない。自分たちの問題点をリストアップするのは過酷な作業だが、たいていやり遂げられる。そして、この作業を経験するとチームの一体感が強まる場合が多い。

第2枠の中身を決めるための話し合いには、必要なだけ十分に時間をかけること。記す内容が決まったら、壁に張り出した大きなマップに書き込もう。

STEP 3

裏の目標をあぶり出す

このステップをうまく実行できれば、いよいよ〝変革をはばむ免疫機能〟の正体が見えてくる。ここで重要なのは、力強くて、できれば挑発的な内容を第3枠に記すこと。それまで気づいていなかった集団レベルの裏の動機の数々が浮き彫りになることが望ましい。

本書で紹介してきた事例（とくに第4章で取り上げたケース）を思い出してほしい。ある大学の人文科学部の幹部教授たちは、若手教授が研究成果をあげやすい環境をつくりたいと本気で願っていたが、その目標を達成するためには、自分たちを縛っている別の目標――自分たちの既得権を守りたいという目標――に気づく必要があった。森林局で森に火を放つ任務を担っている部署のメンバーは、任務の際の死傷者を減らしたいと心から思っていたが、その目標を達成するためには、自分たちがいだいている別の目標を自覚することが不可欠だった。彼らは、ものごとをコントロールできていないと認めたくないという裏の目標をもっていた結果、死傷者が発生するリスクを減らす方法を学ぶ足を引っ張られていたのだ。そして教育委員会のメンバーは、英語学習者（ＥＬＬ）の教育をもっと充実させたいと本当に思っていたが、あるメンバーが気づいたように、子どもたちに過大な期待をして苦しめたくないという目標もいだいていた。「ポブレシート文化」（相手を気の毒でかわいそうだとみなす思考様式）を守りたいという意識があったのだ。

ある医学校の指導部も第2枠の内容を容赦なく洗い出すことを通じて、さまざまな発見をした。

なかでもメンバーが最も興味を示した発見は、「ほかの誰かに責任を押しつける余地を残しておきたい」と自分たちがひそかに思っているという点だった。「もし全員がやるべきことをやっても成功しなければ、本当の問題は私たち自身なのだと結論づけざるをえなくなる。ほかの誰かのせいにはできなくなり、私たちの無能ぶりがあらわになってしまう」と、彼らは考えていた。要するに、自分たちが無能だという明白な結論を突きつけられたくないがために、無意識のうちに無能な行動を取っていたのだ。彼らが変革を成功させるためには、まずこの点を認識する必要があった。

このような実例を見て、「こんなに率直な自己分析ができるなんて信じられない！　私のグループにはぜったい無理だ」と思う人は多い。しかし、本書で紹介してきたさまざまなグループがそうだったように、ほとんどのグループは、免疫マップの作成に着手した段階では、自分たちが胸襟を開いて話し合えるとは誰も予想していない。あなたも、自分のグループに率直な姿勢が欠けていると悲観する必要はない。そもそも最初の段階では、率直に話そうにも、参加者の多くはおそらく自分たちの自己防衛的な動機（第3枠に記す裏の目標）に気づいていない。一連のプロセスを経験して集団レベルのエネルギーが解き放たれてはじめて、裏の目標が見えてくる。現像液に漬けられた印画紙に写真の像が浮かびあがるようにして、それが魔法のように立ち上がってくるのだ。

第2枠の話し合いでは、すでに誰もが気づいていた非生産的活動がようやく議論の俎上に載せられたことでメンバーが安堵する。一方、第3枠の話し合いでは、新しい事実を知ることによって解放感を味わえる。すなわち、第2枠の阻害行動にはすべてもっともな理由があるのだと——第3枠の裏の目標を達成するうえではきわめて生産的な行動なのだと——知り、ほっとするのだ。

あなたのグループも、第2枠にリストアップした内容を足がかりに、第3枠に記すべき内容を特定していこう。まず、議論を始める前に少し時間を取って、「不安ボックス」に記す内容を一人ひとりが検討する。「第2枠の行動とことごとく反対の行動を取ったとき、私たちが最も不安に感じるのはどういう点だろう?」と考えてみればいい。

各自が考えをまとめたら、グループ全体で話し合う。具体的には、以下の要領で議論を進める。

① メンバーが指摘した不安や恐怖をみんなで一つずつ検討する。

② その不安や恐怖を第3枠に記す目標（この段階ではまだ「候補」にすぎないが）の形に言い換えていく。たとえば、「私たちが仕事に全力を尽くしていないと、親会社の人たちに思われるのではないかと心配だ」という不安は、「なまけていると親会社に思われるリスクを避ける」という目標に言い換えられる。「もし現場に決定を任せれば、私たちの利益がそこなわれるのではないかと心配だ」という不安は、「自分たちの利益を守るために、あらゆる決定に口をはさむ」という目標に言い換えればいい。

③ 壁に張り出した大きなマップに、こうした第3枠の候補を書き込む。

このとき、第3枠に記す内容が適切なものになるように、個人レベルの免疫マップのときと同様の基準に照らしてチェックしよう。

● 第3枠に記す裏の目標はすべて、自己防衛という目的との関わりが明確でなくてはならない。特定の不安と強く結びついている必要がある。たとえば、第4章のコンサルティング会社の幹部たちは、「自分が関わらずに決まった方針を受け入れようとしない」ことを第2枠の阻害行動の一つとして挙げた。そこで、これと反対の行動を取った場合にどういう不安を感じるかを話し合い、一つの結論に達した。「自分が関わらないで決まった方針を受け入れるためには、ほかのメンバーが自分の目標と関心を尊重してくれると信じ、お互いが助け合っていると思えなくてはならない。しかし、そのようにほかのメンバーに弱みを見せて依存することには不安を感じる」。彼らがどのような不安や恐怖を共有しているかは、これで明らかになった。それを見えない目標の形に言い換えると、こうなるだろう。「ほかの人間に頼りたくない。誰にも依存したくない」。これが自己防衛に関わる目標であることは明らかだ。

- 第3枠の裏の目標を達成しようとする場合、合理的に考えて、第2枠の阻害行動のうちのいずれか（もしくは全部）が必要とされなくてはならない。「Xという目標をいだいているのであれば、ほかのどのグループだって、Yという行動を取るだろう」という関係が成り立つ必要がある。コンサルティング会社の例で言うと、「ほかの人間に頼りたくない」という目標をいだいている人にとって、あらゆる決定に口をはさもうとするのは当然の行動と言えるだろう。

- 第3枠の裏の目標を達成するうえで、第2枠の行動がきわめて重要な役割を果たしていることが理解でき、第2枠の行動を改めようとするだけでは第1枠の改善目標を達成できないと納得できなくてはならない。

- 第3枠の内容を見ることにより、自分たちが二つの目標の間でジレンマに陥っていることを実感できなくてはならない。そして、どうしてみんながそういうジレンマにはまり込んでいるのかも理解できる必要がある。

作業が進むにつれて、コンサルティング会社の幹部チームの面々は、自分たちが協力し合いたいと心から願っている半面、「ほかの人間に頼りたくない」というもう一つの願望によって改善目標の実現が妨げられている構図を見て取れるようになった。このもう一つの願望は、自分たちも気づいていなかったものだが、協力し合いたいという願望と同じくらい強い、本心からの願望だった。第3枠に記した目標の一つひとつが〝変革をはばむ免疫機能〟のメカニズムに光を当てるものとなっていた。あなたたちも同様の免疫マップを作成できるはずだ。この段階まで来れば、第3枠の裏の目標が第2枠の阻害行動を生み出していること、それがいわばブレーキの役割を発揮して第1枠の改善目標というアクセルの機能を相殺していることが理解できるにちがいない。

このステップで忘れずにおこなってほしい活動がもう一つある。なるほど、ここまでの作業を通じて理屈のレベルでは免疫システムの全体像が理解できただろう。しかし、免疫マップが強力な発見を浮き彫りにしているとは、まだほとんどのメンバーが感じていないのではないか? 「指示されたとおりにマップは作成したけれど、ピンとこないのが正直なところだ。新しい自己発見への扉を爆薬で吹き飛ばすような威力は感じられない。『こんなに率直な自己分析ができるなんて信じられない!』というほどのものではない」と、あなたは思っているかもしれない。

あなたのグループがこのような状況にある場合は、どう対処すればいいのか? これまでも述べてきたように、免疫機能とはそもそも、命を奪われかねないとあなたが恐れている脅威から、あなたを守るためにある。もし免疫マップが迫力を欠いているとすれば、そういう生死に関わるドラマを十分に描き出せていないことが原因だ。あなたたちがうまく封じ込めている脅威を目に見えるようにできていない。どこかに身をひそめていて、あなたの快適な人生に終止符を打つチャンスを虎視眈々とうかがっている脅威を、裏の目標という形で適切に表現できていないのだ。

このような状態に陥る理由は、以下の二つのうちのいずれかである可能性が高い。一つは、第2枠の阻害行動と反対の行動を取る場合にどういう不安を感じるかを十分に掘り下げられていないパターン。もう一つは、不安の正体は突き止めているのに、それを裏の目標という形にうまく言い換えられていないパターンだ。以下では、この二つの落とし穴について手短に論じ、それぞれの解決策を紹介したい。

まず、一つ目の落とし穴について。教育委員会の例に戻ろう。委員会のメンバーが最終的に見いだした不安は、「子どもたちは、ただでさえ数々の逆境にさらされている。学業成績に関して高い水準を期待すれば、成功より失敗を生む可能性が高い」というものだった。しかし、このグループは、最初の試みでここまで到達できたわけではなかった。

教育委員会の面々が最初に作成した免疫マップに記した不安は、カリキュラム改革で仕事が増えるのがいやだ、新しい教育方法や教育素材を導入するときに不安や無力感を味わいたくない、といったものだった。理屈の上で言えば、適切な免疫マップに必要な条件はすべて満たしていた。しかし、それでもマップは迫力に欠けた。不安をもっと掘り下げる必要があったのだ。最終的に、一人の勇気あるメンバーが「ポブレシート文化」という視点を提示したことをきっかけに、彼らが最大の不安――幼い子どもたちにこれ以上の重荷を背負わせることを恐れていた――を明らかにできたことは、第4章で述べたとおりだ。もし、あなたのグループが作成した免疫マップの力が弱く、集団レベルの思考様式について刺激的な可能性を示せていないようであれば、第3枠の不安ボックスを検討し直すといい。「第2枠に記された行動の一部、もしくは全部と反対の行動を取ったら、どのような悪い結果が起きるのか？」を深く考えたかあらためて自問しよう。

もう一つの落とし穴に話を移そう。ここでは、ある大学図書館の司書たちの例を見ていきたい。司書たちがいだいていた第1枠の改善目標は、大学の意思決定過程で隅に追いやられている状態から脱すること。教員や事務職員たちの決定に一方的に従うのではなく、大学行政の対等な参加者になりたいと望んでいたのだ。では、どのような行動を取っていたせいで、この目標の実現が妨げられていたのか？　司書たちは、大学運営の場に自分たちの代表を加えてほしいと強く主張していなかった。意見を表明する機会を与えられたときに、堂々と発言していなかった。また、自分たちにとって重要な問題に関して、自分たちの主張を事前に固めていなかった。このような態度を取るのは、どのような不安が原因だったのか？　司書たちは試行錯誤の末、本当の不安を掘り当てた。それは、「もっと発言権を得ると、非現実的なことを述べていると非難されたり、世間知らずだとばかにされたりするのではないか？　司書には図書館のことしかわからない、と言われるのが怖い」という不安だった。こうして不安の正体を突き止めることができた。しかし、彼らは免疫マップの三つの枠に強い説得力を感じられずにいた。第3枠に書き込んだ内容は「自分たちの得意分野の外に出たくない」だったが、不安の背後にひそむ本当の脅威を十分に描き出せていなかったのだ。その後、不安の中身をじっくり検討し、第3枠の記述を改訂していくにつれて、マップが迫力を増しはじめた。最終的に完成させた第3枠の内容は、以下のとおりだ。

- 非現実的なことを述べていると非難されたり、世間知らずだとばかにされたりしかねない行動を取りたくない。

● 学生や上司の前で恥をかきたくない。
● 大学運営の対等な参加者になるために必要な資質をもっていないと、思い知らされたくない。

免疫マップが強まった理由は、それまで見えていなかった不安の正体を明らかにできたことだけではない。目標に向けた歩みにブレーキをかけている自分たちの行動の実像をいっそうはっきりと描き出せたことも大きな意味をもった。要するに、自分たちがどのような脅威からみずからを守ろうとしているのかがわかり、さらには、自分たちの免疫システムが自己防衛のためのきわめて合理的で有効なメカニズムであることも見て取れるようになったのだ。

つまり、集団レベルの心理的・物理的安全を脅かすリスクや危険を確実に反映した不安を見つけ出せていると確認できれば、その不安を裏の目標にうまく言い換えられているかを点検するべきだ。第3枠の記載は、不安の恐ろしさをありありと描き出すものでなくてはならない。

以上の落とし穴を回避できれば、メンバーの「頭脳」と「ハート」の両方に強くはたらきかける免疫マップができあがっているはずだ。変革を妨げる一貫したシステムの全体像が理解でき、その構図に好奇心を感じているだろう。この段階まで来れば、あなたは次の問いの答えを知りたいにちがいない――「この状況を抜け出すにはどうすればいいのか?」。その答えを見いだすためには、次のステップに進まなくてはならない。

STEP 4

強力な固定観念を掘り起こす

いよいよ、診断から克服の段階に移行する。繰り返し指摘してきたように、目指すべきは、適応を要する課題に適応を通じて対処すること。改善目標を「よい問題」、つまり自分を変える問題に変えていく必要がある。しかし、実際には第2枠の行動を直接変えることで手っ取り早く状況を改善したいという誘惑に駆られる可能性が高い。適応を要する課題に技術的な手段で対処しようとするのだ。このやり方では、一時的には行動を変えられても、いずれまた元の行動に逆戻りしてしまう。

そうならないためには、免疫システムそのものを改めなくてはならない。第4章で紹介したコンサルティング会社の幹部の一人は合宿研修をおこなったとき、みんなが起立して変革を誓うというお決まりのパターンで終わらなくてほっとしたと述べた。このグループは長い間、「もっと協力し合う」という適応を要する課題に技術的方法で臨んでは失敗を繰り返していた。誠実に、そして危機感をもって取り組みさえすれば、課題の克服がうまくいくというものではない。目標への前進を妨げている自己防衛のメカニズムを変えてはじめて、変革はうまくいく。そのための活動に乗り出せば、メンバーが自発的に計画外の行動を次々と取り、やがて改善目標が達成される。さらには、もっと大きな成果も得られる場合が多い（この点は、第2部の各章で紹介した事例にあったとおりだ）。

このステップではまず、免疫機能をくつがえすための足がかりを得る活動をおこなう。最初に、一人ひとりが集団レベルの免疫マップの第4枠の内容を考える。壁に張ってある免疫マップの第3枠を見て、「こういう裏の目標をいだいている（厳密にはその目標に「支配されて」いる）とすれば、その根底にはどういう固定観念があるのだろう？」と自分に問いかける。

図11－2に示したのは、前出の大学図書館の司書グループの免疫マップである。

各自がしばらく考えたあと、全体で話し合いをおこない、お互いの意見を披露し合う。そして、みんなの考えを集約し、以下の条件を満たす内容を第4枠に記す。

●強力な固定観念はすべて、裏の目標の少なくとも一つを必然的に生み出すものでなくてはならない（大学図書館の司書たちの例で言うと、「一度でも間抜けなことを言えば、決定的な打撃をこうむる。挽回できる日は二度と来ないだろう」と確信していれば、「学生や上司の前で恥をかきたくない」という目標をいだくのが当然だろう）。そして、第4枠に記す要素全体を前提にすれば、第3枠に記した要素のすべてが必然的に生み出せるとみなせなくてはならない。第4枠の強力な固定観念が第3枠の裏の目標を生み出し、その裏の目標が第2枠の阻害行動を突き動かし、その阻害行動が第1枠の改善目標の実現を妨げている――という図式が明瞭に描ける必要がある。

●強力な固定観念は、あなたが足を踏み入れずにきた広い世界の存在に気づかせてくれるものでなくてはならない。それは、広い世界の入り口に立っている「キケン！　立ち入り禁止！」という標識のようなものであるべきだ。大学図書館の司書たちは、少なくとも理屈の上では、広い世界に踏み出して、大学全体の問題について体系的・総合的に考えようとして無力感を味わうことは可能だ。コンサルティング会社の幹部たちも、少なくとも理屈の上では、同僚にもっと頼れないわけではない。彼らは、理屈の上ではこういう行動を取れる。しかし、そのような行動を取るべきでないと、強力な固定観念が告げるのだ。警告サインがすべて正しく、それに従うのが全面的に正解である可能性がある半面、その固定観念がなんらかの形で歪んでいて、グループの生きる世界を極端に狭い場に限定している可能性もある。

この話し合いの際に重要なのは、さしあたりの目的が問題を解決することでもなければ、個々の固定観念の妥当性を議論することでもないと、全員が理解することだ。ほかのメンバーが挙げた

図11-2

大学図書館の司書たちの免疫マップ

1　改善目標	2　阻害行動	3　裏の目標	4　強力な固定観念
大学の意思決定過程で隅に追いやられている状態から脱すること。教員や事務職員たちの決定に一方的に従うのではなく、大学行政の対等な参加者になりたい。	大学運営の場に自分たちの代表を加えてほしいと、強く主張していない。 意見を表明する機会を与えられたときに、堂々と発言していない。 自分たちにとって重要な問題に関して、自分たちの主張を事前に固めていない。	非現実的なことを述べていると非難されたり、世間知らずだとばかにされたりしかねない行動を取りたくない。 学生や上司の前で恥をかきたくない。 大学運営の対等な参加者になるために必要な資質をもっていないと、思い知らされたくない。	大学の教員と事務職員たちは、私たちにきわめて高い水準を要求している。しかも、すぐにその期待にこたえなくてはならない。もしそれができなければ、私たちに対する評価は大幅に低下するだろう。けれど、私たちはおそらく、期待にこたえられない。 一度でも間抜けなことを言えば、決定的な打撃をこうむる。挽回できる日は二度と来ないだろう。 私たちには、最初からすべてのことに精通していることが求められている。少しずつ学んでいくことなど許されない。 いま自分たちが目標達成に必要な資質をもっていなければ、これからその資質をはぐくむことはできない。

固定観念のなかには、議論の余地なく正しい想定だと思えるものもあるだろう（「悪い結果が起きると思い込んでいるってどういうこと？　悪いことがぜったいに起きるのよ？」という具合だ）。あるいは、確実に間違いだと主張したいものもあるだろう（「理性的に考えれば、この考え方が間違っているという証拠がたくさんあります」）。あるいは、真偽のほどがはっきりしないものもあるだろう（「私のなかの一部は、それが正しい、あるいはおおむね正しいと思っている。けれど、私のなかの別の一部は、そこまで確信がもてない」）。

しかし、固定観念の妥当性を判断することは現時点での目的ではない。ここで目指すのは、これらの固定観念のすべてがつねに正しいという前提で自分たちがものを考えているという現実を知ることだ（ある想定がつねに正しいと決めつけることは、それが「強力な固定観念」である証拠だ）。第４枠が完成した段階でみずからに問うべきなのは、「これらの固定観念は本当に正しいのか？」という問いではない。以下の問いを検討しよう。

- その固定観念が原因で、自分たちが有効な行動を取れていないと感じているか？
- その固定観念から自由になれば、大きな違いが生まれると思うか？
- その固定観念を変えることが可能か試してみる価値があると感じているか？

これらの問いの答えがノーであれば、ここまでの診断作業がどんなに楽しかったとしても、活動はここで行き詰まる可能性が高い。診断の段階から克服の段階に移行しようという意志が集団レベルで欠如しているからだ。以上の問いにイエスと答えられないのは、現状をそれほど深刻だと思っていない証拠とみなせる。現状を変えなくても損失はさほど大きくないと思っているので、免疫機能をくつがえすことに切実な必要性を感じないのだ。ここであらためて自分たちの本気度を問い直し、第1枠に記した改善目標がどの程度重要だと思うのか確認しておこう。

しかし実際には、三つの問いに対して熱烈にイエスと答えるケースが大半だ。おそらくあなたたちは、第1枠の改善目標が重要だという思いをいだき続けていて、その目標の達成を妨害している思考様式の全容も見えてきているだろう。そうであれば、集団レベルの免疫機能をくつがえす準備を整えるための最終ステップに踏み出す意欲がわいているはずだ。

STEP 5

実験の準備をする

診断のプロセスは、強力な固定観念の妥当性を検証するための実験に向けた熱意をメンバーにいだかせて締めくくるのが望ましい。具体的には、強力な固定観念のいずれかに関してそういう実験(思考実験と実際の行動をともなう実験)を計画させればいい。まず、一人ひとりに考えさせ、そのあとでグループ全体で意見を出し合って議論するといいだろう。

第10章で個人レベルの実験について述べたように、最初におこなう実験は、「SMART」という五つのアルファベットで表現できる基準を満たしている必要がある。

- S——**安全**(Safe)であること。もし悪い結果になっても壊滅的な打撃を受けず、別の機会に次の実験をおこなえる可能性が残らなくてはならない。
- M——**ささやか**(Modest)であること。その実験は、「キケン」という標識の向こう側に少しだけ踏み込むものであるべきだ。標識の向こう側に一挙に大きく踏み込むのは避けたほうがいい。

● A——**実行可能**（Actionable）であること。変革の機運がしぼまないように、グループ全体、もしくはその代表者たちが早期に実験をおこなえる必要がある。

● R——**リサーチ**（Research）をおこなうという姿勢で臨むこと。行動を改善することを直接の目的とせず、あくまでも強力な固定観念に関するデータを得ることを目的に実験をおこなうべきだ。

● T——**テスト**（Test）として有効であること。行動を改善するための戦略として役に立つかどうかではなく、強力な固定観念を検証する実験として有益かどうかを基準に実験の妥当性を判断すべきだ。

すでに述べたように、第4章のコンサルティング会社の幹部たちは思考実験と実際の実験を計画した。まず、「起業家精神」という言葉がなにを意味するかについて、メンバーが意見を出し合った。すると浮き彫りになったのは、この言葉が社内でさまざまな意味で用いられているという現実だった。そこで、「起業家精神」の一つひとつの側面を検討していくことにした。協働志向の姿勢に転換した場合、そのなかのどの側面がどのように脅かされたり、足を引っ張られたりする恐れがあるかを分析したのだ。協働志向に変わることで、逆に促進される側面がないかも話し合った。

実際の行動をともなう実験としては、起業家精神に関わるプロジェクトを一〇件選んだ。試験的に、協働型のアプローチでそれらのプロジェクトに取り組むことにしたのだ。派閥の壁を壊して新しい連合体を築き、個人の目標を優先する姿勢が幅を利かせないようにしつつ、新しいビジネスを成功させることができるのか？——この点をテストすることがねらいだった。

実験を設計する際に注意すべき点をいくつか指摘しておきたい。第一に、再三述べているように、実験の目的は、強力な固定観念に関する情報の収集だということ。すぐに状況を改善するためではなく、自分たちの思考様式を詳しく知るために実験をおこなうという姿勢をグループに浸透させることは、実験の具体的な設計と同じくらい重要だ。第二に、自分たちが取った行動をよく振り返ることが非常に重要だということ。思考様式の変革と行動の変革のどちらが先かという議論は古くからある。思考様式を改めてはじめて、行動の変革を起こせるのか（内省重視の心理セラピストが好むアプローチだ）。それとも、行動を変えれば、おのずと思考様式も変わるのか（実践志向の強い人が好むアプローチだ）。すでに述べたように、私たちの考え方はこのいずれでもない。確かに思考は行動の母だが、ある種の行動を取ることによって思考様式が変わる場合もある。思考様式を変えるような行動とは、その思考様式に関する知性レベルと感情レベルの情報をもたらすことを目的に実行される行動だ。ひとことで言えば、それは事前の計画どおりに変革を推し進めることを目指す行動ではなく、自分の行動の結果を反芻して自己学習をおこなうことを前提とした行動である。

そこで、実験を終えたあとで結果をみんなで検討することが非常に重要となる。その際に自問すべきなのは、「この実験結果は、私たちの強力な固定観念に関してなにを物語っているのか？」という問いだ。「私たちは目標に向けて前進しているか？」という問いではない。一回の実験だけで、強力な固定観念が完全に間違いだと結論づけられて一件落着、となることはほとんどない。それでも、実験結果が固定観念になんらかの形で疑問を投げかければ（そういうケースは非常に多い）、少なくともさらに実験を重ねることへの弾みになる。「今回、ことごとく好ましい条件がそろっている状況下では、問題が起きなかった。では、Xという行動を取ったら、どうなるだろう？　あるいは、

Yという条件下でやった場合は？」と考えればいい。

　このような計画的実験は、変革に向けた最初の一歩を踏み出すための手立てという意味をもつ。実際の行動を通じてリサーチをおこなうことで、実践志向の強いグループが「学習する組織」に必要な思考・行動パターンを取り入れやすくなるという効果がある。ゆくゆくは、「またこのパターンだ。私たちはまた、この固定観念に基づいて行動しているぞ！」と気づき、きわめて有効な実験をおこないはじめるだろう。強力な固定観念が作用しているときにそれを察知する能力が高まれば、たいていはおのずと実験をおこなおうという気になるものだ。次のような問いがわき上がってくる。固定観念と逆の行動をわざと取ったら、どのような結果になるだろう？　そういう行動を安全におこなう方法はあるのだろうか？　それを一つの実験と位置づけるとすると、そこからどういうデータを得ることを目指せばいいのか？　私たちの立てた計画どおりに行動すれば、本当にそのデータが手に入るのか？

　私たちの経験から言うと、組織がほとんど解決不能に見える課題を解決するための最も強力な土台は、次の二種類の活動を統合することによって築かれる。一つは、グループ全体が、グループとしての改善目標を一つ選び、それを妨げている免疫システムの全容を描き出そうとする活動。もう一つは、メンバーの一人ひとりが、グループの改善目標と関わりのある個人レベルの改善目標を追求する活動だ。きわめて難しい課題に直面したグループは、延々と話し合うことに終始し、持続的な成果を生み出せない場合が多いが、そういう時間はもっと有効に活用できる。メンバーが個人レベルの免疫機能を克服するのを支援し、それと並行して、集団レベルの強力な固定観念がグループ全体の対話と行動のパターンにどのように根を張っているかを検討する機会を設けたら、どのような結果が生まれるだろう？　そういう活動をおこなえば、〝変革をはばむ免疫機能〟のアプローチは、個人の学習と組織の成功を一体化させるための強力な仕組みになるかもしれない。

第2部で紹介したさまざまな事例を振り返ればわかるように、あなたのグループがこの活動をやり遂げれば、得られる恩恵は第1枠の改善目標の達成だけにとどまらない。多くの場合、もっと大きな成果が得られる。適応を要する課題に適応を通じて取り組むことにより、知性を成長させられるのだ。すでに大人になっている人たちも知性を発達させられる。個人レベルと集団レベルで高度な能力を獲得し、それを人生のあらゆる場面で活用できるようになる。このような取り組みがあなたのグループにとって有益だと思えば、ぜひ実際に試してみてほしい。あなたの挑戦に、私たちは声援を送りたい。その活動の結果、どんな発見があったか知らせてもらうことを楽しみにしている。

終章　成長を促すリーダーシップ

世界で最も垂涎の的のチケットと言えば、毎年一月の世界経済フォーラム年次総会（ダボス会議）のものだろう。四日間にわたり、スイスのアルプス地方の小さな町ダボスに二〇〇〇人ほどの世界の頭脳が集結する。ここで、世界を代表する企業経営者、政府首脳、大学教授、評論家、知識人たちが世界のさまざまな問題について話し合う。

私たちも数年前に招かれたことがある。とても楽しいイベントだ。なにしろ、息つく間もなく刺激を味わい続けることができ、普段は新聞やテレビでしかお目にかかれないような人たちと一緒に世界の力学について短期集中セミナーを受けられるのだ。数々の講演やシンポジウムや、さまざまな華やかなイベントが開催される。しかし、話し合われる話題は一つに集約できる。そのテーマとは、変化だ。「世界は変わりつつある。ビジネスも変わろうとしている。あなた自身も変わったほうがいい」というわけだ。朝、昼、晩と、大小さまざまなシンポジウムや討論会、食事会、そして移動のバスの中で、誰もが変化を話題にする。

しかし、世界の頭脳が集まっているにもかかわらず――いや、それだからこそと言うべきかもしれないが――人間の「首から下」に関心が払われることはほとんどない。感情、不安、やる気など、「変わりたくない」という決意を強めさせる要因については、あまり話し合われていない。ダボスで四日間過ごしても、「なぜ、変わることが難しいのか？」「変わるためには、どうすればいいのか？」について意見交換する場には一度も遭遇しない可能性もある。

この本で私たちは、これまでの研究と実践の成果を紹介し、個人と集団の変革を妨げる主だった障害と、その障害を克服する方法を実践的に解説してきた。これからの時代にそれぞれの分野で最も成功を収めるのは、〝変革をはばむ免疫機能〟をくつがえす方法を身につけたリーダーと組織だろう。そのようなリーダーが率いる組織は、自分たちの目標を達成することを通じてその分野の新しい標準をつくり上げていく。そういう組織はライバルから尊敬を集め、メンバーの忠誠心と熱意もひときわ強まるだろう。

リーダーはどのように道を示すべきか？

あなたの組織で人材が絶え間なく成長していくようにするためには、どうすればいいのか？　本書で論じてきたような変革を――自分の才能を開花させるために必要な自己変革を――成し遂げるメンバーを増やすためには、どうすればいいのか？

本当の変化と成長を促したければ、リーダー個人の姿勢と組織文化が発達志向である必要がある。ひとことで言えば、「大人でも知性を発達させられる」と期待しているというメッセージをメンバーに向けて発信すべきだ。「私たちは誰でも成長し続けられる」「（組織として、部署として、チームとしての）目標を達成するためには、一人ひとりが成長を続ける必要がある」「仕事に対して最大限のやる気と喜びを感じるために、一人ひとりが成長を続けなくてはならない」……という具合に。

本当の発達志向の姿勢とはどういうものなのか？　それは以下の七つの要素を満たしているべきだと、私たちは考えている。

① 人間が思春期以降も成長できるという前提に立つ。人は大人になってからも成長し続けるべきだと考える。

② 技術的な学習課題と適応を要する学習課題の違いを理解する。

③ 誰もが成長への欲求を内面にいだいていることを認識し、その欲求をはぐくむ。

④ 思考様式を変えるには時間がかかり、変化がいつも均一なペースで進むとは限らないことを理解する。

⑤ 思考様式が思考と感情の両方を形づくることを理解し、思考様式を変えるためには「頭脳」と「ハート」の両方にはたらきかける必要があると認識する。

⑥ 思考様式と行動のいずれか一方を変えるだけでは変革を実現できないと理解する。思考様式の変革が行動の変革を促進し、行動の変革が思考様式の変革を促進するのだと認識する。

⑦ 思考様式の変革にはリスクがついて回ると理解し、メンバーがそういう行動に乗り出せるように安全な場を用意する。

以下、この七つの点について詳しく述べていく。それを読みながら、自分自身とチームや組織の現状を検討してみよう。ただし、マルかバツかで回答するチェックリストのようには考えないでほしい。この七項目は、達成・未達成の二者択一でとらえるものというより、達成の度合いを問うものだからだ。達成度を確認し、一歩前進するためにどうすべきかを考えよう。あなたの現状はどうなっているのか？　次のステップに進むのはどのくらい難しいのか？　真っ先に取るべきなのはどういう行動なのか？

① 大人になっても成長できるという前提に立つ

知性を発達させられるのは若いうちだけだという前提に立てば、学校教育は大人への準備、言ってみれば仕事の世界へ飛び出すための発射台と位置づけられる。しかし、これからの時代に成功を収めるためには、学校教育が大人への準備として重要な役割を果たすことを認めつつも、大人になってから知性を発達させ続けることも同じくらい重要だと理解すべきだ。

しかし、官民のほとんどの組織では、職業上の能力開発がそのような発想になっていない。しかも、多くのリーダーはこの問題を理解していない。「成長」や「学習」といった言葉こそ用いられるが、能力開発プログラムではたいてい個人の変容ではなく、知識の伝達に主眼が置かれる。この種のプログラムが目的とするのは、学習者が自分の知能に新しい要素を「追加」することであって、知性を変容させることではない。しかしコンピュータにたとえれば、この方法では、ＯＳ（オペレーティングシステム）に新しいファイルやソフトウェアを追加することはできても、ＯＳそのものをアップグレードすることはできない。

個人の変容を目的とする能力開発プログラムを取り入れると、従来型の組織学習が古臭く見えてくる。従来の一般的な組織学習の形態と言えば、正式な研修プログラムに、幹部養成のためのセミナー、企業内大学、そして業務を離れて散発的に実施される職業能力開発のための講習会。これらは、子どものための学校教育の形態と機能を無意識に応用したものと言える。しかし、大人の学習は「将来の旅に向けた準備」ではなく、あくまでも「旅のプロセスそのもの」なのだ。

とはいえ、従来型の能力開発が消滅するとは私たちも思っていないし、消滅すべきだとも思わない。この種の方法論は、情報伝達を目的とする研修には打ってつけだからだ。働き手が新しいスキルを身につけ、技術的課題に立ち向かうのを助けるためには、非常に大きな効果を発揮する。しかし、この一つのアプローチであらゆる学習ニーズにこたえようとするのは時代遅れになるだろう。

現在、あなたの組織で採用されている学習形態の背後には、どのような暗黙の発想があるのか？　スキルのレパートリーを増やそうという発想か？　それとも、基本的な思考様式そのものの変容をも目指す発想か？

②　適切な学習方法を採用する

いま多くの組織で採用されている能力開発の方法論は、適応を要する課題に対処することに適しているとは言えない。適応をともなう学習を推し進める仕組みになっていないからだ。リーダーが犯す最も大きな過ち、そして最も頻繁に犯す過ちは、適応を要する課題を解決しようとするときに技術的手段を用いてしまうこと――そんなロナルド・ハイフェッツの指摘を本書の冒頭で紹介した。将来、組織内の学習担当者たちが昔を振り返り、職場学習のニーズに対して自分たちが昔取っていた態度について同様の感想をいだく日が来るだろうと、私たちは思っている。「私たちは以前、適応をともなう学習を実現したいのに、技術的な学習の仕組みを用いていた」と。

実際、ある企業内大学の責任者を務めている人物は私たちにこう述べている。「現場のマネジャーが私たちのところに部下を送り込むときに期待するのは、その部下が現在できないことをできるようになることです。ほとんどの場合、その期待にこたえるためには、個人の変容をともなう学習を推し進める場が用意されていなくてはならない。ところが実際には、そうはなっていません。そのような場として設計されている企業内大学なんて、あるのでしょうか?」

企業や公共機関、非営利組織のリーダーたちは、部下にどのような学習を求めているのか? スイスのある金融サービス企業の一事業部門でCEOを務める人物はこう述べた。「世界は変化しています。営業担当者たちには、仕事の中身を文字どおりゼロから考え直してほしい。これまで二〇年にわたり顧客の資産運用をおこなってきた人たちは、金融商品の知識やさまざまな数字に通じていて、分析と予測ならお手の物です。でも、これからは人と接し、人の感情を知る力を磨く必要があります。顧客との会話では、その人の人生について語らなくてはならない。その人は誰を愛していて、なにを最も大切にしているのか? そういう優先順位に基づいて、どのように資産を運用したいのか? こういった会話をおこなうのは、これまでの営業活動とはまるで違う仕事です」

オハイオ州シンシナティのある学区の教育委員長も同様のことを述べている。「世界は変わり続けています。校長たちには、職務内容について考え方を全面的に変えてもらわなくてはなりません。彼らはこれまで、いわば優秀な工場長のように職務を遂行してきました。校内のさまざまな活動の調整をおこない、安全で効率のいい場をつくり上げてきた。けれども、いまは教育の質を改善していく活動の先頭に立つことが求められています。教育の現場である教室にもっと密着し、教員たちがどういう指導をおこなっているかを観察しなくてはならない。そして、子どもたちの学習を支援するために、教員たちになにを要求すべきかを見いださなくてはなりません。職務内容が一変したのです」

こうした学習上のニーズに、組織は現在おおむねどのように対応しているのか？　いま金融サービス企業の営業担当者たちは、最先端の方法論を導入した企業内大学で研修を受けているかもしれない。シンシナティの校長たちは、世界有数の一流大学で夏季集中セミナーを受講し、その後もウェブセミナーに参加したり、学校を訪ねてきた教授たちから指導を受けたりしているかもしれない。

いずれも現状では最善の取り組みと言えるだろう。リーダーが意識的に、そして精力的に研修を計画し、莫大な資金と時間と労力を投資している。スタッフも熱心に、そして真剣に研修に取り組んでいる。しかし、こうした活動が期待どおりの成果をあげる可能性は小さい。問題の原因は、子ども向けに開発された学習方法論が大人にも有効だと無意識に決めつけていることにある。

この種の研修の参加者は、自分が「教室」にいるという感覚を強くいだく。同じ部屋にいるのは、一時的に人工的に集められただけの面々だ。共通の目的もいだいていなければ、お互いに対する責任もない。一緒に過ごすのは、あらかじめ決められた短い期間だけ。それが終われば、二度と顔を合わせないケースも少なくない。リーダーたちは、学習効果の移転、つまり部下が教室で学んだことを職場で活用することを期待しているが、それがうまくいくケースはほとんどない。

教室型研修の設計者や講師は、人が行動を変えるために必要な学習をおこなう機会をあまり提供しようとしない。初対面の人たちが集まっている教室は、参加者の行動を制約している思考様式を掘り下げて検討する場に適さないと思うのかもしれない。あるいは、個人ごとにカスタマイズしたカリキュラムを組むことに居心地の悪さを感じるのだろうか。

しかしこれからの時代、組織学習で成果をあげるためには、「コース主導型」ではなく「結果主導型」のアプローチで大人の発達に臨む必要がある（二つのアプローチの違いをまとめたのが**図C－1**だ）。

前述の「移転」の難しさを乗り越えることはそもそも不可能だという認識のもと、いわば「移転済み」の状態で出発すべきなのだ。具体的に言うと、実際に職場で活動しているグループ単位でプログラムをおこなえばいい。この方式であれば、プログラムの参加者たちは共通の目的や使命をもっており、それを学習と密接に結びつけることが可能になる。メンバーはいつも一緒に現実の試練に立ち向かっているので、自分のためにも仲間の自己改善を歓迎し、仲間が成果をあげればそれを称賛する。

　では、未来の組織学習の世界で、金融サービス会社の営業担当者や学校の校長たちはどのような経験をするようになるのか？　いつも顔を合わせているメンバーが力を合わせ、目標の達成に向けて組織を牽引できるようになるだろう。ほとんどの時間は従来どおり目の前の業務に専念して過ごすが、これまでよりはるかに大きな成果をあげられるようになる。なぜ、そんなことが起きるのか？

　それは、そのチームが強力な第二の回路を確立

図C-1

教室での学習から職場グループ単位の学習へ――組織学習を促進する仕組み

	コース主導型		結果主導型
1	人工的なグループ（教室のクラス）単位	+	実際の仕事上のグループ単位
2	業務から離れておこなう	+	業務のなかに組み込んでおこなう
3	限られた期間内でおこなう	+	期間を限定しない
4	学習者の意向を間接的に反映	+	学習者の意向を直接的に反映
5	情報を伝達するため（技術的）	+	変革をおこなうため（適応的）
6	学習成果の職場への移転を目指す	+	職場への「移転済み」の状態で始める
7	チームのリーダーのためにおこなう	+	チームのリーダーと一緒に教える
8	講師と受講生の間に明確な線引き	+	講師と受講生の線引きがあいまい（専門の講師以外が教えるケースもある）
9	企業戦略全般との結びつきが弱い	+	企業戦略全般との結びつきが強い
10	将来おこなう活動の準備	+	現在実行中の活動の支援

し、定期的に、あるいは必要に応じて随時、業務遂行モードから学習モードに転換できるからだ。そのようなチームのメンバーは自分自身とほかのメンバーがどういう免疫システムをいだいているかを知っていて、グループ全体がどういう免疫システムをいだいているせいで目標に向けた前進が妨げられているのかも理解している。学習モードに入ったグループでは、個人が学習のために実験をしたり、ほかの場でおこなった実験の結果を報告したりする。そうやって、飛行機を飛ばしながら改造するような能力をはぐくんでいく。これは適応を要する課題に対処することにほかならない。

このようなグループは快適とは限らない。リスクを背負って行動する勇気が要求されるからだ。それに、新しいものごとを学ぶと、恐怖がこみ上げてくるときもある。それでも、昔のやり方に戻りたいと言う人はほとんどいない。最初の段階で新しいアプローチに最も懐疑的だったり抵抗的だったりした人たちも例外ではない。自分をたえず成長させていくきっかけを与えてくれる学習の機会は、それくらい貴重なものなのだ。私たちはそういう環境に身を置くと、自分が生き生きして感じられ、組織をつくり変える過程を通じて自分自身をもつくり変えていく。

組織学習を基本的に業務と完全に切り離されたものとみなしている組織と、組織学習を日々の業務遂行の一部に組み込んでいる組織がある。あなたの職場は、この二つのパターンの間のどこに位置しているだろう?

③ 誰もが内に秘めている成長への欲求をはぐくむ

あなたの組織とその組織文化は、どのような要素を継続的な優先事項と位置づけているだろうか? サンフランシスコのゴールデンゲート・ブリッジは、たえずペンキの塗り直しをおこなっているという。塗り直しが終わった翌日に、また新しい塗り直し作業が始まる。サンフランシスコ市政府は、市のシンボルである橋をつねに美しく輝かせ続けておくことを重んじているのだ。あなたの組織とリーダーたちは、どういう要素に継続的に目を光らせているだろう？

皮肉なことに、品質向上を強く意識し、事業活動とシステムの質をたえず高めていくことを目指している組織でさえ、スタッフの能力を絶え間なく向上させていくことに関心を払っていないケースがほとんどだ。システム全体に関わる変革はたいてい適応を要する課題なので、組織構造や仕事の手順を設計し直すだけではうまくいかない。制度や手順の変革の効果を長続きさせるためには、そこで働く人たちそのものを変容させる必要がある。戦略コンサルタントが素晴らしいアドバイスをおこなうコンサルティング会社によるコンサルティングがあまり成果を生まないのはそのためだ。コンサルタントが素晴らしいアドバイスをおこない、顧客がその助言を高く評価して助言どおりに行動しようとしても、ほとんど変化が起きない場合がきわめて多い。

大半の組織は、メンバーの能力開発を「ときおり実行すれば十分に成し遂げられる課題」という程度にしか考えていない。それを自分たちの組織にとってのゴールデンゲート・ブリッジとはみなしていないのである。スタッフを研修に「送り出す」というのがそういう組織の発想だ。本章で例に挙げている金融サービス会社や教育委員会がそうだったように、スタッフを企業内大学や幹部養成プログラム、リーダー養成プログラムに「派遣」するという意識がある。そこに見え隠れするのは、研修のために仕事を休ませてやるという考え方だ。

私たちの経験から言うと、ほとんどの組織がこのパターンに陥っている。違いは、どのくらいの期間、職場を離れることを認めるかという点だけだ。学校の校長たちは、夏休みに大学で二週間の研修に参加する。一方、企業のＣＥＯたちは、せいぜい二、三日しか職場を離れたがらないだろう。しかし、それは大きな違いではない。基本的な発想は同じだ——ときおり、少しの間だけ仕事を離れ、質の高い学習コンテンツに触れて「充電」し、エネルギー満タンで職場に戻ってくる、という考え方をしている。別のある制度とよく似ていることにお気づきだろうか？　そう、これは休暇とほぼ同じ位置づけなのだ！　大人になってからも人間の知性が発達する可能性があることは、専門家の間ではいまや常識だ。それなのに、組織で人々の変容を促すために用いられている最も一般的なアプローチがときおりの「休息と充電」だとは！

では、その対極にあるアプローチで能力開発に取り組めば、あなたの組織やリーダーはどう変わるのか？　以下のようになるだろう。

● 私たちがあなたの職場を訪ねて何人かの社員を無作為に選び、「あなたが個人として改善に努めている最も重要なテーマはなんですか？」と尋ねると、誰もが答えられる。

● 新入社員に始まり創業者にいたるまで、地位や社歴に関係なく、全員が個人レベルの学習のために「よい問題」に取り組んでいる。「よい問題」とは、その問題を解くこと自体が目的というより、それを通じて自分が成長できるような問題のことだ。課題を成し遂げようとする過程で、おのずと自分が成長していくのである。その課題には、なんらかの新しい技術を習得するだけでは対応できないからだ。

● そのように成長を続けていく機会を継続的に確保するためにどうすればいいか、全員が理解している。

●自分の目標を知っていて、応援してくれている同僚の名前を、誰もが少なくとも一人は挙げられる。

●その自己変革を成し遂げることが自分にとってどうして重要なのかを、全員が説明できる。それが組織だけでなく、自分個人にも恩恵をもたらすことをはっきり認識している。

組織のニーズと個人のニーズが最もうまく両立するのは、職場で個人が成長し続けるときだ。組織がそこで働く人たちになんらかの恩恵を提供しようとする場合、彼らが能力をたえず向上させ、自己と世界に対する理解を深め、幅広い領域でこれまでより効果的に行動できるように支援することが最もよい投資方法だ。これらの課題を成し遂げたいというのは、人間の根源的な渇望でもあるからだ。その点、〝変革をはばむ免疫機能〟の診断・克服をおこなわせれば、彼らは自分を成長させる「よい問題」に取り組める。

あなたの組織で働く人たちはみな、自分を成長させる「よい問題」に取り組んでいるか？

④ 本当の変革には時間がかかることを覚悟する

きっぱり言っておこう。人が変わるには時間がかかる。ファストフードチェーンのドライブスルー・コーナーのように、手っ取り早く大人が知的に成長することはできない。一夜で大人の知性を向上させると約束する人がいれば、眉に唾をつけて話を聞いたほうがいい。では、この項で自己点検のためにみずからに問いかけるべき問いはどういうものか？　どのくらい待つ覚悟があるか？　いや、そうではない。

私たちの経験から言うと、「どうして、そんなに早く成果を得たがるのか？」と自問したほうが効果的だ。ほとんどの人は「時間がないんですよ！」と答える。率直に言って、こう答えた人は現実を正しく認識できていない。あなたはおそらく、職場での業務から切り離された短期セミナーなど、従来型の研修をたびたび受けてきたことだろう。その種の活動にあなたが注ぎ込んできた総時間数は、免疫機能を克服することを目指す数カ月間の活動を一回実施するために要する時間よりはるかに多いはずだ。つまり、時間がないわけではない。

それにしても、どうして変革には時間がかかるのか？　人間を機械のように設計するのではなく、植物を栽培するように育てていかなくてはならないからだ。照明のスイッチをつけるように、一瞬にして変革を成し遂げることはできない。求められるのは、知性を高めること。精神的に成熟させること。それまでものごとを見ていたレンズと距離を置き、そのレンズ自体を客観的に見られるようにすること。本書でたびたび用いてきた表現を用いれば、「主体」から「客体」に移行させること。あなたは、組織でおこなうほかの活動にはある程度時間をかける覚悟があるはずだ。それなのにどうして、この課題だけは一夜で成果をあげようと思うのか？

あなたはこう反論するかもしれない。「あの部下はもっと自分の直感を信じ、他人の意見を気にしすぎないほうがいい。そのことは自明の理です。一時間あれば、本人と面談してそれを理解させられるはずです。私にそれができないとしても、社内の誰かがうまく説明できるはずです！」。なるほど、あなたが立っている知的レベルの台地の上からは「自明」に見えるかもしれない。しかし、その部下が環境順応型知性の台地の上に立っていれば、それが「自明」には見えないのだ。

忍耐心がない人は発達志向の思考様式をいだけない、と言いたいわけではない。真理はその逆だ。発達志向の思考様式をいだくと、忍耐心が強まってくるのだ。せっかちになるのは、速く前に進むことが可能だと思うからだ。大人の知性の発達には時間がかかると理解している人は、すぐに結果が出なくても心配はいらないと思える。チューリップのつぼみがいずれきれいな花になり、イモムシがやがて美しいチョウになって空をはばたくと知っていれば、目の前のつぼみやイモムシにいらだちを感じることはない。

もっとも、発達志向に転換すると言っても、成長をただ見守るだけではない。メンバーの知性の発達を促すために、リーダーが取るべき大切な行動がある。つぼみを力ずくで開花させたり、イモムシを特訓してすぐに空を飛ばせたりすることはできないが、チューリップを豊かな土壌に植え、イモムシにみずみずしい葉っぱを与えることはできる。あなたが組織のメンバーに用意できる栄養は、本書でたびたび言及してきた「よい問題」だ。免疫マップが浮き彫りにする内面のせめぎ合いと、その根っこにある強力な固定観念を主体的に検討することにより、メンバーの思考パターンの変容が促される。

あなたは組織のメンバーの知性の発達に関して、目指している目標に見合った所要時間を覚悟しているか？

⑤ 感情が重要な役割を担っていることを認識する

人間の感情が職場に大きな影響を及ぼすことは、誰もが知っている。リーダーたちも、感情の世界を知らないわけではないだろう。しかし彼らはえてして、このきわめて強力な要素にどのように継続的・建設的に関わればいいのか途方にくれている。その結果、感情の要素に気づかないふりをしたり、放っておけば自然にうまくいくと信じ込もうとしたり、感情に関わる活動を特定の部署や時間に押し込めたりしてしまう（「人事部やコーチがうまくやってくれるだろう」「合宿研修を企画して専門家を呼ぼう」といった発想だ）。

それも無理はない。なにしろ、実践可能なモデルを誰も示してくれていないのだから。心理セラピー的なアプローチが有効そうに見えたとしても、あなたは心理セラピストではないだろうし、そうなりたいとも思っていないだろう。そもそも、そういう手法がどの程度有効なのか確信がもてないだろう。それでも心配はいらない。発達志向の思考様式にのっとってメンバーを変容させると言っても、あなたの組織を合宿型研修施設に変貌させる必要はないし、リーダーであるあなたが心理セラピストのようになる必要もない。

では、どうすればいいのか？　重要なのは、「効果（＝effectiveness）」と「効率（＝efficiency）」を取り違えないことだ。この分野に限った話ではないが、効率を追求するあまり効果を犠牲にしてはならないと肝に銘じたほうがいい。人々の既存の思考パターンの限界を押し広げるような学習プロセスを採用すれば手間と時間がかかるが、そういう学習を実践しなければ人々の行動を大きく変えることはできない。人は職場でもつねに血の通った人間であり続ける。だから、職場で人間の感情にはたらきかける方法を見いださないかぎり、重要なゴールには到達できない。本書で紹介してきたリーダーたちはそのことを理解していた。職場で公的な要素と私的な要素をはっきり区別しようという発想は、現実離れしていて生産的でない。

本書の序盤で取り上げたピーターとハリーを思い出してほしい。この二人が〝変革をはばむ免疫機能〟の診断・克服のアプローチに関して有益だと感じた点は、私的な感情を仕事の世界に持ち込むための共通の言語、共通の枠組みを得られたことだった。そのおかげで、組織と個人の両方にとって有意義な個人レベルの改善目標を明らかにし、その目標を達成するプロセスに私的な感情を密接に結びつけることが可能になったからだ。

あなたの組織では、人々の重要な感情をテーブルの上に載せられているだろうか？　それとも、感情はテーブルの下に隠されたままだろうか？　感情が表面に引き出されている場合は、その感情が個人レベルと集団レベルの学習を促進しているだろうか？　あるいは、学習の妨げになっているだろうか？

⑥　考え方と行動のどちらも変えるべきだと理解する

別の章でも述べたように、自己変革を論じる人たちの間では、昔から一つの大きな意見対立がある。自己変革を実現するためには、まず徹底した内省をおこない、その結果として行動が変わることを期待するべきなのか？　それとも、まず行動をできるだけ改めるように努めて、新しい行動を通じて新しい経験をする結果として、内面の思考が変わることを期待するべきなのか？　心理学の分野では、前者は洞察指向のアプローチ、後者は行動変容指向のアプローチと呼ばれる。

どちらのアプローチが正しいのか？　どちらも間違っていると私たちが考えていることは、すでに述べたとおりだ。XかYかという二者択一的な発想そのものが正しくない。そういう発想を乗り越えて二つのアプローチを一体化させれば、両者の単なる総和以上の効果を生み出せる。

私たちの経験に照らして言うと、ただ自己内省を極めるだけでは、免疫マップが描き出した思考様式を抜け出せない。しかしその半面、いきなり行動を変えようと決意しても、免疫マップの第2枠に記された行動は改められない。必要なのは、「プラクシス（実践）」と呼ばれるタイプの活動だ。個人や組織がいだいている思考様式を改めることが可能かどうかを調べるために取る行動を計画し、それを実行に移すべきなのだ。

第2部で見たように、私たちが変革の手伝いをしたリーダーたちは、思考様式を改めるための行動の変更と、行動を恒久的に改めるための思考様式の変更の両方を並行して推し進めることによってメンバーを変えていった。

ほとんどの人は、目的を明確に意識したうえで、体系的、継続的、主体的に内省を実践したことが一度もない。内省することが好きだと思っている人でさえ、そういう場合が多い。一般におこなわれている「内省」とは概して、単に時間を取ってものを考えるだけだったり、いくつかの設問に答える形で過去の経験を振り返るだけだったりする。あなたの場合はどうだろう?

⑦ メンバーにとって安全な場を用意する

大人の知性の発達という新しいフロンティアに、子どもの知性の発達についての一世紀以上にわたる研究成果の多くがまだ輸入されていない。子どもの知性の発達に関する重要な発見の一つは、知性を発達させたければ試練と支援の組み合わせが欠かせないというものだ。ここで言う試練とは、いまいだいている世界認識の限界を思い知らされるような「よい問題」を突きつけられること。支援とは、それまで思っていたほど自分自身と世界のことを知っているわけではなかったと気づいて不安がこみ上げてきたとき、それに押しつぶされないように支えてもらえること。この二つの要素は、子どもが成長するために必要なだけでなく、大人が成長するためにも不可欠なものだ。

〝変革をはばむ免疫機能〟の診断・克服プロセスは、未達成の目標を「よい問題」に転換し、自己変革のために必要な学習を促す機会と言える。しかし、試練だけを持ち込んで、試練と向き合うときに感じる不安をやわらげてあげることをおこたれば、変革の取り組みは期待はずれに終わるだろう。

一連の活動を一対一のコーチングにより実施し、本人のプライバシーを完全に守っている場合でも、頭に入れておくべきことがある。それは、いまメンバーが取り組んでいる活動がいずれ実を結ぶとしても、そこにいたる過程では失敗を避けて通れないということだ。たとえば、部下がそれまでの能力の限界を越えて、安心で快適な領域の外に出て行こうとしているとしよう。あなたはその部下の現状の仕事ぶりに満足しておらず、「アルバートは、しょせんアルバートだ。変われるわけがない」と思っているかもしれない。実際、部下の新しい行動はまだぎこちないだろう。しかし、あなたが無理だと思っていた変革に向けて、彼が最初の一歩を踏み出したことも事実だ。表彰に値するような際立った変化はまだ起きていないかもしれないが、上司が進歩に目をとめて評価するという形で支援する価値はある。というより、部下が変革に成功するためには、そういう支援がおそらく欠かせない。

変革に乗り出したばかりの部下が取る行動は未熟に見えるだろうが、その行動は勇気の産物だ。それまでずっとうまく機能してきた不安管理システムを弱めるような行動を取るには、勇気がいる。あなたは彼が「いつものアルバート」から変身しつつあることに落ち着かない気持ちをいだいているかもしれないが、本人はあなたの何倍も大きな不安を感じている。「そこに足を踏み入れるな!」と、強力な固定観念に命じられ続けていた場所に入っていこうとしているのだから。部下が不安に屈せずに自己変革の旅を続けるためには、上司であるあなたの理解が必要だ。

免疫機能の克服にチーム単位で取り組み、メンバーが自分の免疫マップを披露し合う場合はほぼ確実に、メンバーがいだく安心感と相互の信頼感を高めるために意図的に手を打つ必要がある。別に難しいことではない。そういう措置が必要だと認識しさえすれば、あとはおのずとうまくいく。

ピーター率いる幹部チームが最初に活動を始めたとき、懐疑的なメンバーの一人が勇気を奮って発言した。その言葉はほかの何人かのメンバーの考えも代弁していた。「私は長年、会社員生活を送ってきました。その経験上、この活動には不安を感じます。他人に弱みを見せるのは、相手に銃弾を与えるようなもの。みんなの関係が良好なうちは問題ないかもしれない。でも、誰かがいつかその弾を銃に装塡して、背後から撃たない保証はありません」

ピーターは、この人物が勇気を奮い起こして発言してくれたことに心からの感謝を述べ、この活動にリスクがともなうことを認めた。自分がどのように行動し、なにを言ったところで、そのリスクをゼロにはできないと、正直に述べた。ただしその一方で、この会社がそれまでに成し遂げた大きな業績はことごとく、なんらかのリスクをともなう行動の結果だったことを一同に思い出させることも忘れなかった。しかし、なによりも大きな意味をもったのは、ピーターに促されてチームのメンバーが一つの規範を築き上げていったことだ。ほかのメンバーの「一つの大きなこと（ワン・ビッグ・シング）」を攻撃材料に用いたり、他人の欠点を見くだしたりすることは、チームの神聖なルールに照らして許されないという共通認識を確立したのだ。一年後にピーターが語ったところによれば、一連の活動を最も熱心に推し進めたのは、最初に懸念を口にした勇気あるメンバーだったという。

ハリー率いる幹部チームの場合はどうだったか？　安全な場をつくり出すために、どのような行動が意図的に取られたのか？　このチームにとっての問題は、お互いの弱点に関する情報をほかのメンバーがどう扱うかという点ではなかった。メンバーが心配していたのは、自分の個人評価だった。この活動で明らかにされた個人情報が正式に記録されるかどうかをメンバーは気にしていた。官庁に長く勤めている職員は、長官がいずれ交代することをよく知っている。現在の長官が個人の私的・職業的成長に関してどのような評価を書面で示したところで、次に長官職に就く人物がそれを同じように評価する保証はない。いま腹を割って話すのはけっこうだが、それが先々、自分にとって不利な材料になる危険はつねにある。

この問題が浮上すると、ハリーはすぐに、明確なルールが必要だと気づいた。そこで、新しいルールをつくり、それを守り通すことによって、活動の安全性を高めた。そのルールとは、話し合いの過程でどのような内容が語られたとしても（たとえそれが個人評価に影響を及ぼしかねない内容だったとしても）個人の正式な記録に記すことはしない、というものだった。

試練と支援——この二つはセットで取り入れることが必要だ。あなたは、チームの全員が不安を感じずに試練に向き合うために、どの面でもっと安全性を高めるべきかわかっているだろうか？

以上が発達志向のリーダーが取るべき七つの行動だ。あまりに手ごわい課題だと感じた人もいるだろう。そこで最後の助言を贈ろう。私たちの経験上、リーダーがこの七つの行動を取れるようになるための最善の道は、自分自身の〝変革をはばむ免疫機能〟の克服に取り組み続けることだ。自己変革の旅がどういうものかを実体験として知っていて、それを体感している人物こそ、ほかの人たちが安全に潜在能力を開花させるよう導けるからだ。

＊　＊　＊

私たちは、ある確信とある目的をもってこの本を書いた。

その確信とは、人間は何歳になっても成長できるというものだ。あなたが何歳であろうと、あなたの成長の物語は、そしてあなたのまわりの人たちの成長の物語は終わらない。

一方、私たちの目的とは、あなたが自分自身とまわりの人たちの潜在能力を開花させるための助けになるように、新しい理論と実践的方法論を授けることだった。

〝変革をはばむ免疫機能〟の克服に乗り出すときは、次の言葉を思い出してほしい。この本の準備のために最後に会ったとき、ピーターが私たちに語った言葉だ。「リーダーたちに話すときは、ぜひこう伝えてください。勇気を奮ってこのような変革に乗り出せば、まわりの人たちにエネルギーを注ぎ込めます。そして、リーダーの勇気は伝染していきます。私は、幹部チーム内外の人たちの態度が変わるのを目の当たりにしてきました。『個人的なことまで踏み込みすぎだ！』と言っていた人が、『私もぜひそれをやってみたい！』と言うようになるのです」

あなたが勇気を奮ってジャンプすることを、そして無事に地面に降り立つことを、私たちは心から願っている。

刊行によせて

これは、文字どおり私たちのこれまでの研究者人生すべてを費やして書いた本だ。発行前に目を通した人たちは、職場で個人とグループに目覚ましい変化を生み出すための、効果が実証済みの斬新なアプローチだと評価してくれている。

本書で紹介する理論と方法論は、これまでにさまざまな組織で実践され、確実に成果をあげてきた。ヨーロッパの国営鉄道会社、国際的な金融サービス会社、アメリカ屈指のテクノロジー企業、アメリカのある州の児童福祉機関、アメリカの複数の教育委員会、世界有数の戦略コンサルティング会社、アメリカで最も急速に勢力を拡大しつつある労働組合などさまざまだ。

ここまでの道のりはまっすぐではなかった。私たちはいまでこそ、人が「本当に望んでいること」と「実際にやり遂げられること」のギャップを埋める方法論についての専門家と呼ばれているが、最初からそれが研究テーマだったわけではない。二五年前の私たちでは、前述のような組織にとってほとんど役に立てなかっただろう。当時、研究者生涯を捧げるに値するテーマに挑んでいる自覚はすでにあったが、さまざまな国のさまざまな組織のリーダーたちの力になれるとは思っていなかったし、それを目指してもいなかった。

私たちはもともと、心理学者として大人の知性の発達を研究していた。キーガンが新しい理論を切り開き、レイヒーが理論を検証し磨き上げるための調査・評価方法の開発に取り組んできた。それを通じて、私たちは一九八〇年代にきわめて興味深い発見に到達した。

その発見とは、思春期以降も人の知性が発達する余地があるというものだ。思春期を過ぎると、身長がほとんど伸びないように、知性も成長しないというのが科学界の常識だったが、私たちが調査した人のなかには、大人になってから世界認識の仕方をレベルアップさせていく人たちもいた。

最も高いレベルに到達する人はわずかだったが、長期の追跡調査によれば、そこまで進化した人はたいてい同じパターンをたどっていた。知性が一段高い段階に進むごとに、それ以前の段階における知性の限界を克服していたのだ。さらに研究を進めると、一段高い段階の知性に移行すると、自分自身と周囲の世界を「見る」能力だけでなく、効果的に「行動する」能力も向上することがわかった。

その半面、思春期以降に知性のレベルが質的に高まる人があまりいないこともわかってきた。たとえ知性が高まるとしても、ほとんどの場合は小幅にとどまる。私たちは教育の専門家なので（ビジネスクールではなく、教育学大学院の教員だ）、人が思考様式をレベルアップするのを促すためにどうすればいいか知りたいと思った。そのような進歩は運次第なのか？　それとも、意図的に成長を促すことは可能なのか？　これらの問いについてさらに研究を進めた結果、一九九〇年代に入って次の新たな発見が得られた。

はじめのうちは、知性の発達の過程をいわば外側から観察していた。知性の各段階における世界認識の仕方を構造的に理解し、知性のレベルが向上したときにその構造がどう変わるのかを明らかにしようとしていた。しかし研究するうちに、人の内面で作用している力学が見えてきた。とくに、人が知性のレベルを高める足を引っ張り、自分を変えることを妨げているメカニズムをはじめて明らかにすることができた。その現象を私たちは〝変革をはばむ免疫機能〟と呼ぶことにした。

〝変革をはばむ免疫機能〟という考え方をはじめて書籍の形で発表したのは、二〇〇一年の著書『あの人はなぜウンと言わないのか』だった。私たちはこの本で、本気で実行したいと思っている変革を妨げる隠れた動機と信念をあぶり出すためのプロセスを提唱した。いたってシンプルなものだが、長年かけて見いだして洗練させていった方法論だ。

本の評判は上々だった。本を読んだ人たちは、コンサルタントとして人々の変革を助けるときと同じような満足感が味わえた。本を読んだ人たちは、「予想もしていなかったことが明らかになった！」とか「三年間のセラピーより、この三時間の読書のほうが有意義だった！」などと言ってくれた。しかし読者が絶賛してくれたのは、あくまでも新しく得られた発見の力強さと明確さ（そして、その発見にいたるまでの速さ）だった。問題は、ある事実を知ることと、その発見に基づいて実際に行動できることの間には大きなギャップがあることだ。

強力で実践的なアプローチを確立した自負はあったが、読者に目標を達成させるにはほど遠かった（読者は、目標を達成できない理由を知るだけでなく、実際に目標を達成したいはずだ）。そして、私たち自身の目標にもまったく到達できていなかった（私たちは、人々に既存の思考様式をいだかせている内面のメカニズムを知るだけでなく、人々が限界を乗り越える手助けをしたい）。

前著が出版されて間もないある日、私たちはフォーチュン誌500社に名を連ねる有力企業と大規模な国際NGOの、社内教育と人事の責任者たちと面会した。人間の成長に関する有望な理論と方法論を検証し、考案者に率直な評価を伝えるための会合の一つだった。私たちは自分たちの方法論を解説するのではなく、私たちの手引きのもとで数時間かけて実際にプロセスを体験してもらった。

一通り終わったとき、参加者の誰もが同じことを言った。みんなの感想をよく代弁している一人のコメントを紹介しよう。「素晴らしいと思った点と残念に思った点の両方があります。まず、よい点。私はこれまで二〇年間、能力構築と成績改善の分野で仕事をしてきましたが、あなたたちの方法論ほど強力な学習手法にはお目にかかったことがありません。プロペラ機の時代にジェット機を発明したくらいの意義がある。しかも、あなたたちはその飛行機がちゃんと飛べることを実証してみせた。さて、ここから先は悪い点です。飛び立った飛行機をどのように動かすべきかがまったく示されていませんね。どこを目指せばいいかもわからないし、どうやって着陸すればいいかもわからない」

まったくそのとおりだった。なかには、本を読んで弾みがついて空に飛び立つと、あとは自力で目的地まで飛んでいける人もいた。しかしほとんどの読者は、新しい発見に興奮はしたが、それだけでは変化を長続きさせられなかった。私たちのアプローチは未完成だった。残された課題を克服するまでに、七、八年の歳月を要した。

その過程でいつも頭の中にあったのは、どんなに入念な計画や嘘偽りのない決意があっても達成できないような手ごわい目標を成し遂げるためには、既存の世界認識のパターンを超越した新しい思考様式を身につけることが不可欠だという考えだった。ハーバード大学ジョン・F・ケネディ行政学大学院のロナルド・ハイフェッツが唱えている「技術的課題」と「適応を要する課題」の違いに基づいて言えば、ある種の自己変革（とくに、達成すべきだとわかっているのに達成できていない自己変革）をやり遂げるためには、自分を成長させること、言い換えれば「適応」が求められるように思えた。

ある世界認識の方法に支配されるのではなく、それを道具として使えるようになれば、知性のレベルが高まることは、私たちの研究でわかっていた。そこで、既存の思考様式を変容させる能力を身につけられれば、適応を要する課題を成し遂げるための大きな財産になるに違いないと、私たちは考えた。また、その人にとってきわめて重要な改善目標に取り組めば、強い好奇心がかき立てられ、思考と感情の扉が開かれ、思考と感情の世界が完全に塗り替えられるはずだと、私たちは感じていた。

本書は、こうした直感を掘り下げた成果をまとめたものだ。私たちの学習プラットフォームの質を確認するために最も重要な問いは、「このアプローチを用いれば、具体的な自己改善の目標に向けて進歩できるのか?」というものではない。もちろん、この問いに対する答えがおおむねイエスであれば、それは有益な学習プラットフォームと言えるだろう。しかし、私たちはもっと大きな目的をいだいて出発したので、それに加えてもう一つの問いを投げかけることにした。「そのアプローチは、知性の発達も促せるか? いま取り組んでいる改善目標を成し遂げるだけでなく、その人を総体的に変容させ、まったく新しい能力をはぐくめるか?」という問いである。答えがイエスなら、時間とエネルギーを費やしてこのアプローチを実践すれば、一つの目標を達成するだけにとどまらない大きな効果がある。

私たちのアプローチがどの程度強力なものかは、本書で紹介する事例と理論を読んだうえで読者一人ひとりが判断してほしい。もし、前記の二番目の問いに対する答えもイエスだと思うなら、「人間は変われる」という本書の中心的なメッセージは、あなたにとって二つの大きな意味をもつ。第一に、これまで何度も失敗してきた目標であっても、それの達成に向けて大きな進歩を遂げることは可能だということ。第二に、人は大人になっても知性のレベルを高められるということ。

前著を読んでいなくても、本書から最大限の効果を引き出すうえで前著の知識は必要ではないので安心してほしい。もし、これまで自分やまわりの人たちを変えようとして失敗してきた人は、ぜひ本書を読んでほしい。この本は、そんなあなたのためにあるからだ。とくに、リーダーやマネジャー、監督者、コンサルタント、カウンセラー、トレーナー、コーチ、教師など、自己改善と職場のチームの改善に強い関心をもつ人は得るものが多いだろう。

大人の知性の発達に関心をいだいている人、思春期を過ぎても知性を大きく発達させることは可能だと信じている人、キーガンの過去の著書『進化する自我』[★1]『能力の限界』[★2]（ともに未邦訳）を読んだことがあり、大人の知性を発達させる新しい方法を知りたいと思っている人。こうした人たちにも本書を読んでもらいたい。

そして、「学習する組織」の実践的な手法を知りたいと思っていた人。本書はそういう読者の関心にもこたえている。

＊　＊　＊

本書を執筆するまでの間、さまざまな企業や政府機関、教育機関で、リーダーと幹部チームのメンバーたちと長期間一緒に仕事をする機会に恵まれた。そうした勇敢で親切な人たちは、個人としてもチームとしても、それまで経験のなかった方法で変革に取り組んだ。その過程で不愉快な思いをしたり、恐怖を味わったりもしただろう。この人たちに感謝と敬意を表したい。彼らは単にコンサルティングの顧客というだけでなく、私たちが思考を深めるためのパートナーにもなってくれた。そのことにも感謝したい。

ハーバード大学教育学大学院の「変革リーダーシップ・グループ（ＣＬＧ）」の経験からも多くのことを学んだ。ＣＬＧは、抜本的な変化を起こそうとする公立学校運営者のために有効な「変革

★1 *The Evolving Self: Problem and Process in Human Development* (Harvard University Press, 1982).

★2 *In Over Our Heads: The Mental Demands of Modern Life* (Harvard University Press, 1994)

リーダー・カリキュラム」を確立することを目的に、ビル&メリンダ・ゲイツ財団の助成で設立された。

CLGは、組織と人間心理の力学に対する理解が不十分なせいで変革が挫折するケースが多いことを念頭に、学際的なチームを組織し、一部の学区で試験的プログラムを開始した。私たちがこのチームに加わったのは、言うまでもなく心理学的アプローチによる活動を主導するためだった。私たちの〝変革をはばむ免疫機能〟の理論と方法論が教育委員会のリーダー向けカリキュラムにどのように取り入れられたかは、仲間たちとの共著『変革のリーダーシップ』★(未邦訳)を参照してほしい。

CLGの同僚や教育委員会の人々との数年間の活動は、私たちにとっても学習の機会になった。一つの組織の幹部チームと一緒に長期間にわたり変革に取り組み、その組織に根を張っている思考様式に間近で接する経験を通じて、社会学的アプローチと心理学的アプローチを一体化させて相乗効果を生み出せるようになったのだ。

以前、私たちは組織やグループ、社会について考えるとき、個人の成長を適切に支援できているかどうかという視点だけで見る傾向があった(「どの程度、メンバーが安心して自己変革に取り組める環境になっているか? どうすれば、それをもっと改善できるのか?」という発想だ)。しかし、CLGでの経験をへて、いまは次のような問いも投げかけられるようになった——「個人の成長がチームの活動の質を高めたり、チーム全体の目標の達成を助けたりできているか?」

本書で紹介するプロジェクトのコンサルティングを一緒におこなった人たちにも、心から感謝したい。ティモシー・ヘブンズ博士とマーク・サーカディは、ピーター・ドノバン率いる幹部チームの活動を一緒に進めた。ロバート・グッドマン博士とは、第7章で紹介した製薬会社のプロジェク

★ *Change Leadership: A Practical Guide to Transforming Our Schools* (San Francisco: Jossey-Bass/ Wiley, 2005).

トで協力した。

本書がこのような形になるまでには、友人たちや意見交換のパートナーになってくれた人たちの存在が不可欠だった。以下の人たちに感謝の言葉を述べたい。カレン・アカ、マリア・アリアス、エリザベス・アームストロング、マイケル・ベイダー、マーワン・ビズリ、コニー・ボウ、スー・ダレッシオ、ハーマン・デボード、ピーター・ドノバン、コニング・ファニング、ピエール・ガーディジャン、ロン・ハルパーン、ティモシー・ヘブンズ、ロナルド・ハイフェッツ、デボラ・ヘルシング、アニー・ハウエル、ツンヤン・セン、ジュード・ガーニエ、ロバート・グッドマン、バリー・グルエンバーグ、ジェニファー・ジューラー、マイケル・ジュン、ニール・ジャニン、ジェイ・カウフマン、リチャード・レモンズ、マーティ・リンスキー、ケイティ・リビングストン、メアリー・スーバイン・ミーハン、ピート・メイヤー、フランク・モレッティ、パトリシア・マレル、ドナルド・ノバク、ミッキー・オーバーマイヤー、エリック・ライト、ウィルヘルム・ラール、バーバラ・ラパポート、マーク・サーカディ、ハリー・スペンス、メアリー・エレン・スティール＝ピアース、ウィラ・トーマス、トニー・ワグナー、ジェームズ・ウォルシュ、ローラ・ワトキンス、テリ・ウェイランド。

まだ原稿も存在しない段階で本書の出版を支持してくれたジェフ・キーオ、本書の全体像と細部を改善する手助けをしてくれたコリーン・カフタン、この二人の編集者にも感謝したい。あなたたちのおかげで、本書はずっとよいものになった。

前著の謝辞では、ともに暮らしている家族への感謝の言葉を記した。家族はいまでも私たちに刺激と喜びと支援を与え続けてくれている。しかしここでは最後に、両親についてひとこと触れさせてほしい。私たちは二人とも、たまたま「ビジネスの一家」で育った。両家とも小さな事業を営んでいて、二人の両親はいずれも事業に携わった経験をもっている。

親たちは私たちをいつも誇りに思ってくれていたが、その半面で深い疑念もいだいていた――マネジメントの理論や書籍は本当に役に立つのか、と（同じような疑問をいだいている読者もいるだろう）。「これまでたくさんの本を読んできたけれど、いつも漁区管理人のお話を思い出さずにいられない」と、私たちの両親の一人は言った。「漁区管理人は見知らぬ人に誘われて、魚を獲りに行くことになった。その人物は管理人をボートに乗せ、湖の真ん中まで漕いでいった。管理人は釣竿の準備を始めたが、同伴者の行動を見てギョッとした。その男はダイナマイトの束を取り出して火をつけると、湖に放り込んだのだ。大爆発が起きて、激しい水しぶきが上がり、たくさんの魚が岸に打ち上げられた。あとは、岸で拾い集めるだけ、というわけだ。管理人は男をなじらずにいられなかった。『なんてことをしたんだ！　私は漁区管理人だ。あなたのやったことは法律に違反している。それに、そもそも危険だ。それに……』。言葉に詰まる管理人を尻目に、男は次のダイナマイトの束を取り出して信管に点火すると、今度は管理人に手渡した」

「『おい、どういうつもりだ！』。管理人は、渡されたダイナマイトの束をなるべく自分の顔から遠く離して言う。『信じられない。これを私にどうしろと？』」

「管理人は大声を上げ続けるが、その間も信管が燃えて、爆発の瞬間がどんどん近づいてくる。ついに、男が口を開いた。『落ち着いてくれ。いつまで、そうやってベラベラしゃべっているつもりだ。魚を獲りたいんじゃないのか？』」

要するに、この親に言わせれば、マネジメントやリーダーシップをテーマにした書籍はどれもこれも「ベラベラしゃべっている」だけに見えた。実際にビジネスを営んでいる人たちに必要なのは、しゃべることではなく実際に魚を獲ること、そう言いたかったのだろう。現実の漁はきれいごとの世界ではない、と。「数々の本は、このお話の管理人のようなものだ。あるべき行動のルールや理論が書いてあり、その内容は理にかなっている――本の中の世界のように、すべてが整然としている世界に生きているならね。でも現実のビジネスは、本の中の世界とはまるで違う。現実世界は、それよりずっと雑然としているんだ」

本書を事前に読んだ人たちから寄せられた反響のなかで、最も気に入っているのは、次の言葉だ――「現実から隔絶した心理学の実験室の世界とは対極にある」「著者たちは、実際の仕事の現場をよく理解している」。私たちは親の疑念にこたえようと意識していたわけではなかったが、できあがった本は、組織における人間の行動の現実に、そして職場における私的な感情の役割に光を当てるものになった。

私たちは期せずして、両親に否定されずにすむ本を書き上げたようだ。本書に盛り込んだ事例やストーリーは、きれいごとの世界を描いた観賞用のエピソードではない。それは、水面下に隠れている世界を表に引っ張り出すためのものだ。それが、漁師が湖に投げ込んだダイナマイトに負けない効果があることを願いたい。

Myers-Briggs Type Indicator(MBTI) 受検結果理解のためのガイド』園田由紀訳，金子書房，2000 年（邦訳は原著第 5 版のもの）］．

6. 加えて，メンバー各自の個人的な優先事項を組み合わせることでチームの性格が見えてくる．その発見は，どういう面でチームのバランスが取れておらず，修正する必要があるかを知る手がかりになりうる．実は，この点は一連の活動で副次的に目指した目的だった．

7. R. Ross, "The Ladder of Inference," in P. Senge, A. Kleiner, et al., *The Fifth Discipline Fieldbook* (New York: Doubleday, 1994), 243［ピーター・センゲ他『フィールドブック　学習する組織「5 つの能力」企業変革をチームで進める最強ツール』柴田昌治，スコラ・コンサルト監訳，牧野元三訳，日本経済新聞社，2003 年］．

8. とくに次を参照．A. S. Bryk and B. L. Schneider, *Trust in Schools: A Core Resource for Improvement* (New York: Doubleday, 1994), 243.

9. ただし，全員が毎回約束どおりに出席したわけではないし，毎回万全の準備を整えて臨んだわけでもない．スケジュールを再調整したり，臨機応変に議題を変更したりして，参加者の学習意欲をそがないように注意する必要があった．また，参加者がプログラムのために時間を確保するのが簡単だったわけでもない．以下の参加者の言葉は，多くのメンバーの思いを代弁していると言えるだろう．「この活動に集中するのが難しいときもしばしばありました．上層部との関係やら，さまざまなプロジェクトやらで，1 年のなかでもとくにあわただしい時期で，息つく暇もなかったのです．あまりに忙しくて，上層部から要求されることをこなすのがやっとでした．とにかく忙しかったのです」

第 10 章

1. 行動至上主義と学習プロセス重視主義の違いは，ハーバード大学の同僚であるマット・ミラーの指摘による．

2. 実験の準備に関しては，バーバラ・ラパポートのコメントに感謝したい．

第5章

1. Hellerの記述によれば，権限委譲はきわめて単純なプロセスであるかのように見える.「それは，まず分析から始まる．部下に委譲可能で，実際に委譲すべき業務はなにかを見極めるのだ．委譲すべき業務を選択したら，それぞれの業務の特質を明確にする．そうすれば，適任者に業務を割り振り，正確な事前説明をしやすくなるからだ．どういう業務を任せるにせよ，適切な事前説明は欠かせない．仕事の内容が曖昧では，責任をもって業務を遂行することなどできない．なんらかのチェックは必要だが，それはあくまでもコントロールとコーチングの手段と考えるべきだ．部下の仕事に干渉することは避けたほうがいい．そして，最後は評価の段階．仕事を任せた部下は，どのくらい質の高い仕事をやり遂げたのか？　成績を向上させるために，自分と部下のそれぞれがどういう点を改めるべきなのか？　こうした点を検討すべきである（R. Heller, *How to Delegate* [New York: Dorling Kindersley, 1998], 7）．Blairはマネジャー職に昇進したばかりの人たちに向けて，もっと楽観的な言葉を贈っている.「幸いなことに，よきマネジャーになるために最初に取るべき行動は，いたって常識的なものだ……ひとことで言えば，ものごとがうまくいかなくなるのは，多くの場合，あなたが無能だからではなく，その件について事前にまったく考えていないからだ……実際に問題を前にしてプレッシャーにさらされる前に，まだ余裕がある段階で問題を検討し，ほかの人たちが同様の問題に関してどう考えたかを調べ，そこから教訓を引き出しておくといい．そうすれば，実際のマネジメントの現場で問題が持ち上がっても，似たようなケースについてすでに検討してあるので，自分の常識的判断に従って対処できる（G.Blair, *Starting to Manage: The Essential Skills* [Piscataway, NJ: Institute of Electrical and Electrionics Engineers, 1996], 1-2）.

第7章

1. 私たちは，この製薬会社（仮称「ネイサント製薬」）のチームづくりを長年手伝ってきたロバート・グッドマン博士と協力してプログラムを進めた.
2. 個別面談では，自由回答式の問いを11問と，リッカート尺度による5段階評価で答える問いを5問尋ねた．前者では，とくにコミュニケーション面でのチームの強みと弱み，その強みと弱みに対する自分自身の関わり，リーダーの長所と短所などを質問し，後者では，信頼感の度合い，対立を直視してそれに対処する能力の度合い，意思決定の有効性の度合い，個人の貢献が評価される度合いなどを尋ねた.
3. リーダーであるチェトにはある特定のメンバーとペアを組むよう指示したが，それ以外のペアはすべて自発的に組ませた.
4. アンケートの回答を依頼した相手は，すべて同じチームのメンバーだった．チーム全体の目標との関連で個人の目標を設定していたためだ.
5. I. B. Myers, *Introduction to Type: A Guide to Understanding Your Results on the Myers-Briggs Type Indicator* (Mountain View, CA: CPP, 1998)［イザベル・ブリッグス・マイヤーズ，リンダ・K・カービィ，キャサリン・D・マイヤーズ改訂『MBTIタイプ入門――

2. R. Kegan and L. Lahey, *How the Way We Talk Can Change the Way We Work* (San Francisco: Jossey-Bass, 2001)［ロバート・キーガン，リサ・ラスコウ・レイヒー『あの人はなぜウンと言わないのか――自分を変える。組織を変える。』松井光代，岡本さだこ訳，朝日選書，2002 年］.

第４章

1. この事例は，学校改革をテーマにした以下の共著に基づく．T. Wagner, R. Kegan, L. Lahey et al., *Change Leadership: A Practical Guide to Transforming Our Schools* (San Francisco: Jossey-Bass/ Wiley, 2005).

2. この事例は，以下の学会発表に基づく．Peter Ham, MD, Dan McCarter, MD, Nina O'Connor, MD, Andrew Lockman, MD, University of Virginia, Department of Family Medicine, presentation at the Society of Teachers of Family Medicine (STFM), Chicago, Spring 2007.

3. 事実，進行役の人物は，アメとムチの「アメ」のアプローチという位置づけで，"変革をはばむ免疫機能"の手法を取り入れたと語っている．一般には，厳しい命令や罰則で行動を変えさせようとする「ムチ」のアプローチのほうがよく用いられるが，そういうやり方は効果が乏しいと考えていたのだ．この人物に言わせれば，それは，禁煙カウンセリングで「高圧的な態度でたばこをやめさせようと無理強いすると，ますます禁煙への抵抗を強めさせてしまう場合がある」のと似ている．

4. C.M. Bowe, L. Lahey, R. Kegan, and E. Armstrong, "Questioning the 'Big Assumptions': Recognizing Organizational Contradictions That Impede Institutional Change," *Medical Education* 37 (2003): 723-733.

5. R. Heifetz, *Leadership Without Easy Answers* (Cambridge, MA: Harvard University Press, 1998)［ロナルド・A・ハイフェッツ『リーダーシップとは何か！』幸田シャーミン訳，産能大学出版部，1996 年］.

6. C. M. Bowe, et al., op.cit., 727-729.

7. Ibid., 730-731.

8. Ibid., 731.

9. Ibid., 731.

10. Ibid., 732.

11. Ibid., 732-733.

12. Ibid., 732.

13. Ibid., 733.

原注

第１章

1. S. Milgram, *Obedience to Authority* (New York: Harper and Row, 1974)［スタンレー・ミルグラム『服従の心理』山形浩生訳，河出文庫，2012 年］.

2. I. Janis, *Groupthink* (Boston: Houghton Mifflin, 1982). P. t'Hart, *Groupthink in Government* (Baltimore: Johns Hopkins University Press, 1990).

3. K. Eigel, "Leader Effectiveness: A Constructive-Developmental View and Investigation" (PhD diss., University of Georgia, 1998).

4. Bartone は，ウェストポイント米陸軍士官学校で卒業を目前にした学生の知性のレベルとリーダーシップの質を比較し，両者の間に強い相関関係を見いだした (P. Bartone et al., "Psychological Development and Leader Performance in West Point Cadets," paper presented at AERA, Seattle, April 2001). Benay は，中規模の食品流通企業の 8 人のリーダーを調査し，リーダーシップ能力指標（複数の要素をもとに「変容型リーダーシップ能力」を判定）と知性のレベルの関係をグラフ化すると，同様の右肩上がりの曲線が描けることを発見した (P. Benay, "Social Cognitive Development and Transformational Leadership: A Case Study" PhD diss., University of Massachusetts, 1997). 64 人のコンサルタントを対象にした Bushe and Gibbs の調査によれば，コンサルタントたちの知性のレベルは，ほかのコンサルタントによる 77 項目の相互評価（この相互評価は，再現性と信頼性があると確認されている）に基づくコンサルティング能力のレベルと強い有意な関連性があるとわかったという (G. R. Bushe and B. W. Gibbs, "Predicting Organization Development Consulting Competence from the Myers-Briggs Type Indicator and Stage of Ego Development," *Journal of Applied Behavioral Science* 26, [1990]: 337-357).

5. N. Branden, *The Six Pillars of Self-Esteem* (New York: Bantam, 1995), 22-23.

6. C. Argyris and D. Schon, *Organizational Learning* (Reading, MA: Addison-Wesley, 1978), 21.

7. Ibid.

8. J. Loevinger and R. Wessler, *Measuring Ego Development* (San Francisco: Jossey-Bass, 1970).

9. R. Heifetz, *Leadership Without Easy Answers* (Cambridge, MA: Harvard University Press, 1998)［ロナルド・A・ハイフェッツ『リーダーシップとは何か！』幸田シャーミン訳，産能大学出版部，1996 年］.

第３章

1. R. Kegan and L. Lahey, "The Real Reason People Won't Change," *Harvard Business Review*, November 2001［ロバート・キーガン，ライザ・ラスコウ・リーヒー「自己変革の心理学――人が変化を拒む理由は『意識下』にある」DIAMOND ハーバード・ビジネス・レビュー，2002 年 4 月号］.

◉ 著者

ロバート・キーガン　Robert Kegan

ハーバード大学教育学大学院教授（成人学習・職業発達論）。30年あまりの研究・執筆活動を通じて、人が成人以降も心理面で成長し続けることは可能であり、現代社会のニーズにこたえるためにもそれが不可欠であるという認識を広めてきた。授与された名誉学位や賞は多数。高く評価された著書 *The Evolving Self* と *In Over Our Heads*（ともに Harvard University Press）は、多くの言語に翻訳されている。

リサ・ラスコウ・レイヒー　Lisa Laskow Lahey

ハーバード大学教育学大学院「変革リーダーシップ・グループ」研究責任者。共著に *Change Leadership* がある。専門は発達心理学。教育者としての経験も長く、大人の意味体系の評価法として世界中で用いられている発達診断法を開発した研究チームのリーダーも務めた。チームが個人の成長を後押しし、同時に個人がチームを適切に機能させるために貢献できるようにする方法論をテーマに、執筆と実務をおこなっている。

キーガンとレイヒーは、30年にわたり共同で研究とコンサルティングに携わってきた。政府機関や民間企業の幹部チームの私的・職業的成長を支援するマインズ・アット・ワーク社を共同で運営している。
共著に、『なぜ弱さを見せあえる組織が強いのか』（英治出版）、『あの人はなぜウンと言わないのか』（朝日新聞社）がある。また、ハーバード・ビジネス・レビュー誌に掲載された共著論文「自己変革の心理学——人が変化を拒む理由は『意識下』にある」（DIAMOND ハーバード・ビジネス・レビュー）は大きな反響を呼んだ。
キーガンとレイヒーは、個人と組織の変革を妨げる隠れた力学を解明したことで高く評価されている。2人が開発した“変革をはばむ免疫機能”の診断・克服プログラムは、アメリカだけでなく、ヨーロッパやアジアの企業、政府機関、教育機関でも採用されてきた。ボストン大学経営学大学院より、組織のリーダーシップの向上に際立った貢献をした人物に贈られる「ギスラソン賞」を受賞。同賞の過去の受賞者には、ウォーレン・ベニス、ピーター・センゲ、エドガー・シャインといった面々が名を連ねる。キーガンとレイヒーのウェブサイトは、www.mindsatwork.com.

◉ 訳者

池村千秋　Chiaki Ikemura

翻訳者。訳書に、『倫理の死角』（NTT出版）、『ディープ・チェンジ』（海と月社）、『ワーク・シフト』（プレジデント社）、『マネジャーの実像』（日経BP社）などがある。

● 英治出版からのお知らせ

本書に関するご意見・ご感想を E-mail（editor@eijipress.co.jp）で受け付けています。
また、英治出版ではメールマガジン、Web メディア、SNSで新刊情報や書籍に関する記事、
イベント情報などを配信しております。ぜひ一度、アクセスしてみてください。

メールマガジン ▶ 会員登録はホームページにて
Web メディア「英治出版オンライン」 ▶ eijionline.com
X / Facebook / Instagram ▶ eijipress

なぜ人と組織は変われないのか
ハーバード流 自己変革の理論と実践

発行日 2013年 10月 31日 第1版 第1刷
2025年 5月 7日 第1版 第18刷

著者 ロバート・キーガン、リサ・ラスコウ・レイヒー
訳者 池村千秋（いけむら・ちあき）

発行人 高野達成
発行 英治出版株式会社
〒150-0022 東京都渋谷区恵比寿南 1-9-12 ピトレスクビル 4F
電話 03-5773-0193 FAX 03-5773-0194
www.eijipress.co.jp
プロデューサー 下田理
スタッフ 原田英治 藤竹賢一郎 山下智也 鈴木美穂 田中三枝 平野貴裕
上村悠也 桑江リリー 石﨑優木 渡邉吏佐子 中西さおり 齋藤さくら
荒金真美 廣畑達也 佐々智佳子 太田英里 清水希来々
印刷・製本 中央精版印刷株式会社
校正 小林伸子
装丁 重原隆

ISBN978-4-86276-154-5 C0034 Printed in Japan

イシューからはじめよ［改訂版］　知的生産の「シンプルな本質」

安宅和人著

ロングセラーの改訂版! 「やるべきこと」は100分の1になる。コンサルタント、研究者、マーケター、プランナー……生み出す変化で稼ぐ、プロフェッショナルのための思考術。「脳科学×マッキンゼー×ヤフー」トリプルキャリアが生み出した究極の問題設定&解決法。「課題解決の2つの型」「なぜ今『イシューからはじめよ』なのか」など、読者の実践に助けとなる内容を追加。

問題解決　あらゆる課題を突破する ビジネスパーソン必須の仕事術

高田貴久、岩澤智之著

ビジネスとは問題解決の連続だ。その考え方を知らなければ、無益な「目先のモグラたたき」を繰り返すことになってしまう——。日々の業務から経営改革まで、あらゆる場面で確実に活きる必修ビジネススキルの決定版テキスト。

ロジカル・プレゼンテーション

自分の考えを効果的に伝える 戦略コンサルタントの「提案の技術」

高田貴久著

ロジカル・プレゼンテーションとは、「考える」と「伝える」が合わさり、初めて「良い提案」が生まれるという意味。著者が前職の戦略コンサルティングファーム（アーサー・D・リトル）で日々実践し、事業会社の経営企画部員として煮詰めた「現場で使える論理思考」が詰まった一冊。

リジェネラティブ・リーダーシップ

「再生と創発」を促し、生命力にあふれる人と組織のDNA

ローラ・ストーム、ジャイルズ・ハッチンズ著　小林泰紘訳

人も自然も犠牲にしないビジネスと組織をどう実現するか? 「機械」から「生命システム」へ——エコシステム全体の繁栄を目指す新パラダイムのリーダーが世界中で出現している。幅広い事例と学術的知見を統合して生まれた、今最も注目を集める「リジェネレーション」の実践書。

仮説行動　マップ・ループ・リープで学びを最大化し、大胆な未来を実現する

馬田隆明著

大きく考え、小さく踏み出せ。失敗も成果につなげる試行錯誤のための羅針盤。起業や新規事業、質的に違う仕事を成功させるには? スタートアップ支援から見えてきた、インパクトと実現可能性の両立を可能にする適切な一歩の踏み出し方とプロセスの全体像。

解像度を上げる　曖昧な思考を明晰にする「深さ・広さ・構造・時間」の4視点と行動法

馬田隆明著

「ふわっとしている」「既視感がある」「ピンとこない」誰かにそう言われたら。言いたくなったら。解像度が高い人は、どう情報を集め、なにを思考し、いかに行動しているのか。スタートアップの現場発。2021年SpeakerDeckで最も見られたスライド、待望の書籍化!